サービス・
ドミナント・
ロジックの
核心

井上崇通 ［編著］

同文舘出版

はしがき

　VargoとLusch両教授がサービス・ドミナント・ロジックを提唱したのは，2004年の*Journal of Marketing*誌上であった。この論文が同誌に掲載されるまでには数年を要したとのことであるが，その内容の新規性ゆえの慎重な審査の結果ということであった。しかし，掲載された後の反響は大きく，本ロジックが提唱されてから20年近く経過した現在もなおその影響は衰えることなく広がりを見せている。それは，コトラーの最新の著書（*H2A Marketing*）でも数十頁を費やしてその内容を紹介しているところに見て取ることができる。

　しかし，その内容は2004年当時のそれとは大きく変化してきている。本書でも解説しているように，大きな転換期が何度か訪れ，その都度基本的前提の見直しが行われ，よりよい理解を得るためのパーシモニーの試みがなされその結果5つの公理を公表するに至っている。しかし，これらの動きの詳細で正確な理解はわが国では十分とはいえない。マーケティング研究者に限らず経済学および経営学を含む多くの社会科学系研究者および理工系の研究者へのこのロジックの影響力の大きさを考えると，今日のS-Dロジックの内容を正確に理解するとともにそれを共有することの重要性は計り知れないものがある。

　本書は，2010年に刊行された『サービス・ドミナント・ロジック—マーケティング研究への新たな視座—』（同文舘出版）の続編に当たる。われわれの研究会は，15年にわたりS-Dロジックの研究を行ってきた。上記の著書が刊行された時期はわが国ではまだS-Dロジックが十分に注目されてはいなかった時期で，その基本的な理解を獲得することが第一であった。当初は，大きな反応を期待してはいなかったが，その後，さまざまなところでS-Dロジックへの関心が高まり，上記書もその普及と理解の一助として貢献できたのではないかと思う。

　われわれは，S-Dロジックが公表されてすぐにその斬新な内容に注目し，2006年，本ロジックを理解するために週に1回の研究会を立ち上げ，VargoとLuschが著した論文をすべて取り上げる形で研究を続けていった。われわ

れの研究会のスタイルは，彼らの著作物およびS-Dロジックを取り上げた著作物の一つひとつを担当者が全訳して持ち寄り，それを読み合わせ，その後議論を加えていくという時間のかかるというものであった。手間はかかるが一つひとつの論文をしっかりと理解するうえでは地味ではあるが有効な方法であった。この研究会のスタイルは15年が経過した現在でも変わらない。

　われわれの刊行した上述の著書も，その後10年経った現在，S-Dロジック自体が大きく進化しており，その内容を刷新する必要に迫られてきた。そこで，本書を企画したのは，2019年頃であったと記憶している。旧著書を刊行した後にも研究会は継続しており，この間に公表されたVargoとLusch自身の論文およびこれに接点を持つ研究者の論文を俎上に載せ研究してきた。この10年間に読破した論文は100以上になる。

　また，本研究会を母体としたいくつかの企画でVargoとLusch両教授に来日をいただき講演会でS-Dロジックの内容を紹介していただいた。また，本研究会のメンバーが海外の関連学会での研究会でも情報発信と情報収集に務めてきた。それらの研究活動を背景として本書を刊行することができた。

　本研究は，文部科学省科学研究費・基礎研究（B）（2011年4月〜2015年3月）「我が国企業の文脈価値形成プロセスの解明：サービス・ドミナント・ロジックによる分析」および文部科学省科学研究費・基礎研究（B）（2017年4月〜2021年3月）「顧客エンゲージメントによる価値共創モデルの解明」の成果でもある。

　本書の出版を快くお引き受けくださり，研究成果の公表の機会をいただいた同文舘出版には心から御礼申し上げたい。特にわれわれの研究プロセスを温かく見守り，出版に至るまでの道程を創っていただいた前取締役編集局長の市川良之氏，さらにその後を引き継いでいただき，出版のご支援をいただいた青柳裕之氏と有村知記氏には感謝申し上げたい。

2021年10月15日

執筆者を代表して

井上　崇通

本書の概要

　本書は，大きく4部構成となっている。第Ⅰ部は「S-Dロジックの進化」，第Ⅱ部は「S-Dロジックのナラティヴ」，第Ⅲ部は「S-Dロジックの発展と適用」，第Ⅳ部は「S-Dロジックをめぐる理論的トピックス」としている。

　第Ⅰ部の「S-Dロジックの進化」では，今日のS-Dロジックの重要な概念転回（第1章）と進化の道程（第2章）を詳しく検討していく。

　第1章は，サービス・ドミナント・ロジック（S-Dロジック）の基本的枠組みを解説している。従来のマーケティング，さらに広くは経済理論および理論モデルの根底に暗黙の了解として存在しているロジックからの脱却を提案している。そこでは企業と顧客のダイアデックな関係，さらにはそれらの関係を規定するものとして有形財を基本としたロジックに対して，その限界を指摘するとともにその問題を克服するために新たな発想からのロジック，S-Dロジックを提唱している。これをVargoとLuschは概念的転回というキーワードをもとに整理している。これを本章では第一の概念的転回として解説している。さらに，彼らは，2004年から今日に至るまで，このS-Dロジックを進化させている。その中で，新たなさまざまな概念装置を開発し，その有効性を検証してきている。この進化の過程で生まれた新たな概念展開を第二の概念的転回という。

　第2章は，S-Dロジックの進化の過程を詳細に吟味している。2004年に提唱されたS-Dロジックは漸進的な進化を遂げてきている。その都度，このロジックの根底となる基本的前提の修正が行われ，2010年代に入るとさらなるわかりやすさを目指して公理の提唱を行っている。これらを時系列的に詳しく解説している。S-Dロジックを取り上げるとき，ややもすると過去の古い基本的前提が取り上げられたり，修正された基本的前提も不十分な理解のまま紹介されていることが散見される。今一度，本章で解説した変化の足取りを辿ることで，その進化の本意がどこにあったかを理解することができる。

第Ⅱ部は，「S-D ロジックのナラティヴ」というタイトルのもと，S-D ロジックの基本的な枠組みを紹介する（第3章）とともに，その基盤となる価値共創およびプラクティス（第4章），そして制度（第5章）について取り上げていく。

　第3章は，近年，S-D ロジックの理論化への道程の枠組みをナラティヴという枠組みを用いて整理してきていることについて議論している。ナラティヴには，2つの意味が存在している。1つは文字通り語りとしてのナラティヴである。これは，医療や臨床心理で研究・実践されている思想・方法である。いま1つはその進化の過程で生み出されてきたナラティヴの新たな方向性である。これは，その語りを生み出す解釈の枠組みやロジックのあり方を示すストーリーを指すものとしてのナラティヴである。Vargo と Lusch はこのナラティヴのプロセスに，アクター，資源統合，サービス交換，制度と制度配列，サービス・エコシステムの5つの概念装置を用意し，S-D ロジックについて語っている。

　第4章は，近年，S-D ロジックで重要な概念として位置づけられているプラクティスについて議論していく。S-D ロジックの中核をなすアクターが自身の置かれている制度の中で，その規則，手順，方法を受け入れ，それを日々の活動の中で変化させていく。本章では，アクター間のネットワークにおいて価値共創を実現していくプラクティスをダイアド，ネットワーク，A2A ネットワークと拡張していく中でプラクティスの捉え方の変化について解説している。さらに，資源統合を価値共創のプラクティスとして捉え，表現的プラクティス，標準的プラクティス，統合的プラクティスに分解し，その重層性の意味について解説する。

　第Ⅲ部では今日大きく進展を見せている S-D ロジックにおけるいくつかの中心的テーマを俎上に載せ検討している。具体的にはイノベーション（第6章），デザイン思考（第7章），顧客経験（第8章），エンゲージメント（第9章），営業とリレーションシップ（第10章），Well-Being（第11章）である。

　第5章は，制度を取り上げる。S-D ロジックでは，2009年の基本的前提の

改変に当たり制度概念をこのロジックの中核に位置づけている。もちろん，それ以前から本概念は Vargo and Lusch によりその重要性が指摘されていた。しかし，S-D ロジックがその枠組みを明確にしていく過程で，サービス・エコシステムの具体的な写像を描き出す過程において，そして中範囲理論を用いて，より実践的な応用可能性を模索する中で，アクターが受け入れさらにそれを改変し，イノベーションにつなげていく過程を明らかにするうえで，制度概念の精緻化が必要になっていった。本章では，この制度および制度配列概念の意味するところを S-D ロジックおよびその周辺科学での議論を基に解説していく。

　第 6 章は，サービス・イノベーションの章である。S-D ロジックは，サービスの中核をなすもものとして知識や技能を位置づけている。しかも，前述の章で解説しているプラクティスおよび制度・制度配列の議論から導き出されるように，プラクティスの進展は知識・技能，つまり単数形のサービスの適応をもっと可能にするものであり，それはさまざまな制度の中で具体的な形をとるものである。それこそが新たな製品・サービスの創出，新たな制度の創出を導くことになる。つまり，イノベーションの誕生である。本章では，これらを時系列的サービス・イノベーションとして，S-D ロジックの視点から議論している。

　第 7 章は，近年注目しているデザイン思考について S-D ロジックの視点から議論している。Vargo と Lusch は，近著で S-D ロジックと最も近親性のあるものとしてデザイン思考を捉えている。今日のデザイン思考は，単に有形財や無形財のデザインにとどまらず，組織のデザイン，制度のデザイン，地域デザイン，国家のデザイン等その守備範囲を広げてきている。まさに，S-D ロジックの中核をなすサービスのデザイン，つまり知識や技能のデザインをも射程距離において議論されてきている。さらに，このデザイン思考とアクター，資源統合，エコ・システム，制度との関係性についても解説していく。このような思考の仕組みを本章で培っていただきたい。

　第 8 章では，S-D ロジックの中核の 1 つである顧客経験について取り上げ

る。S-D ロジックでは基本的前提（FP9）で顧客経験が取り上げられている。そこで，本章では S-D ロジックにおいて顧客経験がどのように捉えられているか整理することからスタートし，かかる課題の研究の持つ意義およびその可能性について検討を加えている。顧客経験とはもちろん，個人の主観的な内面性を有している。しかし，その一方で外部との関係性を必ず有するものであり，それは他者との関係，制度との関係等，さまざまな広がりの中で理解する必要がある。しかも，それは日常的なものであり，意識的・無意識的なものの両面を内包している。そこで，特に企業との関係に焦点を絞って，企業の影響下にある経験とその外側にある経験あるいはマルチ・アクターとの関係における経験等に注目し整理する必要がある。この点について本章で詳細に議論されている。

第 9 章では，エンゲージメントについて議論していく。エンゲージメント概念は S-D ロジックで中範囲理論の重要性が指摘されるようになって以来，その中核をなす概念として，あるいはその試金石として俎上に載せられてきている。もちろんエンゲージメント概念それ自体は，S-D ロジックで取り上げられる以前から注目されている概念である。本章では，これらの関係領域との比較も踏まえたうえで S-D ロジックで取り上げられているエンゲージメント概念を詳述している。

第 10 章では特に営業・販売というマーケティングの具体的な実践場面と S-D ロジックとの関係について議論している。これは，ややもすると S-D ロジックがマクロ的なシステムに関心を寄せる傾向があり，ミクロ的な視点が希薄になっているとの指摘が存在している。しかし，Vargo と Lusch も自らが指摘しているように，抽象度の高いレベルから中範囲理論にズームインし，最終的には実勢的活動につながる「セオリー・イン・ユース」を獲得するためにも，より具体的な営業および販売活動に焦点を合わせることの重要性を指摘している。

第 11 章は，S-D ロジックの究極目的は人々の Well-Being であるという論拠を解説している。Vargo が 2018 年の論文で指摘しているように，サービ

ス交換の目的は「焦点となっているアクターの Well-Being あるいは生存能力に対して複数のアクターが貢献すること」であるとしている。言い換えるとサービス交換を通じてアクターの Well-Being のための価値を共創していると捉えることができる。本章ではかかる Well-Being の意味および意義について紐解き，これまで Well-Being について議論の俎上に載せた研究者および研究領域を渉猟し，さらに S-D ロジックの Well-Being を理解するフレームワークして目的・資源モデルを提唱し，その有効性を明らかにしている。

第Ⅲ部の「S-D ロジックをめぐる理論的トピックス」では，より広い視野から S-D ロジックを分析している。具体的には S-D ロジックと近接する研究との比較（第12章），S-D ロジックの中核となる中範囲理論（第13章），S-D ロジックを理解し，評価するうえでの分析枠組み（第14章）である。

第12章は，近年わが国で注目されている北欧学派のマーケティング研究者が提唱しているサービス・ロジック（S ロジック）と S-D ロジックとを比較検討している。本章では，S ロジックの視点に立ちながら，その比較検討の中で類似点と相違点について浮かび上がらせている。その類似点としてはサービス概念そのものの捉え方である。相違点は，S ロジックは経営的視点からのロジックであるという点である。本章では S ロジックの視点からの価値創造の意味と，その当事者が誰でどのようにその関係性を構築すべきかについて議論している。S-D ロジックの持つ問題点の指摘という点でも本章は一読に値するであろう。

第13章は，今日の S-D ロジックの中核的な論点である中範囲理論について取り上げている。中範囲理論とは文字通り，メタ理論としての一般理論と経験的知識領域にあるセオリー・イン・ユースを橋渡しするものである。具体的例としては，S-D ロジックで提唱されている価値提案，資源統合，カスタマー・エンゲージメントがそれに該当する。本章ではこれらを詳説し，その後で，セオリー・イン・ユースの活用のあり方について提案している。

第14章は，最終章として S-D ロジックが今日どのような体系を包含するようになったかを整理している。さらに，今後のマーケティングおよび関連

研究領域にどのような貢献をすることができるかについて検討を加えている。そこには，S-D ロジックの理論化に向けてのいくつかの分析の枠組みが用意されている。第一に，研究対象の集合度のレベルとしてマクロ・ミクロ・メソという 3 つの枠組みが用意されている。第二に，理論構築の礎としての抽象度のレベルとしてメタ理論，中範囲理論，ミクロ理論の 3 つのレベルがある。第三に，S-D ロジックの将来に向けての実務的および学術的貢献として，超越，調整，変換という 3 つの特徴を指摘している。これらは，前章までの議論をまとめる意味でも有効である。S-D ロジックの研究者たちに対しては，これらの分析枠組みをより完成度の高いものにすることによりS-D ロジックの理論化に向けてのさらなる貢献が期待される。

第**Ⅲ**部

S-Dロジックの発展と適用

第 I 部

S-Dロジックの進化

第 1 章

S-Dロジックの概念的転回

はじめに

　サービス・ドミナント・ロジック（Service Dominant Logic）（以下，S-D ロジック）は，従来のマーケティングの問題点を克服し，新たなマーケティングのフレームワークを模索している研究であり，ここ 20 年あまりの間に非常に大きな関心を集めるようになってきている新しい研究の潮流である。S-D ロジックは，アリゾナ大学の Robert Lusch 教授とハワイ大学の Stephen Vargo 教授というアメリカの学者が 2004 年にアメリカのマーケティング学会（AMA）の専門誌 *Journal of Marketing* に "Evolving to a New Dominant Logic for Marketing" というタイトルで発表してから，グローバルな展開を示している興味深い研究テーマである（Vargo and Lusch 2004a）。

　S-D ロジックは，現在も進化し続けているロジックである。Vargo and Lusch を中心として数多くの研究者・実務家により新たなさまざまな試み・提案がなされてきている。本章では，大きく 2 つの側面から議論していく。第 1 は，S-D ロジックが誕生した背景ともいえる既存の学問の抱えている問題点の抽出とそれに対する克服策の提案である。第 2 は S-D ロジックそのものの進化である。

　第 1 節では Vargo and Lusch の提唱している既存のロジックと大きく異なる独自の概念装置について取り上げ，その内容を吟味していく。第 2 節では，S-D ロジックの進化の過程で生まれ，今日その根幹となっている概念について論究していく。

　そこで，Vargo and Lusch が S-D ロジックの研究ステップの出発点として念頭に置いたのが「parsimonious」と「isomorphic」という視点である（Lusch and Vargo 2014, p.55; 訳書, p.63）。本ロジックを簡潔に表現するため

に，少数の中核となる概念を抽出，さらに本ロジックの内容を簡潔に表現するために少数の基本的前提を用意してその内容を表現するというかたちととっている。

Lusch and Vargo が提唱した S-D ロジックを十分に理解するには，このような少数の厳選された概念装置を理解する必要がある。つまり，彼らの表現を使うと，S-D ロジックは，それまでのグッズ・ドミナント・ロジック（Goods Dominant Logic）（以下，G-D ロジック）により支配されていたさまざまな既存の概念に大きな転回を求めているのである。これを彼らは「概念的転回（conceptual turns）」と呼んでいる（Vargo and Lusch 2017, p.48; Vargo 2018b, p.721）。

第1節／S-Dロジックの基本的な概念的転回

S-D ロジックは，これまで伝統的に使用されてきた既存概念の再概念化を試みている。その最も基本的な概念的転回として指摘できるのは次の4つである。

(1) 単数形の「サービス」
(2) プロセスとしての「価値共創」
(3) 「文脈価値」
(4) 「オペランド資源」と「オペラント資源」

これらについては，すでに多くの論者が指摘しているところであるが，本書においてもこれ以降の諸章の議論の根幹をなす諸概念であるので，概略を解説しておく。

(1) 単数形の「サービス」

第一に取り上げる必要のある概念が S-D ロジックの中核となる「サービス」概念である。Vargo and Lusch が重視したのは次の点である。すなわち，有形財としての製品および無形財としてのサービスの根底に共通して内在している「ナレッジとスキル（knowledge and skill）」にこそ目を向けるべ

きであり，そこに着眼することによって，有形財としての製品と無形財としてのサービスを区別することなく，その根底にある共通項に目を向けることが可能となるという点である。その結果，それらの包括概念として，彼らが独自の意味を内包させた「サービス」という概念が誕生することになる。

このサービス概念は単数形で表現され，「他者のベネフィットのため，あるいは自身のベネフィットのため，主としてナレッジおよびスキルといった資源を使用することである」(Lusch and Vargo 2014, p.12, p.56; 訳書, p.14, p.65)と定義づけられている。これは，従来の有形財としてのグッズ，およびアウトプットの単位として表現されるサービィーズ（複数形のサービス）の上位概念として存在するものであり，「超越的概念化」としてのサービスである。この新しく意味づけされたサービスは，直接的あるいは間接的，いずれかの形態をもって提案されることとなる。

(2) プロセスとしての「価値共創」

第2に，確認しておくべき重要な概念が「価値」および「価値共創」である。

S-D ロジックという新たな視点に立つと，マーケティングの再定義が必要である。その出発点として「価値」の再定義が必要である。S-D ロジックでは，価値は，物理的対象そのものからではなく，顧客との相互作用によって創造され，パフォーマンスについての主観的な基準に基づく使用価値によって測定されるという「プロセス（process）」の視点から再定義される。

マーケティングの研究が，いったん，アウトプットではなくプロセスに焦点を当てるようになると，そこには，プロセス志向で関係的な交換の性質を暗示する文脈価値と使用価値および交換価値との間の自然なつながりが生まれる。

Lusch and Vargo が指摘するように「価値」および「価値共創」は，単数形のサービスの中核であり，価値は使用価値の意味と結び付いており，資源の統合とコンピタンスの適応を通じて，アクター間の相互作用の中で常に共創される。

　顧客は価値（自分たちによって独自に判断する価値）を創造するために資源を統合する。…S-D ロジックでは企業は価値を創造できない。企業は価値提案を通じて自分たちを位置づけるのみである。(Lusch et al. 2008, p.10)

　価値共創の考え方では，「提供物は使用されるまでは何の価値もない」とされている。しかも，「価値」は現象学的（経験的）で文脈的である（本書第2章参照）。その意味で，価値は状況依存的となり，個々のアクターによって異なり，同一のアクターでも，時期・状況によって創出される価値が異なるということである。要するに，特定のパースペクティヴ（個人的視点）と特定の文脈（例：時間，場所，社会状況）に基づくということである（Vargo and Akaka 2012, p.210）。

　　これらの概念に基づけば，共同生産への顧客の役割は選択的であるが。他方，価値創造への彼らの役割は選択的ではない。価値は常に共創される。

　上述の特徴の抽出は実務面で新たな道筋を開拓し，サービス研究に活発な議論を引き起こした（Helkkula et al. 2018, p.118）。

（3）「文脈価値」

　S-D ロジックにおいては，アクター（例：企業と顧客）企業と顧客の相互作用に焦点がある。この相互作用の重要性は，アウトプットの所有権の移転の中にあるのではなく，相互作用そのものの中にある（Lusch et al. 2008, pp.9-10）。ここに「文脈価値」の重要性が浮かび上がってくる。

　価値創造の焦点が，企業のアウトプット（交換価値）から，個々のサービス・システム（例えば，顧客）によって引き出される価値へと転回することは，経験的および現象学的な価値を強調することとなる。そして，これは，「文脈価値」（value-in-context）と表現されるようになってきている（Vargo and Akaka 2009, p.39）。

　「文脈価値」と「使用価値」との違いはどこにあるのであろうか。これに

ついては次のように論じている。

　　"使用価値"は，S-Dロジックの考え方を完全に反映しておらず（すなわち，それは過渡期の概念である），そのため，"文脈価値（value-in-context）"という用語の方がよりフィットしている。文脈価値とは，価値は常に共創されるということだけでなく，他の資源との統合状態に左右され，文脈特殊的なものであることを示唆している。新車の購入について検討してみよ。その新車に支払った代金が交換価値である；この新車の使用によるベネフィットが使用価値を表している。しかし，その使用価値は他の資源（運転能力，メンテナンス，燃料，道路）との統合やその自動車が使用される「文脈」に左右される。(Vargo et al. 2010, p.141)

　まさに，「文脈価値」という概念が，S-Dロジックにおけるサービス概念の持つプロセス思考，オペラント資源と密接に結び付いていることが理解できる。

(4)「オペランド資源」と「オペラント資源」

　S-Dロジックで使用される「資源」の意味は，「有形財あるいは無形財がどのように使われるのかあるいは使われるようになるのかについての関数であり，モノ自体の関数ではない」。そして，この資源をオペランド資源（operand resource）とオペラント資源（operant resource）とに区別している。オペランド資源はサポートを手にするためにアクターが働きかける対象としての資源である。他方，オペラント資源は，効果を生み出すために他の資源に働きかける資源である。オペラント資源は，無形のナレッジやスキルを指す言葉であり，多くの場合，オペランド資源を活性化する能力を有するものである。多くの潜在的な資源，特に潜在的なオペランド資源は，人間によってそれらを取り扱う方法が学習されるまでは，意味を持たない存在である。したがって，資源は，「そこに存在しているものではなく，資源になる（resources are not, they become）」(Vargo and Lusch 2004a, p.2) のである。

　上記の「サービス」および「資源」から見直すと，「交換」という概念について
いてグッズ中心の見方とサービス中心の見方では，交換されるモノが何かに
ついて，その見方が劇的に異なってくる。

　　グッズ中心の見方では専門化された活動の遂行の結果としてのアウトプット
　　（output）（主として有形財）が交換される。サービスを中心とした見方では，専
　　門化された活動の遂行（performance）が交換されているのである。(Vargo et al.
　　2015, p.159)

　このオペラント資産を精緻化するうえで，消費者文化論の研究者は重要な
示唆を与えている。Arnould et al. は，顧客のオペラント資源を身体的オペ
ラント資源，社会的オペラント資源，文化的オペラント資源に分類して，こ
の枠組みが消費者のオペラント資源に具体性を与えるものとしている
（Arnould et al. 2006, pp.93-94）（図表1-1参照）。
　これらの3つのオペラント資源の意味は以下の通りである（Vargo et al.
2010, p.147）。
　身体的オペラント資源：消費者は，一人一人の身体的才能や知的才能が異
なる。その違いは，彼らの人生の役割や人生計画に影響を及ぼす。例えば，
低い教育水準しか持ち合わせていなかったり，身体的に障害のある消費者の
人生の役割と人生計画は，平均的な身体的才能や知的才能を有する人の人生
の役割と人生計画とは質的に異なるように思える。…企業は，顧客の身体的
オペラント資源を理解することで，それらの人々の身体的な制約を取り除け
るようなバーチャルな環境も含めて，自社の提供物を工夫することができ
る。
　社会的オペラント資源：社会的オペラント資源は，伝統的な人口統計学的
なグループ（家族，民族グループ，社会階層）や，消費者に対してさまざまな
度合いの統制力を及ぼす創発的なグループ（広範なコミュニティ，仲間集団や
サブカルチャー，友人の集まり）も含めた他者との関係性のネットワークであ
る。

図表1-1　顧客のオペラント資源とオペランド資源

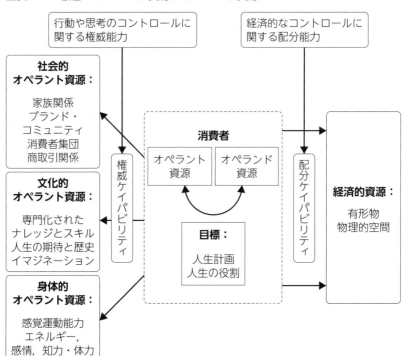

　文化的オペラント資源：消費者文化理論（CCT）の理論家たちは，専門化された文化的な資本，スキル，目標を含む文化的スキーマのさまざまな量とタイプのナレッジとして文化的オペラント資源を捉えている。

第**2**節／S-Dロジックのさらなる概念的転回

　第2章でS-D ロジックについて時系列的にその進展，変化を概観していく。そこでも指摘するように，S-D ロジックは近年その研究視点，研究領域が再検討されつつあり，さらなる研究の進展が見られる。その中ではいくつかの特筆すべき新しい概念装置の注入が行われてきている。本節ではこの新規あるいはさらなる進展が見られる概念的転回について，最新の研究を渉猟

する中から抽出していきたい。S-D ロジックの新規の概念的転回としては大きく次の3つを指摘することができる。

(1)「アクター・トゥ・アクター」転回（"A2A" turn）

(2)「システム」転回（"system" turn）

(3)「制度的」転回（"institutional" turn）

（1）アクター・トゥ・アクター（A2A）への転回

①　「アクター」

　伝統的に，経済活動は，生産者（例：企業）と消費者（例：破壊者）間の価値の二者間取引という観点から捉えられてきた。Vargo（2018b, p.722）が主張したように，「価値の直線的で連続的な創造，流れ，破壊の概念化という誤った見方は，間違いなく，マーケットとマーケティングの伝統的な見方の最も有害な側面の1つである」。

　そもそも，企業と顧客という概念に内包されている提供者（provider）と受容者（receiver）という枠組みは，価値を生産・提供しているのが企業であり，顧客・消費者はそれを受け取るという受動的・消極的な立場という暗黙の意味が内包されている。

　特に「消費者」という用語は，創造や貢献ではなく，モノを使い切るという活動を主とする受動的で最終的な「ターゲット」として捉えられている（Vargo and Lusch 2011, p.181）。

　その意味で，S-D ロジックにおいて「アクター（actor）」という概念には，特別な意味が付与されている。

　　もっとも制約的なのは，生産者としてのアクターと消費者としてのアクターをラベリングすることによる区分，あるいは企業と顧客と区別してラベリングすることによって意味される区分，さらに供給側と需要側と区別してラベリングすることによって，制約されてきたということである。（Lusch and Vargo 2012, p.194）

S-D ロジックの視点からすると，企業も顧客もともに自らの資源を統合し，そこに内在しているスキル・ナレッジを用いて価値を創造していく当事者であり，その相互関係をパラレルな関係として表現するために「アクター」という用語を用いているのである。

しかし，Lusch and Vargo によると，2008 年の論文でアクター概念をはじめて導入しているが（Vargo and Lusch 2008a, p.3），包括的なアクター概念，すなわちアクター・トゥ・アクター（A2A）という表現を公式的に使用したのは 2011 年の論文が最初であると述べている（Vargo and Lusch 2016, p.7）。

価値の共創活動において，それぞれのアクターは，能動的かつダイナミックな存在であり，そのため，アクターはオペラント資源を意味している。これは，消費者をオペランド資源と見なし，彼らに対して，働きかける生産者を能動的なオペラント資源と見なす従来の G-D ロジックの視点とは極めて対照的である（Lusch and Vargo 2012, p.195）。

② アクター・トゥ・アクター

アクター・トゥ・アクターの呼称は，すべてのアクターが同一であることを意味するものではない。実際，役割は事前に定義されるべきものではなく，文脈の観点から，つまり時間経過を前提としたプロセスの中でアクターを見ることによって，アクターの特異な性質を浮かび上がらせることができ，その間のアクター相互関係の動態性を理解することができる。Vargo and Lusch（2011, p.184）が示唆しているように，アクター・トゥ・アクターという視点を導入することによって，コンシューマーマーケティング，B2B マーケティング，消費者文化理論など，多様な領域に共通する学問横断的な研究を可能にすることができる。

S-D ロジックでは，価値は一人のアクターによって創造されるものではなく複数のアクターによって共創されるという価値共創の意味が強調される。

さらには，アクターたちは自分たちの関わる文脈の中での地位を占めるようになり，そしてそれら地位から直接的・間接的なサービスとサービスの交

換のための資源を引き出してくる。重要なことは，資源はサービスのために
さまざまな文脈の中で活用されるということである。したがって，資源の価
値は文脈に依存するということである。

さらに，その文脈は，当事者間の関係を越えて，さまざまなアクターの
ネットワークを背後に備えており，さらには，その文脈は，より大きな文脈
のネットワークから影響を受けている。このような文脈の重層的な構造（ミ
クロ文脈，メソ文脈，マクロ文脈）については第14章第1節で詳細に取り上げ
る。

(2) システムへの転回

S-D ロジックは，当初（Vargo and Lusch 2004），ダイアディックな特徴を残
していると指摘されていたが，アクターがサービス提案で使用する資源を複
数のソースから取得するモデルを鮮明に打ち出した段階で，ネットワーク志
向に移行している（Vargo and Lusch 2008b）。そして，前述のアクター・
トゥ・アクターという視点を明確にする中で，より鮮明にシステム志向への
シフトを打ち出している（Chandler and Vargo 2011; Vargo and Lusch 2011）。
そして，このシステム志向は，サービス・システムという概念を導出するこ
ととなった（Vargo 2018b, p.723）。

① サービス・システム

単数形のサービス交換に関する基本的分析単位となるものがサービス・シ
ステム（service system）であり，価値提案によって他のシステムと結び付い
た資源のコンフィギュレーションである。

Vargo and Lusch の言葉を引用すると「サービス・システムは，彼ら自身
や他のシステムズのために，順応可能性や生存可能性を高める他のサー
ビス・システムズとの交換（すなわち，価値を共創すること）に従事するとい
うこと」（Vargo et al. 2008, p.149）である。

また，「内部のサービス・システムと外部のサービス・システムを結び付
ける価値提案，そして，共有された情報からなる価値共創コンフィギュレー

ション（value co-creation configurations）」であるという Maglio and Spohrer
の定義も利用している（Maglio and Spohrer 2008, p.18）。

　このコンフィギュレーション（configuration）について Vargo and Lusch
は，具体的事例でわかりやすく説明している。

　　たとえば，理髪店は，ハサミ，シャンプー，他の資源を用いて，顧客の整髪
　をするために自分のスキルや経験を適応している。ある企業は，他の企業の情
　報ネットワークを構築し稼動させるために自社内に保有している IT 関連のナ
　レッジ・スキルを提供することもあるだろう。この両事例において，あるシス
　テム（理髪店と髪切り道具類，あるいは，IT アウトソーシング企業と技術）は，他の
　サービス・システムと統合されることで，自身のケイパビリティを効果的に活
　用している。（Vargo et al. 2008, p.146）

　サービス・システムは，資源の複雑なコンフィギュレーションの中で価値
を創造するための動的なネットワーク構造であり，(1) 資源を共有したり応
用したりすることを通じて他のサービス・システムの状態を改善することを
可能にしたり，(2) 外部資源を獲得することによって自身の状態を改善する
ことを可能にしたりするオープン・システムとして概念化されている
（Maglio et al. 2009, p.403）。
　サービス・システムの範囲としては，Normann の見解を要約するかたち
で次のように説明している。

　　最も小さいサービス・システムは他の人と相互作用する個人を中心において
　おり，最も大きなサービス・システムはグローバル経済から構成される。市，
　市役所，企業，事業部門，国，政府機関は，すべてサービス・システムである。
　すべてのサービス・システムには，サービスの供給者と顧客の両方がおり，そ
　れら両者はバリュー・チェーン，価値ネットワークあるいは価値創造システム
　内での価値提案によって結び付けられる。（Maglio et al. 2008, p.18）

② サービス・システムの基盤

Vago and Lusch は，システムの構造と構成要素について，サービス・システムの基盤として次の諸点を提示している（Maglio et al. 2009, p.403）。

- 1つのサービス・システムは，少なくとも，1つのオペラント資源を含む資源コンフィギュレーションであり，資源コンフィギュレーションの特性や行動は，個々の資源の特性や行動よりも多い。
- オペラント資源は，交換を生み出すために，（他のオペラント資源も含めた）他の資源に作用を及ぼす。
- 単数形のサービスは，相手（のサービス・システム）にとって価値のある交換を生み出すために（コンピタンス，スキル，知識を含む）資源を応用することである。
- サービス・システムあるいはそのサービス・システムの環境適合能力によって価値が判断されるので，価値とは，1つのサービス・システムを改善させることである。
- 経済的交換とは，2つ以上のサービス・システムが相互作用することによって相互的な価値を創造するための自発的で互恵的な資源の活用である。

③ サービス・エコシステム

システム志向は，上述のサービス・システムをサービス・エコシステム（service ecosystem）の概念へと進展させることとなる。

サービス・エコシステムは「共有された制度配列とサービス交換による相互の価値創造によって結びついた，資源統合アクターの比較的自己完結型の自己調整システム」として定義されている（Lusch and Vargo 2014, p.24; 訳書 p.28; Vargo and Lusch 2016, pp.10-11）。

この定義で示唆されているように，サービス・エコシステムの転回は，サービス・エコシステムを通じて価値共創を促進する調整メカニズムの役割を認識する，という新たな視点の転回を必要とした。

Vargo and Lusch は，価値創造の基盤となるアクター間のリレーション

シップの動態性を検討するうえで, Iansiti and Levien (2004) および Prahalad and Krishnan (2008) などが提唱しているエコシステム概念を導入している。

Iansiti and Levien は, エコシステムを次のように説明している。

エコシステムやすべての自然のシステムで起きていることは, システムのすべてのメンバーが共通する利益のために, 相互依存を共進化させてきたということである。実際には, それぞれのメンバーはシステム内で相互作用するネットワークを活用して, 自らの優位性を構築しようとする。…すべては, 共有された運命に向かう相互依存関係によって結びついている。(Iansiti and Levien 2004; 訳書, p.29)

生物界のエコシステムと似て, ビジネス・エコシステムは多くの主体が大規模に緩やかに結びついたネットワークから形成されている。生物界のエコシステムにおける種と似て, ビジネス・エコシステムにおける企業は複雑な方法で相互に影響しあい, 個別企業の健全性とパフォーマンスはエコシステム全体の健全性とパフォーマンスに依存している。(Iansiti and Levien 2004; 訳書, p.47)

S-D ロジックもこのようなエコシステムの動態性を前提とする必要がある。動態的なエコシステムに組み込まれるアクターは単に相互に関連し結び付いているという以上の関係が求められる。Vargo and Lusch は, エコシステム内のアクターの特徴として次のような諸点を指摘している (Vargo and Lusch 2010, p.176)。

①自発的な感知と反応：アクターは他のアクターとインターフェイスを持ち, 反応したり行動したりする方法や時期を決定するために自分たちの感覚機能を用いる。情報技術の優勢によって感知と対応はますます内発的になる。

②空間的, 時間的構造：アクターと資源は地理的な空間と時間の次元に配置される。

③緩やかな組み込み：アクターは組織の内外で他者と結びついており，その結びつきのほとんどはソフトな契約とハードな契約を通じて行われる。

④価値提供アクター：アクターは他のアクターのために価値を創造することはできないが，潜在的な価値を持ち，価値の提案を通じて発生するオファーを行うことができる。

⑤言語，制度，技術の利用：インターフェイスを成功させるために，アクターには共通の言語が必要である。彼らは，言語，制度，技術と，インターフェイスと交換を規定する他の社会的制度（貨幣システムや法律）に依存する。最後に技術，特にイノベーションは，システムの進化と成果を駆動する。

⑥サービス・オファリングの共同生産：アクターはサービス提供物を生み出す際に支援するため他のアクターを招待する。

⑦相互サービス提供への従事：アクターは，只乗りするのではなく，サービスの交換を通じて，直接的もしくは間接的のどちらかで，他の行為者を手助けしなければならない（例えば，金銭的もしくは一般的に相互関係的である）。

⑧価値の共創：他の資源（他のサービス・オファリング）とサービス・オファリングを統合する際に，状況とコンテクストに独特な価値を創造する。

アクターの集まりやアクター間での互恵的なつながりとして文脈を定義することで，多数のアクターを含む特定の文脈がどのように構成されているのかを知ることができる。アクター（A）が特定のアクター（B）とつながりを持つときと，別のアクター（C）とつながりを持つときとでは，2人の行為者とのつながりは別の文脈を構成する。当然ではあるが，これらの文脈の各々で資源とサービスは異なる。さらに，この2人の行為者たちの間のつながりがこの文脈とつながりを持つ他のアクターやそれらのつながりにも影響を及ぼし，またその逆も考えることができる。

また，イノベーションを，複数のアクターが資源を統合して交換し，自分

自身や他の人に価値を生み出す，つまり価値を共創するとき新しいソリューションが出現するプロセスとみなせる。

（3）制度的転回

①　制度の定義

　S-D ロジックでは，制度は，資源の統合とサービス交換を促進することにより，サービス・エコシステムをまとめる接着剤として機能する。

　Vargo and Lusch は，「制度（institution）」を，「行動を可能にしたり制約したり，また社会生活を予測することを可能にしたり，意味あるものにしたりする，人により作られたルール，規範，信念のこと」（Vargo and Lusch 2016, p.11）と定義づけ，そのうえで，制度と制度のインタラクション，制度的ロジックと呼ばれるより高次の制度配列（institutional arrangement），そして制度化のプロセスと役割が，サービス・エコシステムの構造や機能を理解するための鍵としている。上記の定義の内容を具体的な事例で表現すると，制度とは「公式的な成文化された法律」，「非公式な社会的規範」，「概念的あるいはシンボリックな意味を有したしきたり」，「その他のルーティン化した規則」などを指している（Vargo and Lusch 2016, p.11）。

②　制度的ワーク

　Lawrence and Suddaby は，制度の動態的なプロセスに着目し，「制度的ワーク（institutional work）」という概念を提唱している。「組織的ワークとは一般に制度を創造し，維持し，破壊することを意図した行為を指す」と定義されており，これがサービス・エコシステム概念と組み合わされた場合，資源統合における制度化されたルールを破り，創造し，維持するためのアクターの努力と能力を意味している（Lawrence and Suddaby 2006, p.215）。

　ここで注意する必要があるのは，制度的ワークには，変化に対する抵抗も含まれているということである。成熟した制度には当然それを維持しようとする力が働く。その一方で変革を求める新しい複数のアクターが顕在化する。このような制度および制度配列に対する維持と変革はそこに所属してい

るアクターのダイナミックな活動を引き出す。すなわち，制度および制度配列の多様性の研究は，既存の制度および制度配列に対する代替案の創造を促し，制度のロックインや経路依存性を克服する方法の追求につながり，その結果として，さまざまなアクターが価値創造とイノベーションに携わることとなる。

　　新しい資源が既存の資源と統合され，資源統合が既存の制度配列を利用して，流入するようになると，制度的ワークが継続的に発生する。新しい資源を統合する個人の数が増えると，普及プロセスはより広いエコシステム全体に広がる。(Vargo et al. 2020, p.529)

これを図式化すると図表1-2のようになる。

図表1-2　制度的ワーク

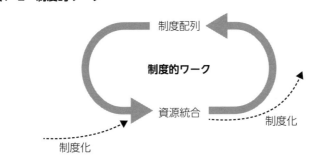

出所：Vargo et al.（2020, p.530）.

③　アクターと制度の関係

　アクターは，ダイアデックな関係としてのみ捉えられるべきではなく，複数のアクターのインタラクションとして捉えるべきであり，そのそれぞれのインタラクションは，それぞれの文脈に依存している。さらに，その文脈に置かれているアクターは，そこに一定の価値を共創することとなるが，それは単に個人の内面に規定されるものとしてではなく，アクターの置かれている社会の慣行，文化，ルールに依存することとなる。ときに，それが，一定

のルールとなり，最終的には，アクターの行動や思考を規制する「制度」と
してアクターの前に出現することとなる。

　このように，システム内に存在するアクター間の関係を規定する制度を，
アクターがミクロ・システム，メソ・システム，マクロ・システム内に創り
出することとなり，逆にそれらによりアクター自身が拘束されることとな
る。これは，構造化理論の重要な視点の１つであるが，S-D ロジックでは
サービス・エコシステムの解明に援用しているのである。つまり，制度とい
う概念装置を組み込むことによって，サービス・エコシステム内でのアク
ター間の共創行動を創発し促進していく仕組みを考察することを可能とする
こととなる。

　つまり，制度とは，「人的に考案された統合可能な資源を具現化したもの
である。それらの統合可能な資源は，我々が社会的文脈として理解している
構造上の特徴を提供するために絶えず組み立てなおされているので，価値共
創プロセスを理解するのに不可欠な存在である」（Vargo and Lusch 2016,
p.17）。このような「比較的永続的で反復的な資源統合プラクティス」を「制
度化されたソリューション（institutionalized solutions）」と呼んでいる
（Lusch and Vargo 2014 p.25; 訳書 , p.30）。このようなかたちで形成されるエコ
システムが市場として出現することとなる。

　アクターたちが共存し得る状況を支援する構造を形成したり，再形成した
り，あるいはそれらの構造から影響を受ける進化プロセスを扱うさまざまな
研究領域，たとえば制度論，プラクティス理論，複雑系経済学などに目を向
ける必要があるとしており，S-D ロジックの進展には，これらの諸理論から
学ぶべき多くが存在しているとしている。

　その意味で，さらに，S-D ロジックをどのように進化させていくべきか，
われわれの研究課題として取り組んでいく必要があろう（Vargo and Lusch
2016）。

おわりに

　S-D ロジックは，2004 年に公表されてから 20 年経過してきたが，その間，

多くの研究者，実務家の関心を集め，そこから提起された新たな提案や批判を基礎に大きく進化してきている。

　本章のタイトルにもなっている「概念的転回」の意味は，マーケティング，広くは経済学や経営学を含む社会科学に根強く浸透しているロジックを作り替えるという意味であり，今ひとつは，S-D ロジックそれ自体もこの 20 年間で様々な変化・転回を遂げてきているという意味である。

　本章では，S-D ロジックを理解する上で必要な基本的知識を提供した。そこで S-D ロジックを支えている基本的な概念装置をまず説明し，さらに，進化を遂げている最新の S-D ロジックの新たな概念装置を解説した。

　Vargo and Lusch が S-D ロジックを提唱したその出発点で提案したように，多くの研究者・実務家とともに本ロジックを進化させようというメッセージのもとで大きな進化を遂げつつある。第 2 章では，その進化の過程について，今少し詳細に議論していく。

　ここ数年，S-D ロジックは，S-D ロジックの根幹をなす価値共創のプロセスを「S-D ロジック・ナラティヴ（Service Dominant Logic Narrative）」という名称のもと体系化しており，その価値共創のプロセスには，本章で取り上げたアクター，資源統合，サービスの交換，制度と制度配列，サービス・エコシステムといった概念が構成要素として組み込まれている。このプロセスの中で，アクターたちが制度を作り出し，その制度の中で入れ子の形で重層化したサービス・システムを生み出していく。そしてアクターたちはサービス・システムの中でサービスを交換し，それを通じて資源を統合していくという諸段階が内包されている。このような S-D ロジック・ナラティヴについては，次の第 3 章で詳説していく。

　そして，第 4 章以降では，特に 2010 年以降大きく進化してきたテーマや新たに取り込まれたテーマ，具体的には，価値共創とプラクティス（第 4 章），制度と制度配列（第 5 章），サービス・イノベーション（第 6 章），デザイン思考（第 7 章），顧客経験（第 8 章），エンゲージメント（第 9 章），リレーションシップ（第 10 章），Well-Being（第 11 章），S ロジック（第 12 章），中範囲理論（第 13 章）のそれぞれについて詳細に議論していく。

S-Dロジックの進展

はじめに

　今日に至るまで，S-Dロジックは同ロジックの基本的前提の修正と追加を重ね，そのうえで，より少数の中核的な公理を提唱し，さらにその適応範囲を拡大してきている。しかし，同ロジックがどのように進化してきているのか，さらにはS-Dロジックがサービス研究およびその他の関連領域にどのような影響を与えているのかについては必ずしも十分な解明がなされていない。そのような現状を踏まえ，彼らが最初に発表した論文のテーマの中で表現した「進化しつつある（evolving）」ロジックが，当初から現在に至るまでどのような経過をたどってきているのか，その変わらない部分，変化してきている部分の両面から確認する必要がある。

　S-Dロジックが発表されて以来どのように進化してきたかについては，何人かの研究者により整理が試みられている（Brodie et al. 2019b; Wilden et al. 2017）。また，Vargo and Lusch自身も，自分たちのロジックの進化を整理している（Vargo and Lusch 2017; Vargo 2018b）。これらの研究者の検討の結果を踏まえると概ね以下の3つの段階に大別することができる。

①形成期

　　2004年から2007年までの期間であり，ここでは，市場とマーケティングに対するこれまでの伝統的なマーケティングとは異なるユニークなパースペクティブが提供された。S-Dロジックの核となる8つの基本的前提（Foundational Premises : FP）が提起される。

②改良・洗練期

　　2008年から2011年までであり，S-Dロジックが実務および研究の世界

で知られるところとなり，その間，このロジックの枠組みがさらに精緻化され，その内容（FP）に修正が加えられるようになっていった。

③発展期

2012年から2017年までであり，S-D ロジックにさらに新しい FP を導入し，11の FP にすると共に，5つの公理（axiom）の提唱がなされた。この時期は，S-D ロジックに関連する研究報告は指数関数的に増加している（Brodie et al. 2019b, p.4）。

本章では，この時代区分を基礎にこれまでの S-D ロジックの変遷の足取りを辿りながら，どのような変化と進展があったのかを整理していきたい。

第1節／形成期（2004年から2007年）

2004年，Vargo and Lusch が伝統的な製品を中心とするグッズ・ドミナント・ロジック（G-D ロジック）ではなくサービスを基礎とした新たなロジック，サービス・ドミナント・ロジック（S-D ロジック）の提唱を行っている（Vargo and Lusch 2004a）。ただし，彼らの用いる「サービス」という概念は従来のそれとは大きく異なるものであった（第1章参照）。さらに2004年以降，彼らの手による学術的な論文が，短期間のうちに数多く発表されているが，それはこの最初の論文では十分意を尽くせなかった部分の補足であり，さらなる理解を求めての詳細な説明であり，さらには多くの誤解に対する対応でもあった。すでに広く理解されているところではあるが，この新しいパースペクティブを表現するために，Vargo and Lusch（2004a）が提唱したのは8個の基本的前提（FP）である。最初に提案された FP は，以下のようになる。

FP1：専門のスキルとナレッジの適応が交換の基本単位である。
FP2：間接的な交換は交換の基本的単位を見えなくする。
FP3：グッズはサービス提供のための伝達手段である。
FP4：ナレッジは競争優位の基本的源泉である。
FP5：経済はすべてサービィーズ経済である。

FP6：顧客は常に共同生産者である。

FP7：企業は価値提案しかできない。

FP8：サービス中心の考え方は顧客志向的であり関係的である。

　最初に提唱された基本的前提は，そのロジックの理解を広げるという観点から，用語の使用について慎重な対応が見られ，その後のFPに現れるS-Dロジック固有の用語の使用を控え，汎用性のある用語で説明しようとしている。

（1）サービス概念の修正

　2004年に本ロジックが提唱されたが，同年，これに続き発表した論文で従来のサービス概念の限界を指摘している。これまでのマーケティングで用いられているサービス概念は有形財を前提としたもので，それと対比した形で定義づけられており，その典型がサービスの4つの特徴といわれる無形性（intangibility），異質性（heterogeneity），非分離性（inseparability），消滅性（perishability），いわゆるIHIPである。厳密にいって，これはサービスの特徴とはいえないというのが彼らの主張である（Vargo and Lusch 2004b, p.324）。

　2004年のFPでは複数形のサービシィーズ（services）が用いられていたが，2006年，単数形のサービス（service）に修正している。これは，「皮肉にも，S-Dロジックの（基本的前提で用いた）『サービシィーズ』がグッズ・ドミナント・ロジック（G-Dロジック）の用語であると考える」（Lusch and Vargo 2006, p.282）ということであり，単数形の「サービス」と複数形の「サービス（サービシィーズ）」を明確に区別している。

　　我々はG-Dロジックで使われているアウトプットの単位を意味している複数形の「サービシィーズ」ではなく，誰かのために何かをするプロセスを意味するS-Dロジックにおける単数形の「サービス」を使用する。…サービスは交換の共通分母に該当するものであり，有形財の上位概念である。（Lusch and Vargo 2006, p.282）

さらに，単数形のサービスについて，次のような定義づけを行っている。

　サービスとは，他者のベネフィットあるいは自身のベネフィットのために，行動，プロセス，パフォーマンスを通じて，専門化されたコンピタンス（ナレッジとスキル）を応用することである。(Vargo and Morgan 2005, p.51)[1]

2006年になるとS-Dロジックのさらなる精緻化の試みがなされ，2004年に提示されたFPのうちFP6とFP9の表現に修正が加えられた。その内容は概ね以下の通りである。

(2)「価値共創」

2006年はじめてFPの中に「価値共創」という用語が登場することとなる。FP6がそれである。

> FP6：顧客は常に価値共創者である。

Vargo and Lusch は，このFPの修正について次のように解説している。

　FP6では共同生産者という用語ではなく，価値共創者という用語が使用されていることに注意すべきである。共同生産者（co-producer）という用語は，G-Dロジックおよび生産志向のロジックを過度に思い起こさせることになる。そこで，S-Dロジックに沿った共創という言葉を選ぶこととする。(Vargo and Lusch 2006, p.44)

そのうえで，共同生産は価値共創の1つの要素であり，有形財を用いて価値共創のプロセスに参画する場合の概念として捉えている。

---

[1] この定義は，すでに2004年の最初の論文の中に見られるが，当時は，複数形のサービス（サービシィーズ）の定義というかたちで紹介されていた（Vargo and Lusch 2004a, p.2）。

　価値共創（value co-creation）には二つの重要な構成要素が内在していると考えることが重要である。この中でより包括的なものが「価値の共創」（co-creation of value）である。この概念は，かなり根本的なG-Dロジックからの離脱をあらわしている。…S-Dロジックでは，価値は「消費プロセス」にいる使用者によって，つまり使用をつうじてのみ創出され決定される。

　共創の第二の構成要素は，より正確にいうと「共同生産（co-production of value）」と呼ばれるものである。これは，提供物自体を創造することに顧客が参画することを意味している。（Lusch and Vargo 2006, p.284）。

（3）サービスの統合化…FP9の追加

　さらに，2006年には，FP9が追加される。

> FP9：組織はこまかく専門化されたコンピタンスを市場で求められている複雑なサービィーズに統化したり変換するために存在している（Vargo and Lusch 2006, p.53）。

　このFPにおいて，企業の理論に対するフレームワークを提供している。具体的には，ナレッジとスキルを手にしている起業家が，（1）人々が欲し獲得するために対価を払おうとするサービスを創造するため，そして（2）そのサービスを提案するため各種専門家を統合することができるよう存在しているのが組織である（Vargo and Lusch 2006, p.53）。

第2節／改良・洗練期（2008年から2011年）

　Vargo and Luschは，2008年に入ると，再度2004年に提唱したFPに大幅な修正を加えるとともに，FP10を加えることでS-Dロジックを拡大した時期である（Vargo and Lusch 2008a）。

　2008年に修正と追加が行われたFPは以下のようになる。

FP1：サービスが交換の基本的基盤（basis）である。

FP2：間接的な交換は交換の基本的基盤を見えなくする。

FP3：変更なし。

FP4：オペラント資源は競争優位の基本的な源泉である。

FP5：すべての経済は，サービス（service）経済である。

FP6：変更なし。

FP7：企業は，価値を提供することはできず，価値提案しかできない。

FP8：サービス中心の考え方は，元来，顧客志向的であり，関係的である。

FP9：すべての社会的アクターと経済的アクターが資源統合者である。

FP10：価値は受益者によって常に独自にかつ現象学的に判断される。

（1）　S-Dロジック独自の用語

　まず，この時期の特徴として指摘できるのは，S-D ロジックで提唱されている意味内容を正確に伝えることを目的とした専門用語を使用して FP を書き直したところである。その理由について次のように指摘している（Vargo and Lusch 2008a, p.1）。

①初期の基本的前提のいくつかについての言葉の言い回しが，G-D ロジックの用語に過度に依存している

②基本的前提のいくつかを表現する際に，言葉の言い回しが過度に経営管理的だった

③価値創造の相互作用的でネットワーク的性質をより明確に理解する必要があった

④価値創造に対する私たちの認識の中で，私たちは，本質的には，現象学的で経験的であるということを，ほとんど明白にしていなかった

その結果，次のいくつかの FP に修正を加えることとなった。

(2) FPで使用する用語の修正

2008 年に行われた修正では，まず各 FP で使用されている用語の大幅な見直しが行われている。具体的には，FP1, FP2, FP4, FP5, FP7, FP8 の 6つの FP である（Vargo and Lusch 2008a, pp.6-7）。

① FP1　FP2　「単位」という用語を「基盤」に変更

　　単数形のサービス概念を基礎とした S-D ロジックで，交換対象を単位という形で表現することの不適切さからの修正

② FP4　「オペラント資源」

　　S-D ロジックを最初に提唱したときには十分周知された概念ではなかったことで使用を避けていた用語の起用

③ FP5　サービス経済

　　複数形で表現していたものを単数形のサービスに修正

④ FP7　「価値を提供することはできず」という語句を追加

　　企業が一方的に価値を創造したり提供したりするという発想を修正するとともに，企業・顧客両者がともに協働して価値を創造するという意味を強調

⑤ FP8　「元来 inherently」を追加

　　価値の共創は，両当事者が意図するしないにかかわらず，関係性の下に成立する概念であることを強調

さらに，大きな修正と追加が行われている。

(3)「アクター」概念の採用（FP9）

FP9：すべての社会的アクターと経済的アクターが資源統合者である。

FP9 は，2006 年に追加された FP であるが，そのときは「組織」という用

語が使用されていた。彼らは 2006 年の FP に対して「資源統合者は個人であるので，明らかに「組織」はふさわしくない。「アクター」という用語を採用することとした」（Vargo and Lusch 2008a, p.9）と述べ，この言葉を FP から外している。ただし，「サービス・システム」という表現も候補としており，将来的には検討の余地ありとしている。

（**4**）受益者の価値判断（FP10 の追加）

2008 年に見られる新しい動きとしては，さらに FP が追加されたことである（Vargo and Lusch 2008a, p.9）。

FP10：価値は受益者によって常に独自にかつ現象学的に判断される。

この FP10 は使用されている用語から若干わかりにくい表現となっている。しかし，述べようとしていることは，価値は人によって異なり，同じ人でもその状況により異なるという点を指摘しようとした内容である。

しかし，このような表現を用いた理由を次のように述べている。

　我々が"経験的な（experiential）"ではなく"現象学的な（phenomenological）"という用語を選んだことに注意してほしい。これは，ある部分，多くの人々が"経験"という用語に遭遇する時に，しばしば，"ディズニー・ワールドのイベント"のような意味が含まれていると想起するという事実のためである。…しかし，経験という用語にも現象論的な意味が込められているという点で，これらの用語は互換的に使用されてよいと考えている（Vargo and Lusch 2008a, p.9）。

（**5**）価値共創のシステム志向

2008 年の修正で，一般的なアクター・トゥ・アクター（A2A）志向を導入し，さらに，動的でネットワーク化した価値共創のシステム志向を採用しており，システム志向フレームワークとして S-D ロジックを明示的に議論したのがこの時期であり，その内容を詳細に取り扱った最初の論文が 2011 年に

発表した "It's all B2B… and Beyond: Towards a Systems Perspective of the Market" である。

　この 2011 年の論文で,「包括的なアクター・トゥ・アクター志向は, 同時に, 価値創造に対する動的でネットワーク化されたシステム志向」(Vargo and Lusch 2011, p.181) を意味するとして, システム概念の枠組みを S-D ロジックに取り入れることとなる。そして, その後の S-D ロジックの中心概念となる「サービス・エコシステム」という概念を提唱していくこととなる。

第3節 ╱ 発展期 (2012年から2017年)

　現在, われわれが手にしている S-D ロジックの FP と公理が導出された時期である。この時期, Vargo and Lusch は, 新しい基本的前提 (FP11) を導入し, 11 の PF と 5 つの axiom (公理) を割り当てた (2016)。S-D ロジックに関心を寄せる研究者および実務家の数はさらに拡大している。また, マーケティングとサービス関連のジャーナルおよび他の学問における S-D ロジック関連の研究成果の数は, 指数関数的に増加している。内容的にも, この期間に発表された論文は S-D ロジックのディスコースとそれが適用されるコンテクストを拡張してきている。

　Vargo and Lusch が S-D ロジックを提唱して 10 年経過した 2014 年に刊行された書籍で, それまでに提唱していた 11 の FP を踏まえて 4 つの公理を提唱している (Vargo and Lusch 2014)。この書籍では, 直近の FP を踏襲しつつ, 新たに公理というかたちで, コアとなる FP を抽出している。

　そして, その後 2016 年に発表された一連の論文では, さらなる修正を行っており, さらに 11 番目の FP を追加している。そこで, これらについて詳細を検討してみると, 以下のようになる (Vargo and Lusch 2016)。

　まず, 10 の FP のうち, 説明の見直しの対象となったのは, FP4, FP6, FP7, FP8 の 4 つである。具体的には, 次のように修正されている (Vargo and Lusch 2016, pp.7-9)。

> FP4：オペラント資源は戦略的ベネフィットの基本的源泉である。
> FP6：価値は受益者を含む複数のアクターによって常に共創される。
> FP7：アクターは価値を提供することはできず，価値提案の創造（creation）と提示（offering）に参加することしかできない。
> FP8：サービス中心の考え方は，元来，受益者志向的であり関係的である。

（1）「競争優位」から「戦略的ベネフィット」への変更（FP4）

FP4は「競争優位」という用語が「戦略的ベネフィット（strategic benefit）」という表現に変更されている。その理由は「競争優位という用語が近視眼的であり，さらには誤った方向へ注意を向けてしまう」（Vargo and Lusch 2016, p.7），つまり「優位」という用語はアクター間の共創関係を表現するには不適切な用語として，さらに「『戦略的ベネフィット』という用語は，S-Dロジックにおけるサービスのためのサービスという概念を補強することになり，さらに互恵的なサービス交換を考慮し，サービス提供者が『受益者』の役割も果たしている」（Vargo and Lusch 2016, p.7）ことを理解しやすくさせることになるとしている。

（2）直接的インタラクションと間接的インタラクション（FP6）

「おそらく，FP6ほど多くの誤解を生み，論争を生み出したFPはないであろう」（Vargo and Lusch 2016, p.8）と述べている。それは，これまでのFP6で使用してきた「顧客」という用語に起因している。

そこで，修正されたFP6では，「顧客」という用語が「受益者を含む複数のアクター」という表現に変更されている。このFPを修正した理由は，1つは「顧客」という表現がG-Dロジックで用いられてきた企業が主，顧客が従という固定的観念を回避することである。さらに重要な点は，初期の表現が「ダイアディックな」関係を表現しているかのような誤解を生んでしまったことへの反省からの修正である。

　つまり，価値創造は単一のアクターの活動や企業との顧客の間の活動のみで行われるのではなく，複数のアクターの間のインタラクションによって行われるという「マルチプル・アクター（multiple actors）」という概念を鮮明に打ち出したのである。

　しかも，ここで使用されている「インタラクション」とは，直接的な対面性（face to face）であることも，反復的なエンカウンターを意味するものでもなく，間接的なインタラクションも含めた「相互的あるいは互恵的な行動や影響」を意味するものである。「要するに，価値の共創は，交換の目的であり，したがってそれは市場とマーケティングにとっての基盤である」（Vargo and Lusch 2016, p.5）としている。

（3）共同生産と価値共創の混同の回避（FP7）

　FP7 は，企業という用語がアクターに変更されている。これはアクター・トゥ・アクターという志向から導き出せる。また，この FP に表現されている「アクターは価値を提供することはできず，価値提案の創造と提案に参加することしかできない」とは，サービスの提供者と受益者を含む多数のアクターの間で共創されるものである。言い換えると，価値は引き渡すことのできるものではなく，関係するアクターたちによる継続的な共創を前提とするものである（Vargo and Lusch 2016, p.6）。

　さらに，「価値提案の創造」という表現とは，「共同生産」と「価値共創」の区別をより明確にするためである。これは，S-D ロジック提唱の初期からつきまとう誤解を解消する意図からであるとしている。「価値共創」の意味が，常に自社のアウトプットの設計，創造，伝達に顧客を組み込むこと（すなわち，共同生産）と誤解されてきているからである。

（4）「受益者志向」（FP8）

　FP8 は，アクターという用語と同様，顧客という用語の持つグッズ・ドミナントな意味合いを払拭するために「受益者」という用語に変更した（Vargo and Lusch 2016, p.6）。

(5)「制度」の追加 (FP11)

2016 年の論文で 11 番目の FP が追加され，価値の共創における調整を促進するメカニズムとして制度が特定された（Vargo and Lusch 2016）。

FP11：価値共創はアクターが生み出す制度と制度配列を通じて調整される。

FP11 の追加は，どのような意味を持っているのであろうか。その中心となる概念は「制度（institution）」である。Vargo and Lusch は，2008 年に 10 の基本的前提を提案した後，次第に「企業」と「顧客」に焦点を当てた交換から，より広範なインタラクションに視点を移している。これを「ズーミングアウト（zooming out）」と表現し，システム思考を取り入れることにより，「エコシステム」へと視野を拡大，さらに，アクターと環境のインタラクション，アクター間の相互的なサービス交換を解明するうえで，「サービス・エコシステム」という用語を使用している。S-D ロジックにおいて用いられる「サービス・エコシステム」は，技術ではなく，制度というより包括的な役割に焦点を当てている。

Vargo and Lusch は「第 5 の公理と制度及び制度配列への焦点を加えることで，S-D ロジックの枠組みが全ての交換に適応できる」（Vargo and Lusch 2016, p.18）としている。つまり，価値共創は，「資源統合（FP9）やサービスとサービスの交換（FP1）を通じて価値共創（FP6）や価値判断（FP10）に関係づけられる。つまり，サービス・エコシステム内での共同および調和というナラティヴだけでなく，エコシステム間でのコンフリクトや和解というナラティヴについても言及することができる」（Vargo and Lusch 2016, p.17）としている。

(6) 5つの公理

S-D ロジックは，この 20 年ほどの間に，いくつか概念的展開を通じて，これらの FPs と公理を創出してきた。そして，この S-D ロジックはどのような

アクターあるいはその集合体にも適応できるようなフレームワークを提供してきたといえる。このフレームワークは，S-D ロジックに求められるメタ理論としての役割からの当然の帰結である。

　そのような理論的な進化の過程で，制度および制度配列により調整されたサービス・エコシステム，そのシステム内における互恵的なサービス交換，さらにはその交換に関与するアクターの資源統合者としての位置付けといったフレームワークが示されることとなり，これらを結び付けるメタ理論的なナラティヴ・フレームワークが導き出されることとなった。そのフレームワークを構築する基盤となるのが5つの公理である。これは，11 の FP の中で中核をなしている5つの FP を抽出し，「公理1」から「公理5」として再整理し，その他の6つの FP をこれらの公理に付随するものとして再整理している。これは前節までで詳説したような FP の精緻化のプロセスで導出されたものであり，S-D ロジックの根幹をなすものである。この公理の内容を吟味すると以下のようになる（図表2-1参照）。

図表2-1　公理と基本的前提

A1/FP1	A2/FP6	A3/FP9	A4/FP10	A5/FP11
サービスが交換の基本的基盤（basis）である。	価値は受益者を含む複数のアクターによって常に共創される。	すべての社会的アクターと経済的アクターが資源統合者である。	価値は受益者によって常に独自にかつ現象学的に判断される。	価値共創はアクターが生み出す制度と制度配列を通じて調整される。

| FP5 すべての経済は，サービス（service）経済である。 | FP3 グッズはサービス提供のための伝達手段である。 FP2 間接的な交換は交換の基本的基盤を見えなくする。 | FP4 オペラント資源は戦略的ベネフィットの基本的源泉である。 | FP7 アクターは価値を提供することはできず，価値提案の創造と提示に参加することしかできない。 | FP8 サービス中心の考え方は，元来，受益者志向的であり関係的である。 |

出所：Lusch and Vargo（2018, p.16）.

```
公理1
サービスが交換の基本的基盤（basis）である。
```

公理 1 で用いられている単数形のサービスという表現は，他者の便益のための資源の適応という知識と技能の交換というプロセス志向が強く打ち出されている。ここでは，単にサービシィーズをグッズの上位概念として捉えるのではなく，サービスというプロセス志向を基盤とすることでこれら両者を超越するものとして捉えることが重要である。つまり，自身のコンピタンスを他者に提供するプロセスを通じて，将来のコンピタンスを受け取る権利を有するアクターとして描き出される。しかし，ここにも貨幣という有形の伝達手段が介在することによってサービスの交換が覆い隠されてしまう。

```
公理 2
価値は受益者を含む複数のアクターによって常に共創される。
```

S-D ロジックは交換の性質を再構築しているだけでなく，G-D ロジックが交換の目的が企業利益であると考えるのに対してS-D ロジックの目的は，価値共創であると主張している。S-D ロジックにおいて，サービス交換の目的は，「ある焦点となっているアクターのウェルビーイングあるいは生存能力を複数のアクターが貢献することで創造されるという観点から概念化された価値共創である」と定義されている（Vargo 2018b, p.733）。このS-D ロジックの捉え方は，価値創造のプロセスは線形で一方向的であり，最終的に価値破壊に帰結する G-D ロジックとは大きく異なっている。

G-D ロジックでは企業が価値のクリエーターで，企業と顧客に資する価値に焦点を当てているのに対して，S-D ロジックは価値共創がプロバイダー，受益者，さらにそれを取り巻くさまざまなアクターの活動が交差するところで生起する複雑でダイナミックな交換システムの存在に焦点を当てている。ここでは，マルチプル・アクターによる資源統合という発想が価値共創の中心として位置づけられることとなる。

この価値共創におけるアクターのコンフィギュレーションを概念化するために，S-D ロジックにサービス・エコシステム概念が導入される。

公理3
すべての社会的アクターと経済的アクターが資源統合者である。

S-D ロジックはすべてのアクターが価値共創のプロセスの中で他者からのサービスを受け取ると同時に他者にサービスを提供していると考える。すべてのアクターがサービスの提供者であると同時に受益者である。アクターを資源統合者と捉え直すと同時に，資源の捉え方にも変更を促すこととなる。

S-D ロジックにおける資源は，有形・無形，内的・外的，オペラント・オペランドといったさまざまな形で捉えることができるが，そのいずれであれ，アクターの生存可能性を高めるために統合され利用されていく（Vargo and Lusch 2014, p.121; 訳書, p.143）。特に，S-D ロジックにおいて重要な資源概念がオペラント資源であり，価値共創において重要な役割を果たす。これはオペラント資源の典型である知識，技能，コンピタンスの適応がなければ価値は創造されずオペランド資源を価値あるものとして創出することができないからである。Vargo and Lusch の言葉を使えば「資源は存在するのではない。資源になる」のである。

公理4
価値は受益者によって常に独自にかつ現象学的に判断される。

S-D ロジックにおける価値は，それぞれのアクターのウェルビーイングを維持するもしくは増大させる資源統合の結果として表出するものである。しかもその価値は，それぞれのアクターの置かれている文脈の中で，経験に基づいて知覚されるものである。

しかし，ここで注意すべきは，その価値の評価を単純な主観主義と混同すべきではないということである。それは，アクターに影響を与える組織化さ

れた制度と制度配列の複雑な組み合わせ（星座）により導き出されるということである。言葉を換えると，文脈価値は価値が常に共創されるものではないということを示唆している。

　S-D ロジックは，初期段階では，明らかにポジティブな価値共創に研究の焦点を当てていた。しかし，価値に関する現象学的な視点は，インタラクションと交換がポジティブな結果を必ずしももたらすものではないという視点を取り入れるようになっている。

　実際，インタラクションはネガティブな価値の創出にも注目している。これを価値共破壊（value co-destruction）と呼んでいる。つまり，価値がポジティブであるかネガティブかどうかは，システム内，つまり制度あるいは制度配列の中でのアクターの役割，立場に依存することとなり，そこでのアクターのパースペクティブに依存している（Vargo et al. 2020, p.5）。

公理5
価値共創はアクターが生み出す制度と制度配列を通じて調整される。

　サービス・エコシステムのパースペクティブは，複数のアクターによるより大規模で複雑な価値共創の姿を描き出そうとしている。それが，近年 S-D ロジックで制度と制度配列に焦点を当てているゆえんである。Vargo and Lusch は Scott による制度の定義を踏襲し，制度とは「稼働と資源をともに結びつけ，社会生活に安定と意味を提供する規則的，規範的，そして文化的な認知要素からなるものである」と述べている。制度はすべてのアクターに共有されるとき，すべてのアクターにとってのベネフィットを増大させるネットワーク効果をもたらす。つまり，アクターの資源統合のプロセスをナビゲートする制度配列の中で価値を価値として理解していくことになる。すなわち，個々のアクターの価値の導出はマルチプル・アクターの貢献と影響の中での経験の結果であり，マルチプル・アクターの価値共創のプロセスを調整することにもなる。一国や地域の文化やルール，業界内の規制や取引慣行，消費者の生活習慣等，われわれを取り巻くあらゆる価値および価値共創

が，この制度および制度配列に影響を受けている。そして，それと同時に制度および配列を創出しているのもマルチプル・アクターである。

　以上が5つの公理の概要であるが，ここで先に示した11のFPとの関係を整理しておく。5つの公理と11のFPの関係については2014年に最初に公理が発表されたときに一度図式化されたかたちで提示されたが（参照：Vargo and Lusch 2014, p.54; 訳書, p.62），2016年に公理5（FP11）が追加されたことによって再整理が試みられ，図表2－1に示されているようにかなりの修正が試みられている。具体的には，以下のようになる。

　「サービスが交換の基本的前提である」という公理1（FP1）は，「すべての経済はサービス経済とである」というFP5を内包する。公理2（FP6）「価値は受益者を含む複数のアクターによって共に共創される」は，FP3の「グッズはサービス提供のための伝達手段である」とFP2「間接的な交換は交換の基本的基盤を見えなくする」との結びつきが強調されている。公理3（FP9）「すべての社会的アクターと経済的アクターが資源統合者である」は，この公理を支えているオペラント資源を規定しているFP4「オペラント資源は戦略ベネフィットの基本的源泉である」との結びつきが明示されている。公理4（FP10）「価値は受益者によって常に独自にかつ現象学的に判断される」は，先に説明した価値共創のプロセス視点を考慮し，文脈依存的な価値創出の視点の重要性に鑑み，FP7「アクターは価値を提供することはできず，価値提案の創造と提示に参加することしかできない」と結びつけられることとなる。公理5（FP11）「価値共創はアクターが生み出す制度と制度配列を通じて調整される」は，最初に4つの公理が公表された時点（2014年）には存在していなかった。2016年にこの公理（FP）が追加されることによって，FP8「サービス中心の考え方は，元来，受益者志向的であり関係的である」というFPが，その関係性を規定する制度を前提として成立することが強調されることとなる。

おわりに

　S-D ロジックは，2004 年に発表されてから，幾度かの見直し，修正を経て現在に至っている。それは，Vargo and Lusch が本ロジックを提案したときからの彼らの研究姿勢の結果ともいえる。つまり，彼らの提案は，たとえ発案者が彼らであっても多くの研究者・実務家を巻き込みながら，進展させていくという形でのその進展を望んでいたからである。結果として，彼らの提案は，マーケティング研究者，実務家はもちろんであるが，ビジネス，経済関係の研究者はもちろんのこと，広く，他の社会科学に携わる研究者も関心を寄せ，さらには理工系の研究者をも巻き込みながら，さまざまな領域にその影響力を広げてきている。その結果，それらの膨大な研究者からの賛否を含めたさまざまな意見が生まれ，その研究の渦の中から，豊富な研究成果を生み出してきている。

　本章では，2004 年に S-D ロジックが公表されてから現在に至る S-D ロジックの進展について，3 つの段階に区切り，整理したものである。これらの諸段階で提起された基本的前提の変遷についてまとめたものを本章末に参考資料として掲載しておく。

　S-D ロジックが広く浸透してきた今日にあって，必ずしも本ロジックが正確に理解されているとは言いがたい。それは，本ロジックの斬新さに起因するところも大きいが，本章で説明したような変遷が存在することにもよると考えられる。特に，第 3 期に当たる発展期において公理 1 から公理 5 が発表されてからの S-D ロジックの新たな展開についてはその是非も含めて正確に理解し議論していく必要がある。この時期に想起された新たな展開については，本書の続く諸章でそれぞれの執筆者が詳細に検討している。

〈参考資料〉基本的前提（FP：Foundamental Premices ）の変遷

	2004a	2006
FP1	専門化されたスキルとナレッジの適応が交換の基本単位である。	変更なし
FP2	間接的な交換は交換の基本的単位を見えなくする。	変更なし
FP3	グッズはサービス提供のための伝達手段である。	変更なし
FP4	ナレッジは競争優位の基本的源泉である。	変更なし
FP5	すべての経済はサービシィーズ経済である。	変更なし
FP6	顧客は常に共同生産者である。	顧客は常に価値共創者である。
FP7	企業は価値提案しかできない。	変更なし
FP8	サービス中心の考え方は顧客志向的であり関係的である。	変更なし
FP9		組織はこまかく専門化されたコンピタンスを市場で求められている複雑なサービシィーズに統合したり変換したりするために存在している。
FP10		
FP11		

2004a Vargo, S.L., and Lusch, R.F., Evolving to a new dominant logic for marketing. Journal of Marketing, 68 (1-17 (January)).

2006 Vargo, S. L. and Lusch, R. F., *Service-dominant logic: What it is, what it is not, what it might be.* In R. F. Lusch, & S. L. Vargo (Eds.), The Service-Dominant Logic of Marketing,-Dialog-Debate, and Directions (43–56). Armonk, NY: ME Sharpe.

2008a	2014		2016
サービスが交換の基本的基盤である。	（公理1）	変更なし	サービスが交換の基本的基盤 (basis) である。
間接的な交換は交換の基本的基盤を見えなくする。		変更なし	間接的な交換は交換の基本的基盤を見えなくする。
変更なし		変更なし	グッズはサービス供給のための伝達手段である。
オペラント資源は競争優位の基本的な源泉である。			オペラント資源は戦略的ベネフィットの基本的源泉である。
すべての経済はサービス経済である。		変更なし	すべての経済は，サービス (service) 経済である。
変更なし	（公理2）		価値は受益者を含む複数のアクターによって常に共創される。
企業は，価値を提供することはできず，価値提案しかできない。			アクターは価値を提供することはできず，価値提案の創造と提示に参加することしかできない。
サービス中心の考え方は，元来，顧客志向的であり，関係的である。			サービス中心の考え方は，元来，受益者 (beneficiary) 志向的でかつ関係的である。
すべての社会的アクターと経済的アクターが資源統合者である。	（公理3）	変更なし	すべての社会的アクターと経済的アクターが資源統合者である。
価値は受益者によって常に独自にかつ現象学的に判断される。	（公理4）	変更なし	価値は受益者によって常に独自にかつ現象学的に判断される。
		（公理5）	価値共創はアクターが創造した制度と制度配列を通じて調整される。

2008a Vargo, S.L. and Lusch, R.F., Service-dominant logic; further evolution. *Journal of the Academy of Marketing*, 36 (1), 1–10.

2014 Lusch R.F. and Vargo S.L., *Service Dominant Logic. Premises, Perspectives, Possibilities.* Cambridge, UK: Cambridge University Press; 2014.

2016 Vargo, S. L., and Lusch, R. F., Institutions and axioms: an extension and update of service-dominant logic, *Journal of the Academy of Marketing Scienceol*.44 (1),5-23

第 **II** 部
S-Dロジックの
ナラティヴ

S-Dロジックにおけるナラティヴ

はじめに

　第3章は，第1章，第2章で紹介したS-Dロジックの進展の中で体系化された，「S-Dロジックのナラティヴとプロセス」と称される枠組みについて考察する。そして，S-Dロジックのコアである価値共創を説明するナラティヴという新たな視点が，次章以降に詳述される構成要素への道案内となるよう解説していきたい。

　第1章で紹介したように，S-Dロジックの概念は2004年に発表されて以降，伝統的なマーケティングの理論（G-Dロジック）に対する新たなレンズ，マインドセット，パースペクティブとして提示されてきた。そして，S-Dロジックの研究は，概念の正確な理解と用語の精緻化に向けて，当初から，多方面の研究者・実務家を巻き込みながら進展し，豊富な研究成果を創出してきた。

　これらのプロセスでは，伝統的なマーケティング（G-Dロジック）の概念の転回（conceptual turn）を求め，さらにS-Dロジックの内容を簡潔に表現するために用意された，根幹となる基本的前提（FP）について，度重なる修正，追加が行われてきた（第1章・第2章参照）。そして，この十余年のS-Dロジックの進展のプロセスを経て，2016年にS-Dロジックのコアとなる価値共創のプロセスが，「S-Dロジックのナラティヴとプロセス（The narrative and process of S-D logic）」として体系化された。

　そこで，本章では，S-Dロジックのナラティヴの体系がどのような構成要素によって成立し，それらが相互にどのような関係性を持っているのかについて説明する。第1節では，S-Dロジックで使われた「ナラティヴ」というアプローチの位置づけについて触れる。第2節では，S-Dロジック・ナラ

ティヴの意義と構造について説明する。第 3 節では，S-D ロジックを構成する基本的要素，その組み合わせ，およびそれらが具体的にどのような位置づけにあり，どのようなプロセスで価値共創に結び付けられているのかについて考察していきたい。なお，本章の第 1 節については，井上崇通教授の研究の蓄積と資料に多くを依存している。

<h2>第1節 ／ S-Dロジックにおけるナラティヴの位置づけ</h2>

（1）S-Dロジックのマインドセットからナラティヴへ

Vargo and Lusch（2016）は，多くの概念の転回と基本的前提の度重なる修正と追加を重ね，それらを集約した 5 つの中核的な公理を提唱して体系化を図り，多分野，多方面の研究者，実務家らの意見を導入して，1 つのフレームワークに収束する形でS-D ロジックのナラティヴとプロセスを完成している。しかし，それらをS-D ロジックのセオリーと呼ぶことなく，なぜナラティヴと呼んでいるのかについて，その意味を考察することにする。

Vargo and Lusch（2008b）は，S-D ロジックを論ずるに当たり，次のような前提を設けて議論をスタートさせている。

　S-D ロジックは，理論ではなく，ものの見方（mindset）であり，体系化されたフレームワークである。学問としてのマーケティングが，財からサービスにその焦点を転換していることを正確にマーケティング実務の世界に伝えるべきだとすると，必要とされるのは，サービスの視点から構築された基本理論である（p.257）。

さらに，彼らは，研究の姿勢としても独特な見解を示しており，S-D ロジックをオープン・ソースとして，広く多くの研究者との共同作業の中で進展させてきた。

　私たち（Vargo and Lusch）がS-Dロジックを「独り占め（own）」しているのではなく，むしろ，オープン・ソースとして進化させる対象であると常に主張してきた。そこでは，私たちは同様の研究を行っている研究者とともに，最初の論文を見直し，そこに手を加え，よりよいものにしていこうとしており，そして，さらなる研究を通じて，S-Dロジックを精緻化し，改善しようと試みているのである。(2008a, p.1)

　そして，彼らは，上記のような視点から検討を加え，1つの到達点として2016年より「ナラティヴ（narrative）」という視点を提唱するに至っている。本節では，S-Dロジックで利用されている，新たに導入された「ナラティヴ」の概念について検討を加えていきたい。

(2) ナラティヴとは

　S-Dロジックのナラティヴの概念を検討するに先立って，ナラティヴという，わが国あるいはマーケティングの分野では馴染みの薄かった用語について考察しておきたい。ナラティヴの意味を理解するうえで，類似語のストーリー，セオリーとの相違点についても意識しておく必要がある。結論的に述べれば，ナラティヴは，話者，主人公自身の時間軸を持った体験的な物語である。一方，ストーリーは，一方向的で，ナラティヴに筋立て（plot）が加わったものであり，起承転結で構成される物語である。また，セオリーは，個別の現象を原理・法則を基に，統一的に説明する筋道を立て，構築された知識の体系である。つまり，ストーリーが，すでにある物語を客観的に，話者から聞き手に対して一方向的に伝えていくのに対して，ナラティヴの場面は双方向的で，話者と聞き手が，主観的に互いの会話を積み重ねていくスタイルである。その意味でナラティヴは，社会構成主義な物語といわれている。

　本来，ナラティヴは医療等の治療方法の1つとして開発され，セラピストらが行う治療行為の1つとして用いられている。精神治療の分野において，ナラティヴ・アプローチの重要性を論じている Anderson and Goolishian

（1992）は，そのエッセンスについて以下のように端的に表現している。

　そこでは，「相手に対して」語るのではなく，「相手とともに」語り合う。こうしたメカニズムを通じて，セラピストとクライエントは新しい意味，新しい現実，そして新しい物語を共同で開発する。…対話を通して新しい物語を創造することを意味する。そして対話が進むにつれ，まったく新しい物語「それまで語られることのなかった」ストーリーが，相互の協力によって創造される。(Anderson and Goolishian 1992; 訳書, pp.67-68)。

この点について，野口（2001）は次のようにまとめている。

　語ることによって，さまざまな出来事や経験や意味が整理され配列し直され，ひとつのまとまりを持つようになる。文化的象徴体系，個人的経験，社会関係といったさまざまな源泉を背景にもつ意味が取捨選択され，ひとつの物語が構成される。そして，このような物語こそが，個々の経験に具体的な輪郭を与える枠組みとなる。文化や社会が与えるマクロ的な意味は，ひとつの物語として個人のなかで織り合わされていく（p.49）。

　このように，特定の個人が語るナラティヴがその個人の経験に由来し，そこで一定の意味が付与されると，そのことがさらなるナラティヴを解釈するうえで大きな役割を果たすこととなり，ここに自己の語るナラティヴとその結果として自己を認識し得る解釈（解釈された意味）との間に相互連鎖関係が生まれてくる。

　社会構成主義者でナラティヴ研究の第一人者といわれる Lynn Hoffman（1992）は次のように論じている。

　物語，ひらめき，想像，夢などの連想形式を実験的に使うことは常にセラピーの一部となってきたが，それが人間を記述する学問の基礎となったのは，最近のことであり，この考え方こそ社会構成主義を広義にとらえたものにほか

ならない（訳書, p.52）。

　このように，ナラティヴという概念は，S-D ロジックを議論していく
Vargo and Lusch の研究の姿勢に強く親和性を持つものである。その理由の
1 つは，Vargo and Lusch によって，レンズ・考え方として提唱された S-D
ロジックを理論に結び付けていくためのオープンな研究環境が設定されてい
ることであり，さらには，その過程で，緩やかに結び付いた多くの研究者の
活発な研究成果が提供されていること，そして，そのためにさまざまな新し
い概念や基本的前提が提示されていることである。これらの全体的な枠組み
が有効な成果を発揮し得る概念装置としてのナラティヴであるといえよう。

（3）ナラティヴの2つの視点

　このようなナラティヴの持つ特徴から，ナラティヴには大別して 2 つの大
きな潮流が存在する。ナラティヴの 2 つの潮流を指摘している宇田川（2019,
p.35）の見解を参考にすると次のように整理することができる。
　①語る行為である「語り」としてのナラティヴ
　②その語りを生み出す世界観，「解釈の枠組」としての「物語」である。
　①は，ナラティヴ・セラピーが対象としている，カウンセラーとクライア
ントの関係における語りを通じた相互の関係，およびそれに基づく治療行為
において重要となる視点で，話をわかりやすくするためにかみ砕いていくス
トーリー作りである。
　S-D ロジックで採用されているナラティヴは，②のナラティヴ，つまり
「解釈の枠組」としての「物語」である。その意図は，このナラティヴを通
じて，S-D ロジックに必要とされるさらなる進展の助けとなるような統合的
なアプローチを提供することである。ここに，Vargo and Lusch が S-D ロ
ジックを進展させていくために，研究者たちの新たなアプローチ手法として
「ナラティヴ」という枠組みを導入した 1 つの理由を理解することができる。
S-D ロジックのナラティヴは，研究者，実務家のコミュニティを統合的に動
機づけすることを目指している解釈の枠組みである。

(4) ナラティヴの分析プロセス

　次に，S-D ロジックにおいてナラティヴがどのような役割を果たすのかを
明らかにするために，ナラティヴによる分析プロセスについて検討してみ
る。

　野口（2001，p.51）はナラティヴ・セラピーが次の前提からスタートすると
している。

　①現実は社会的に構成される

　②現実は言語によって構成される

　③言語は物語によって構造化される

　これらをまとめると，現実は，人々の共同作業によって形作られ，そこで
は言語が決定的な役割を果たし，さらに物語の形をとることで意味の一貫性
とまとまりを獲得するということである。野口のこの考え方は，セラピスト
とカウンセラーの関係を論じたものであるが，共同作業を研究者相互の関係
として捉えると，S-D ロジックにおいてナラティヴという概念が採用された
理由が理解できるだろう。

　また，社会構成主義の第一人者である Gergen（1999）は，ナラティヴにつ
いて，次のように述べている。

　　（現実を）「適切に語る」とは，どういう意味でしょうか。この質問は語り（ナ
　ラティブ）を構成する基準について尋ねるのと同じことです。理解可能な語りを
　構成するための慣習やルールとは，どのようなものなのでしょうか。一般に，
　よくできる語りが満たしている四つの特徴があります（訳書，p.102）。

　そこでのナラティヴのプロセスは以下のように示されている（訳書，
pp.103-104）。

　①到達すべき収束ポイント：語りには説明されるべき出来事，到達すべき
　　　／避けるべき事態など，つまり収束ポイントが設定されていること

　②それを説明すべき出来事の抽出：その収束ポイントを説明するような，

それに関係する適切な出来事を抽出する

③出来事の順序，並べ方：抽出された出来事を例えば時間に沿った並べ方のように順序だてて並べる

④因果的連関性：収束ポイントとの因果的連関性があること

また Morgan（1980）は，メタファーについて議論する中で，研究者らのナラティヴを完成させるうえで重要な示唆を与える指摘をしている。要約すると以下のようになる。

①対象とすべき世界のイメージ（世界観）

②その世界観を理論的な構築物として完成されるべき概念モデル

③その世界観について概念モデルを用いて理論として完成させるべき特定の手続き

両研究者の視点は異なるが，共通しているのは，収束すべき世界観に焦点を合わせ，その世界観を精緻に表現し得る概念装置を用いて，しっかりとした概念モデルを構築していくということである。

つまり，それぞれの一般的な世界観を収束し，到達すべき理論モデルに焦点を合わせ，それを説明するための出来事あるいは世界観を抽出し，順序だて，並べ方を考え，因果関係の明確な統一された新たな世界観としての理論モデルを構築することがナラティヴのプロセス，あるいは手続きであるといえる。

第2節／S-Dロジック・ナラティヴの構造と基本的要素

（1）S-Dロジックのナラティヴとプロセスの意義

以上の視点からすると，「S-D ロジックのナラティヴとプロセス」は，Vargo and Lusch が，これまでオープン・ソースとして提示したS-D ロジックというマインドセット，レンズ，パースペクティブと呼んできたS-D ロジックについて，多様な研究者や実務家らの個々の背景から物語られたナラティヴを体系的に収束し，概念装置を用いて理論モデルを構築する特定の手

続き，あるいはプロセスであるといえる。

Vargo and Lusch（2016）が提示したフレームワークには，次のような思いが込められていると考えられる。

①S-D ロジックの理論化に向けて一層の進展が必要なこと。

②そのために，このフレームワークを議論の場としてのナラティヴとして提示したこと。

（2）S-Dロジックのナラティヴの構造

Vargo and Lusch（2016）は，S-D ロジックが進展し，「ここ数年の間で，価値共創のナラティヴは，資源を統合し相互にサービスを提供するアクターが入れ子状に重なり合ったサービス・エコシステムの中での全体論的で意味付与的な経験を通じて価値を共創し，彼らの制度配列を通じて統治され価値が評価されるように発展していることが，より明らかになっている」(p.7) と述べ，S-D ロジックのナラティヴとプロセスの体系を図表3-1のように示した。

この体系は，研究者や実務家のナラティヴを「価値共創」という収束ポイントに導く概念装置と手続き（プロセス）を示している。そして，その構造は，価値共創というS-D ロジックのコア概念を中心に，それを実現する次の5つのキーワードで説明されている。

①アクター

②資源統合

③サービス交換

④制度と制度配列

⑤サービス・エコシステム

これら5つの構成要素は，ネットワークのノード（node）のような部分として位置づけられており，各構成要素がそれをつなぐ糸で因果関係が明確になるように並べられ，順序だてられて，手続き（プロセス）を表すナラティヴを示している。

このフレームワークは，Vargo and Luschが，マーケティング分野では耳

図表3-1　S-Dロジックのナラティヴとプロセス

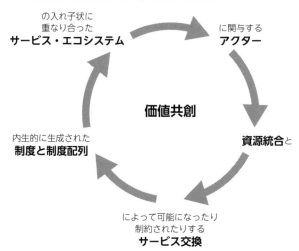

出所：Vargo and Lusch (2016, p.7).

慣れなかったナラティヴという言葉を使って，フレキシブルで，ラフな形でありながら価値共創がどのような物語で行われるのかを示したものである。ここには，彼らが，そこを経過していくことで意味のあるセオリーにたどり着くことを意図した思いが込められている。

　つまり，図表3-1は，研究者と実務家らのコミュニティとの相互関係の中で研究され，精緻化された5つの構成要素と，それぞれが中心にある価値共創という収束ポイントに向かって連携する体系を示している。このナラティヴは，価値共創というゴールに向かうために，順序だててバトンタッチする流れを統一的な世界観として表した，価値共創と結び付いた5角形の星座のような形の，1つの明確な塊になっている体系である。

　つまり，このS-Dロジック（価値共創）のナラティヴとプロセスは，S-Dロジックが多くの研究者によってセオリーとなり，実務家によってプラクティカルになるように，研究者のコミュニティに理解されるように説明するツールであり，言い換えれば，S-Dロジックの理論化へのさらなる進展に向けて，誰もがこれを基準にどのような感想も意見もいえる，S-Dロジックの理

論化というゴールに向かう価値共創の共同作業のプラットホームの提示である。そして，価値共創の星座は，今後も継続するナラティヴ・アプローチの方法を想定した，現時点のS-Dロジックの1つの到達点（完成形）であるといえる。

伝統的なマーケティング（G-Dロジック）が，複雑な市場の理論の問題をシンプルな4pの理論的枠組みで示し，そこを基準に多様な研究分野で柔軟に使用される理論として，幅広い分野に適用されてきたように，このS-Dロジック・ナラティヴは，比較的シンプルであるが，マーケティングやその他の研究分野のみでなく，ビジネスや社会全体のプラクティカルな理論としてエビデンスベースの研究がなされ，プラクティスにつながる理論となることへの思いが込められている。ここに，Vargo and Lusch が，ナラティヴという用語を使用した意味がある。

第**3**節／S-Dロジック・ナラティヴの構成要素の位置づけと役割

（1）S-Dロジック・ナラティヴが示す価値共創のプロセス

図表3-1に見るように，S-Dロジック・ナラティヴは，価値共創とそのために用意された5つの構成要素の関わり，あるいは構成要素間のネットワークの状況を体系的に示している。

まず説明しておくべきことは，価値と価値共創である。これらについては以下のような明確な特性と志向がある。

- 価値は，専門的に分業化された社会において，個人の資源，市場の資源，公共資源など（Lusch and Vargo 2014）を統合する複数のアクターとともに共創されている。
- 価値は，現象学的（経験的）で文脈的で，個々のアクターによって異なり，同一のアクターであっても，特定の文脈（時間，場所，社会的な状況）によって異なる（Vargo and Akaka 2012）。
- 価値共創は，動的でネットワーク化した価値共創のシステム志向が採用

されている（Koskela-Huotari and Vargo 2018）。

このような価値の特性から，価値は常に，アクター間のネットワークの中で相互作用され共創される。この価値共創という収束ポイントに向けて，ナラティヴを構成する5つの要素は，それぞれが意味のあるように順序だてて配列され，それぞれが，明確な因果関係をもってつながっている。

つまり，S-D ロジック・ナラティヴは，次に示すような概念を持つ5つの構成要素の組み合わせとプロセスで価値共創を実現していく物語である。

(2) 概念装置を構成する5つの要素と役割

ここでは，価値共創と5つの部品としての構成要素の概念から，それらがどのような役割をもって価値共創のフレームワークを構成しているかについて考察する。これらの要素は次のような概念として示されている。

①構成要素1の概念：価値共創に関与する「アクター」
- サービス・エコシステムの中で，価値共創に関与する行為者がアクターである。アクターの実体（entities）はすべて，基本的に同じこと，つまり資源統合とサービス交換を遂行する。
- アクターには，顧客，事業者，家庭，企業，その他の組織が含まれ（Lusch and Vargo 2014），これらの主体は行動する能力を持つ存在である（Lusch and Vargo 2018）。同じ人が，文脈によってそれぞれの立場のアクターになる。
- アクターはG-D ロジックの消費者で表現されるように受動的でなく，すべてが能動的かつダイナミックな存在である。

②構成要素2の概念：アクターは「資源統合」を行う
- すべてのアクターは，市場向けの源泉，民間および公共の源泉から得られた資源の統合を行う（Koskela-Huotari and Vargo 2018）役割を持っている。

③構成要素3の概念：アクターは「サービス交換」を通じて資源を統合する。しかし，その行動は，制度と制度配列に調整される。

- アクターの資源統合は,「サービスとサービスの交換」を通じて遂行される。
- アクターは,互いに彼ら自身の福利（well-being）を向上するためのサービス提供（サービスとサービスの交換）を通じて,資源を統合する（Koskela-Huotari and Vargo 2018）存在である。
- 「サービス交換」は,制度と制度配列によって,促進され,制約を受ける。

④構成要素4の概念：サービス・エコシステムの中で,内生的に生成され,サービス交換に影響する「制度と制度配列」
- 「制度」は,資源の統合とサービス交換を促進し,制限する機能である。
- サービス交換は,「制度と制度配列」によって制約されたり,予測可能にしたり,意味あるものにする（Vargo and Lusch 2016）。
- 「制度」は,アクター間で内生的に生成される法律,社会的規範,概念的・シンボリックな意味,慣行・慣習,ルーティン化された規則等である。
- 「制度」は通常,集合的・相互依存的な「制度配列」の一部で,資源統合とサービス交換の調整メカニズムであり,価値共創の促進要因であるとともに,その活動を妨げる要因ともなる（Lusch and Vargo 2018）。

⑤構成要素5の概念：入れ子状に連結されている「サービス・エコシステム」
- サービスとサービスの交換は,直接的かつ間接的にアクターたちをダイアド関係,トライアド関係,複雑なネットワークとして互恵的に結び付いている「エコシステム」の関係の中で行われている。この関係は,入れ子状態でミクロ・レベル,メソ・レベル,マクロ・レベルそしてメタ階層とも結び付いているサービス・エコシステムの状態にある（Lusch and Vargo 2014）。
- 「サービス・エコシステム」は共有された制度配列とサービス交換による相互の価値創造によって結び付いた,資源統合アクターの比較的自己完結型の自己調整システムである（Lusch and Vargo 2014; Vargo and Lusch 2016）。

- この「サービス・エコシステム」には常に複数のアクターが関与している。

　以上のように，アクターが単独では実現できない価値の創造を，互恵的なエコシステムという複雑なネットワークで構成されるサービス交換を基盤として，それぞれの文脈で得られた資源を統合し，アクターが生み出した制度と制度配列の中で自己完結的に調整されながら，価値を共創する役割を担い，そのプロセスによるストーリーラインを5つの構成要素で説明した概念装置がS-D ロジック・ナラティヴである。

(3) S-Dロジック・ナラティヴのフレームワークへの期待

　Vargo and Lusch（2017）は，現在のS-D ロジック・ナラティヴについて，次のように説明している。

　　要するに，S-D ロジックは，様々な学問や下位学問からの多数の研究者たちによって構築されてきた，資源統合とサービス交換を通じた動的で継続的な価値共創のナラティヴを表している。すべてのナラティヴと同様に，価値共創のナラティヴはその主要な転回を識別することによって包括的で基礎をなすストーリー・ライン（構想）ととらえることができ，また重要な経路依存性の証左とすることもできるが，そのストーリーが最終的にどのように展開されていくのかを確実に予測することはできない。しかし，…次の10 年に向けて S-D ロジックを前進させるには，より多くの中範囲理論の開発だけでなくエビデンス・ベースト・リサーチが必要である…。この目的を達成するために，現在，価値共創のナラティヴが存在しているものとして，そのナラティヴについて詳しく説明し精緻化する。このことによって，現在，ほとんど知りえない将来（約10 年以上先）を示すと思える方向性を我々がより良く提案できるようになる。(p.47)

　また，Lusch and Vargo（2018）では次のように説明している。

　現状では，価値共創のナラティヴは，アクターが資源を統合し，相互にサービスを提供し，「入れ子状態に結合されたサービス・エコシステムの中で，アクターたちの制度配列によって，統治および評価されているという，包括的で意味付与的な経験」を通じて，価値を共創しているので，一度語りのストーリーではなく，むしろ，時間をかけて解明するアクター達の相互作用と交換のストーリーとして考えた方がよいかもしれない（Lusch and Vargo 2018, p.18）。

　これらは，S-D ロジックのナラティヴが，この時点で結論づけられる 1 つの物語性があるものの，より前進していくナラティヴであり，その最終的な方向性は予測できないとしている。したがって，この 2016 年に提示した，S-D ロジックのナラティヴとプロセスのフレームワークが，10 年先の 2025 年に向けて，一般理論化だけでなく，実務と理論をつなぐ中範囲の理論開発とそのための実証研究が行われる基盤となることを意図しているのである。

　S-D ロジック・ナラティヴは，社会構成主義に基づいて，Vargo and Lusch によって設定されたオープンな研究環境としてのコミュニティで，相互連鎖関係を通じて，多くの研究者の研究成果が提供され，新たな概念が提示され，意味が付与されて生み出された共同制作の産物としての価値を生み出す全体的な枠組みを構成する概念装置として，S-D ロジックの 1 つの到達点を示している。そしてこのナラティヴは，現状では，完結した物語ではなく，今後も進展し，継続する物語として位置づけられている。ここには，Vargo and Lusch が，今後 10 年先まで，ナラティヴを通じて多くの研究者・実務家らに託した，新しい意味，新しい現実，新しい物語を共同で開発すること，そして対話を通して新しい物語を創造し，この対話が進むにつれ，まったく新しい物語が，相互の協力によって創造されることへの期待が込められている。

おわりに

　2004 年に最初の論文が発表されて以降，S-D ロジックという新たなマーケティングの概念は，Vargo and Lusch によって望まれたオープン・ソースに

参画した研究者・実務家のコミュニティの中で，基本概念の修正・追加を繰り返し，その試行錯誤の中で精緻化され，一般理論に向かう1つの到達点として2016年に「S-Dロジックのナラティヴとプロセス」に体系化された。本章では，このナラティヴという用語の持つ意味とナラティヴを構成する要素の概念，そしてそれらの結合のプロセスを考察した。これらのナラティヴは，これをベースとして今後10年に向けて，第Ⅲ部，第Ⅳ部で説明されるような，一般理論化と実務でのエビデンス研究とそれらへの橋渡しをする中範囲理論の構築に大きく貢献する研究につながっていくことが期待されている。

第 4 章

ネットワークにおける
価値共創とプラクティス

はじめに

　マーケティング研究において，企業が価値を創造し，提供される製品ある
いはサービス自体に価値があるという伝統的な見方から，消費者と企業の双
方によって価値が創造されるという価値共創の考え方へ移行することの重要
性 が 指 摘 さ れ て い る（た と え ば，Vargo and Lusch 2004a; Prahalad and
Ramaswamy 2004）。創造される価値については，企業と顧客というダイアド
な視点からネットワークの視点への拡張が見られ，価値は A2A ネットワー
クにおけるアクターのインタラクションによって共創されると議論される
（Lusch et al. 2010）。そこでは，企業と直接的に対峙する顧客のみならず，従
業員やその他のステークホルダーなどの多様なアクターとのインタラクショ
ンについても目を向ける必要がある。ネットワークにおけるアクターは，規
則，手順，そして方法の集合を含む社会的プラクティスの開発によって共創
を実現する（Lusch and Vargo 2014）。さらに，このようなプラクティスは
「A2A ネットワークの中にいるアクターたちが，サービスとサービスの交換
を通じて相互の利得のために，意味形成，行為と行動を調整できるよう，多
くの場合，長い時間を掛けて開発されていく」（Lusch and Vargo 2014; 訳書，
p.161）と指摘されている。換言すれば，市場における価値共創は，このよう
なプラクティスによって促進されたり制約されたりする可能性があるという
ことである。

　本章では，A2A ネットワークにおける共創をよりよく理解するために，
それらを促進したり制約したりするプラクティスに注目し，市場におけるア
クター間のサービスとサービスの交換あるいは資源統合がいかにして行わ
れ，そして価値がどのように共創されるのかということについて議論する。

　本章では，まず，従前のダイアドの視点からネットワークの視点への拡張を概観しながら，ネットワークにおける価値の創造と企業のステークホルダーへの対応の変遷について見ていく。そのうえで，S-D ロジックの視点から A2A ネットワークにおけるインタラクションについて検討する。つづいて，A2A ネットワークにおける共創を実現するためのプラクティスについて議論する。

第1節／ダイアドからネットワークへ

　ここではまず，アクター間のインタラクションに関する議論の背景について，企業戦略の点からステークホルダーの重要性を説明するステークホルダー理論を概観したのちに，リレーションシップ・マーケティング研究におけるステークホルダー間の協働の視点を提示する。

　ステークホルダー理論は戦略的マネジメントの研究を起源とし，その代表的な研究成果として Freeman（1984）がある。そこでは，「組織の目的達成に影響を与えることができるか，影響を受ける個人あるいはグループ」（p.53）としてステークホルダーが定義されている。従前の株主偏重の企業姿勢から，企業を取り巻くより広範な環境へと目を向ける必要を提示したのである。そして，Freeman は，企業環境の変化に適合する新しいフレームワークが必要であるという認識のもと戦略的マネジメントの概念を拡張しようとするステークホルダー・アプローチを提示した。ステークホルダー・アプローチは，すべてのステークホルダーの利害を念頭においており，企業は，株主のみならず，企業と利害関係があるその他の支持者（ステークホルダー）に対しても責任を有していると主張する。

　このステークホルダーについての議論は，「ステークホルダー概念の定義」と「ステークホルダーの分類」および「ステークホルダーの利害」を中心課題として検討されてきた。ここでの主たる焦点は，企業が自社のステークホルダーを特定することで，当該ステークホルダーに対して最適なマネジメントを実践することにあった。また，そこでは，企業と各ステークホルダーの

関係は個別的であることが想定されており，それらの関係における利害の分析がその中心であった。

　これらの議論は，ステークホルダーの範囲を拡張するものであり，個別のステークホルダーと企業とのダイアドな関係に着目するものである。他方で，ステークホルダー間のインタラクションについては見落とされていた。Rowley（1997）は，社会ネットワーク分析の視点からステークホルダーが形成するネットワークが及ぼす影響について分析しているが，多くの場合，企業中心の視点からステークホルダーが分類され，企業とそのステークホルダーとの2者間で創造される価値に焦点が当てられたため，特定のステークホルダーを取り巻くように存在する他のステークホルダー間のリレーションシップ（例えば，C2C）の重要性に目を向けるものは少なかった。

　他方で，リレーションシップ・マーケティングの領域において，ステークホルダーの協働が強調され，取引的な交換から持続関係的な交換へのシフトが見られる。Möller and Halinen（2000）は，リレーションシップ・マーケティングを「市場ベースのリレーションシップ・マーケティング」と「ネットワーク・ベースのリレーションシップ・マーケティング」とに識別し，ネットワーク・ベースのリレーションシップ・マーケティングの方がより組織間志向でそれらの関係は複雑性が高くなることを示し，「ネットワーク・ベースのリレーションシップ・マーケティングは，ビジネス・アクター間の相互依存関係のマネジメントであり，顧客と他のステークホルダーのような外部パートナーとのより広く深いインタラクションを必要とする」（p.47）と主張する。関連して，Baron et al.（2010）は，顧客とのリレーションシップを構築し維持することのみならず，顧客以外のステークホルダーを考慮することの有用性を論じ，ネットワーク・ベースのリレーションシップ・マーケティングがより広範なビジネス環境への対応に適していると言及している。その他，Payne et al.（2005）は，ステークホルダーのマネジメントが組織にとっての戦略において重要な課題であるという視点から，リレーションシップ・マーケティングにおけるステークホルダーの関わりとネットワークを分析し，戦略計画のフレームワークを提示している。また，Lozano（2005）

は，ステークホルダーは管理されるダイアドな関係で結ばれるグループ以上のものであると主張し，ネットワーク・ベースでプロセス志向の視点からステークホルダーを捉えることを提案している。

　すなわち，ネットワークの視点から，企業とステークホルダーの関係を捉えることで，企業と特定のステークホルダー（グループ）のみならず，ステークホルダー間のリレーションシップおよびそれらのインタラクションによって生じる交換と創造される価値を明らかにしようとする試みがリレーションシップ・マーケティング研究の文脈において議論されているのである。

　ここまでの議論から，企業とその顧客について，あるいは顧客への対応について簡潔にまとめれば以下のことがいえよう。すなわち，企業経営において株主中心の姿勢から，外部環境の変化，とりわけ企業活動に影響を与える主体の多様化により，企業は株主以外の他の顧客へも目を向ける必要が生じた。これらの主体がステークホルダーとして認められ，企業にはそれぞれのステークホルダーとの良好な関係の構築が求められるようになった。一方で，市場において各ステークホルダーは必ずしも独立した存在ではなく，企業のみならず，その他のステークホルダーへ影響を与えたり，また他者からの影響を受けたりする相互依存的な性格を有する存在である。この点から，企業と顧客の関係をより深く理解するためにステークホルダーをネットワークの視点から捉えることが要請されるのである。換言すれば，ネットワーク内でのステークホルダー間のインタラクションによって生じる価値とその創造プロセスについての検討が指摘されているのである。

第2節／A2Aネットワーク

　Vargo（2009）は，リレーションシップを「相互的なサービス供給を通じた，ネットワーク化され，相互依存し，共創的な，価値創造の本質」（p.377）と説明している。リレーションシップをより相互関係的に捉えることで，ステークホルダー間のインタラクションとネットワークにおける価値の創造が

強調される。S-D ロジックにおいて社会的，経済的アクターを基本的なアクターとして見なすことは，B2B あるいは B2C という従来の交換関係を，アクターとアクターによる交換関係，すなわち A2A として捉えなおすことを意味する。企業から顧客へと一方向的に価値が移転されるのではなく，双方向的にサービスを供給することで価値が創造される。この意味で従来の生産者と消費者という捉え方ではなく，協働的なアクターとして両者が捉えられる。

　さらに，「A2A ネットワークにおいては，すべてのアクターは相互に影響しあい形成するオペラント資源である。したがって，彼らは自分自身の文脈や環境を創造する。企業，家庭，あるいは個人というように分類されようが一般的にアクターは，本質的には同じことをしている。すなわち，資源を統合し，サービスを提供し，価値を共創するのである」（Lusch and Vargo 2012, p.195）。価値の創造において企業と顧客のリレーションシップを越えて顧客とその他の多様なステークホルダーが，価値を共創するために資源を交換したり統合したりする資源統合者としてみなされるのである。したがって，市場におけるさまざまな参加者が，サービス・システムの一部として捉えられ，価値提案および価値創造プロセスの中で相互に結び付けられる資源促進者および資源統合者として位置づけられる（Vargo 2011）。

　このように，S-D ロジックの視点からは，ステークホルダーは A2A ネットワークにおける多様な資源統合者としてみなされ，また，彼らの間のインタラクションにおいて価値が創造される。このことから，ステークホルダーによって創造される価値は，ネットワーク内に存在する複数のアクターによる相互的な資源統合を通じて共創される。さらには，すべてのアクターは，個人，企業，またはその他のステークホルダーであるかどうかにかかわらず，サービスとサービスの交換を通じて自身と他のアクターの存在に利益をもたらすプロセスに関与する（Wieland et al. 2017）。

　ネットワークにおけるアクターは，規則，手順，そして方法の集合を含む社会的プラクティスの開発によって共創を実現する（Lusch and Vargo 2014）。すなわち，ある個人の思想や目的を越えた広く共有されるプラク

ティスの開発によって共創が実現されるということである。たとえば，わが国においては一般的に何らかの契約を結ぶ際に印章が使用されるが，諸外国に目を向ければ印章ではなくサインが用いられたりする。つまり，複数のネットワークにおいてそれぞれのプラクティスが開発され，それぞれの方法によって契約が遂行されている。また，わが国においてもビジネスのオンライン化の推進によって，印章による契約の締結とはまた別のプラクティスが開発されることも予測される。このように，プラクティスはある特定のアクターの行動を規定したり，また別のアクターの行動にも変化を及ぼしたりする。また，あるネットワークにおけるアクターの行動によってプラクティスが新たに開発されることがある。この点でプラクティスは価値の共創に大きな影響を与える要素であると考えることができる。次節以降では，このようなプラクティスについてS-Dロジックと特に関連する論点について議論していく。

第3節／S-Dロジックとプラクティス

Vargo and Lusch（2011）は，サービス・エコシステム内の価値共創は，資源の統合，とりわけ，インタラクションの統治にとっての共通のルールや規範のような共有された制度によって駆動されることを示唆している。そして，このインタラクションとその統治はプラクティス研究の焦点であり，サービス・システムにおけるよりよい価値共創の理解には，価値共創とサービス交換のシステムに関連するプラクティスの議論の必要性を指摘する（Vargo and Akaka 2012）。

Vargo and Akaka（2012）は，Kjellberg and Helgesson（2007）およびKorkman et al.（2010）の議論に依拠しながら，サービス・エコシステムが動的な性質を有していると主張する。サービス交換のシステムがプラクティスを通じて絶えず形成されたり再形成されたりするからである。さらに，交換に特有なプラクティスから資源統合に関連するプラクティスへと市場におけるプラクティスの範囲を拡大することによって，資源統合が価値共創の中

心的なプラクティスとして概念化可能であることを示している。以下に，それぞれの議論について見ていく。

　まず，Kjellberg and Helgesson（2006; 2007）は，市場におけるプラクティスを「市場を構成するために貢献するすべての活動」（Kjellberg and Helgesson 2007, p.141）と定義し，プラクティスには，交換プラクティス，標準的プラクティス，表現的プラクティスという3つの重なり合うプラクティスがあると議論している。交換プラクティスは，個々の経済交換に関わる具体的な活動であり，標準的プラクティスは，交換を伴う市場アクターの行動にとってのガイドラインとなったり，ルールや社会的規範を確立したりするものであり，表現的プラクティスは市場の存在とその機能を描写するものである。すなわち，市場におけるプラクティスは，経済交換の達成に貢献し，市場がどのように機能するか（機能するべきか）というルールを確立し，市場としての経済交換を表すことを包含している（Kjellberg and Helgesson 2007）。そして，これらのプラクティスは，相互に排他的ではなく重なり合っており，一連のプラクティス（Araujo 2007）として機能し市場を形成したり再形成したりする。この点で Vargo and Akaka（2012）は，サービス・エコシステムの動的性質を主張するのである。

　つづいて，Korkman et al.（2010）は，上述の Kjellberg and Helgesson（2007）の議論に従いつつ，交換市場ではなく，インタラクションするアクターのネットワークとしての市場に焦点を当ててプラクティスを議論している。換言すれば，アクターの市場におけるそれぞれのプラクティスに焦点を当てる議論よりも，市場としてのプラクティスに注目している。すなわち，相互依存関係にあるアクターのネットワークとして捉えられる市場について分析している。ここでは，プラクティスの中心的な側面は資源統合であり，プラクティスの制定によって市場における価値が創造されると主張する。すなわち，プラクティスが制定されることによって資源が統合されるということであり，プラクティスと価値共創を結び付けた議論を展開する。さらにこの視点から，Korkman et al.（2010）は，プラクティスに基づくアプローチが以下の4つの点において S-D ロジックに組み込まれ得ることを示している

(p.246)。

①プラクティスは価値創造における基本単位であり，価値はプラクティス
に関与するアクターによって創造される。

②プラクティスは資源統合装置（resource integrators）であり，価値は顧
客が社会文化的資源を統合することによって創造される。

③企業は顧客のプラクティスの延長にあり，顧客は企業の生産プロセスの
延長にはない。すなわち，価値共創は企業が顧客のプラクティスに参加
することによって起こる。

④価値提案は資源統合の約束であり，企業は，顧客のプラクティス星座
（practice constellation）に「適合」する資源を提供することによって価値
創造を強化する。

Korkman et al.（2010）の議論は，より広範に市場を捉えることによって
特徴づけられる。この視点によって，アクターの使用価値の側面を強調す
る。また，経済交換から価値共創へ範囲が拡大されることによって，資源統
合は価値共創のプラクティスとして概念化される（Vargo and Akaka 2012）。
そして，Vargo and Akaka（2012）は，一般的な価値共創をより適切に説明
するために，交換プラクティスを資源統合プラクティスというより広い概念
に置き換えることを提案している。

第4節／資源統合としてのプラクティス

Lusch and Vargo（2014）は，プラクティスには，表現的プラクティス，
標準的プラクティス，統合的プラクティスがあるとして，それぞれについて
次のように説明している。

（1）表現的プラクティス

表現的プラクティスは，市場とサービス・オファリングを描写するもので

あり，これらがサービス交換と市場に影響を及ぼし，またサービス交換と市場を創造する。そして，コミュニケーションの際に重要な役割を果たす。具体的には，メディアが該当し，多くの場合メディアによって製品やサービスあるいは市場それ自体のイメージや概念をアクターが知覚する。このイメージはアクターの行動に影響し，結果として市場の形成に貢献する。

(2) 標準的プラクティス

標準的プラクティスには，価値観，規範，統治原則が含まれ，これらが交換取引を手引きする。また，「多くの標準的プラクティスは，サービス・エコシステムにおける共通の制度的ロジックの重要な構成要素である」（Lusch and Vargo 2014; 訳書, p.196）。上述の印章の例が標準的プラクティスの具体例として有用である。

(3) 統合的プラクティス

統合的プラクティスには交換プラクティスが包含される。また，統合的プラクティスの多くはかなり制度化されており，当然のことと思われていたり，表現的プラクティスや標準的プラクティスが絡み合っていたりするために無意識的な活動であることもある。たとえば，家庭での食事における食材や食器，またそこでの会話なども家族のメンバーの資源を統合している。これには，個別の経済活動である製品の売買なども含まれる。

上記のプラクティスは，それぞれが独立することはなく，互いに重なり合って相互に影響を及ぼしている。このことについて，以下，わが国の子育ての現状から具体的に考察してみよう。

わが国においては伝統的に，父親が外で働き母親が家庭内で子供を育てるという慣習があった。育児休業制度が整備されているものの男性の取得率は相対的に著しく低い状況にあり，これは長い時間をかけて開発されたプラクティスであり，標準的プラクティスと理解できる。昨今では，女性の社会進出や働き方改革などを背景にして，さまざまなメディアにおいて男性の育児

休業の取得を推進する議論がなされていたり，政治家や著名人が積極的に制度を利用したりしている（表現的プラクティス）。

　このような議論などを通じて市場におけるアクターのイメージが変容してきている。そしてこのイメージの変容によって，男女問わずの育児休業の取得を義務付ける必要についての議論がますます喚起されている。このように表現的プラクティスは標準的プラクティスに影響を及ぼし，当然のことながらその逆のこともある。また，男性の育児休業の取得が増加すれば家事分担にも変化が起こるだろう。従来は女性が家族の食事を用意していたかもしれないが，男性がその役割を担うかもしれない（統合的プラクティス）。そこには食材や食器を購入する際の選択も含まれる（交換プラクティス）。すなわち，これまでとは異なる資源が統合されることとなり，このことは市場における企業の製品開発や販売方法にも変化をもたらすだろう。つまり，標準的プラクティスによって統合的プラクティスが影響を受け，そして，統合的プラクティスが変化すれば表現的プラクティスおよび標準的プラクティスにも影響を及ぼすこととなる。

　このように，それぞれのプラクティスは重なり合っており相互に影響を受けたり与えたりする。そこでは，アクターのプラクティスによる資源統合によって価値が共創され，そしてそれは市場を形成したり再形成したりする。

おわりに

　本章では，価値の創造に関するダイアドの視点からネットワークの視点への変遷を概観し，さらに，S-D ロジックにおいて議論される A2A ネットワークについて言及し，ネットワークにおけるプラクティスが共創をいかにして実現するのかということについて考察した。そして，プラクティスは，市場の構成要素であり，また市場を形成したり再形成したりすることが明らかとなった。すなわち，市場における資源統合，言い換えればアクターのプラクティスが価値共創の実現に寄与するということである。

　S-D ロジックは，サービスのフローと，資源を統合し，価値を共創するプラクティスに焦点を当てており（Vargo and Lusch 2018），Vargo and Lusch

(2017) が，「A2A志向を採用して以降，我々はS-Dロジックにとってのメタ理論的および中範囲理論的な基礎となるものとしてプラクティス理論を取り込んできている」(p.55) と述べているように，プラクティスは，オペラント資源の役割およびサービス・エコシステムにおける制度配列の役割と共鳴し (Vargo and Lusch 2017)，S-Dロジックにおける価値共創の理解を一層促進させる知見である。制度配列とは，比較的分離可能な個別の「ルール」(例えば，規範，意味，シンボル，法律，プラクティス) である制度の集まりを意味し，そして，サービス・エコシステムにおける価値共創を実現する比較的首尾一貫している集合体をともに構成する相互関連性を持つ (Vargo and Lusch 2016)。そしてこれは，「価値共創はアクターが創造した制度と制度配列を通じて調整される」というFP11を示唆する。プラクティスはサービス・エコシステムを調整するアクターの活動とみなすことができ，したがって，今後のS-Dロジック研究にとって制度配列とプラクティスに関するさらなる精緻化が求められるだろう。Edvardsson et al. (2012) が，プラクティスを研究することが，意図された資源統合の実現を記述し理解する唯一の方法であると主張するように，プラクティスの理解が市場における価値の共創と，さらには市場の形成に関するシステムを解明するための一助となるだろう。

第 5 章

S-Dロジックにおける制度の概念

はじめに

2004年に "Evolving to a New Dominant Logic for Marketing" がJournal of Marketing に発表されて以来，サービス・ドミナント（以下，S-D）ロジックは，さまざまな雑誌において特集号が組まれ，今日でも活発に議論が行われている。その主たる目的は，「サービス」という用語を中心に，「サービス・エコシステム」，「価値共創」，「資源統合」などの用語を用いて市場およびマーケティング，より広くは，人間の交換システムに対して，より単純化した，現実的な，そして超越した見方を提供することにある。2004年の登場以来，S-Dロジックは，その根底となるサービスという用語に基づきながらも，基本的前提（FP）に若干の変更を加えそれに付随させる形で5つの公理を提示しながらそのロジックの精緻化を図ろうとしている（図表5-1参考）。

またS-Dロジックの研究アプローチは学問横断的であり，サービシィーズ・マーケティング，リレーションシップ・マーケティング，市場志向，リソース・ベースト・ビュー，資源管理論，資源優位性理論，バリューチェーンおよびサプライチェーン・マネジメントなどと強い関連を持つ。2011年には，S-Dロジックは，社会ネットワーク理論，制度派経済学，人間生態学，ビジネス・エコシステム，ステークホルダー理論，サービス・サイエンス，市場プラクティスなどの学問領域を新たな視点として取り入れている（Vargo and Lusch 2013, p.9）。後に詳細に議論をするが，S-Dロジックの発展について概観すると，さまざまな研究学派からの理論やロジックが取り入れられていることがわかるが，そのような理論を組み込むことの目的の1つは，価値共創に対する理解の促進であると考えられる。

図表5-1　S-Dロジックの公理

公　理	説　明
公理1／FP1	サービスが交換の基本的基盤である。
公理2／FP6	価値は受益者を含む複数のアクターたちによって常に共創される。
公理3／FP9	すべての社会的および経済的アクターが資源統合者である。
公理4／FP10	価値は常に受益者によって独自にかつ現象学的に判断される。
公理5／FP11	価値創造はアクターが創造した制度や制度配列を通じて調整される。

出所：Vargo and Lusch（2016, p.18）.

　そこで本章の目的は，前述した7つの新たな視点の中で，特にS-Dロジックと制度の関係について考察し，S-Dロジックにおける制度に関する議論を整序することによって，制度の概念が価値共創を理解するためにどのように貢献しているのかを考察する。より具体的には，S-Dロジックにおいて制度に着目した論文について考察する中で，なぜFP11に制度と制度配（相互に関連のある制度の集合）という用語が加えられることになったのか，そしてこれらの考え方がS-Dロジックの前進にどのような貢献を果たしているのかを検討することである。つまり，先ほど示したように，制度の議論を組み込むことは，価値共創の理解にどのように貢献するのかを検討する。

　本章は以下のように構成される。はじめにS-Dロジックにおける制度に関する初期の議論を概観し，サービス・エコシステムの概念が提示されるに至った背景について簡単に概観する。次に，サービス研究において制度がどのように議論されてきたのかを考察し，S-Dロジックの制度に関する議論をレビューし，制度および制度配列が公理5／FP11に追加された経緯について概観する。さらに制度の概念が資源統合に与える影響について考察し，最後に本研究の限界と今後の研究の方向性について議論する。

第1節／**S-Dロジックにおける制度をめぐる初期の議論**

　S-Dロジックの基本的前提（FP）には，これまで，いくつかの変更と追加

がなされている。2004 年には 8 つだった基本的前提に，2008 年には，FP9 と FP10 が追加され，2016 年以降は，FP11 が追加され，その数が 11 になった。さらに FP の中の序列をつけるべく，公理という考え方が 5 つ付与されている。つまり，S-D ロジックにおける制度および制度配列に関する議論は，2016 年以降に付与された公理 5 ／ FP11 から見て取ることができる。当然のことながら，S-D ロジックにおける FP は，突然変異的に修正されるわけではなく，それをめぐるいくつかの論争の中から FP の修正が行われている。したがって，S-D ロジックにおいて制度や制度配列の概念が突然付け加えられたわけではなく，いくつかの議論を経て制度と制度配列を S-D ロジックの公理 5 に据えたと考える方が自然であろう。以下では，S-D ロジックを制度という視点から振り替えることによって，S-D ロジックにおいて制度という概念がどのように議論されてきたのかを考察する。

（1）S-D ロジックのリレーションシップ概念と　　　　制度派経済学

　S-D ロジックにおける制度をめぐる議論は，S-D ロジック独自のリレーションシップの考え方に起因する。S-D ロジックにおけるリレーションシップの考え方は，FP8「サービス中心の考え方は元来受益者（顧客）志向的であり関係的である」という基本的前提の中に示されている。ここで注目すべき点は，「元来受益者（顧客）志向的である」という主張である。Vargo（2009）は，S-D ロジックにおいてリレーションシップを考察する際に，「教育現場」の事例を用いている。教育現場では，個別の交換や取引が行われているように思われるが，実際には価値が時間を通して拡張しているということを意味している。つまり生徒の知識はある文脈において，新たな知識とほかの知識が統合されているのである。価値におけるこの「拡張される」という共創的な性質は，価値を創造するために時間をかけて，相互作用的に，あるいは相互依存的に結び付けられる両当事者の拡張された活動という意味でリレーショナルであると Vargo（2009）は主張するのである。

　ところで Vargo（2009）は「リレーションシップの超越した概念のための

更なる洞察は，（新）制度派経済学に関連する文献から読み解くことができる」（p.375）と主張している。また，Vargo（2009）は，新制度派経済学は，価値創造について構造およびネットワーク内での関連するアクターの取引の点から考察していると主張し，S-D ロジックにおけるサービス交換を取引コストの視点から議論している。つまり，S-D ロジックがグッズとサービスの区別というよりむしろ，直接（サービス）と間接（グッズ）のサービス提供を区別していることに鑑みると，間接的なサービスの提供は，取引コストを低下させることによって，その効率性は高まるが，直接的なサービスに比べて有効性は低いということが言えるかもしれない。反対に，直接的なサービスは，間接的なサービスに比べて，取引コストが高いため，効率性は低いが，有効性は高いと言えるかもしれないということである。Vargo（2009）は，取引を「相互に価値共創するための広域な制度構造内での限定されたリレーションシップ」であるとし，S-D ロジックの相互作用的，制度的，価値創造に基づくリレーションシップの概念を援用して新たな，そしてより広範な取引の視点を提示している。

　以上のように，初期のS-D ロジックの研究においては新制度派経済学の議論が特に取引コストの観点から議論されているものの，その議論自体が希薄であり，制度や制度配列に対する言及が未だなされていない。むしろここで注目すべきは，リレーションシップと取引の概念を，サービス・システムという新たなフレームワークに適合させて，顧客と企業の区別から脱却し，すべてのアクターが供給者となり，受益者になるという視点を提示した点である。

(2) サービス・エコシステムの萌芽的研究

　前項で議論されたように，S-D ロジックのリレーションシップをめぐる議論の中で登場してきたのが，サービス・エコシステムであると考えることができる。つまり，取引やG-D ロジックに基づくリレーションシップの概念を超越する見方は，当事者間の取引だけでなく，その取引の背後にあるメカニズムをよりズームアウトした視点から捉える必要があるということである。

　S-D ロジックの基本的な考え方は，FP1 が示すように，サービス（他者の
ベネフィットのために資源を適用すること）とサービスが交換されるというも
のである（Vargo and Lusch 2004a）。この見方は，S-D ロジックにおいて資源
が重要な役割を果たしていることを暗示しており，Vargo and Lusch（2011）
は，「資源ネットワーク」というアイデアが価値創造や文脈の理解に貢献す
ると主張すると同時に，それは「動的で潜在的に自己調整的なもので，それ
によってそれら自身を同時に機能させたり再配置させたりするというシステ
ムの重大な特徴に関する検討が欠如している」（p.185）と提示し，S-D ロジッ
クにおけるシステムズ・アプローチの重要性を示唆している。そしてその
ネットワーク・システムは単なるリレーションシップの集合体ではなく，動
態的なシステムであると主張した。さらに，Vargo and Lusch（2011）は，
市場で行われる取引において「生産者」と「消費者」という区別から脱却
し，経済交換にエンゲージするすべての当事者（例えば，事業会社，個人の顧
客，世帯など）は，いずれも同様に資源を統合しサービスを提供する事業体
であり，それらは価値共創という共通の目的を有しているとして，すべての
取引が B2B 取引延いてはアクター・トゥ・アクター（A2A）取引であると主
張した。この包括的な A2A 志向は，価値創造に対する動的でネットワーク
化されたシステム志向を指し示している。
　以上のような発想において，Vargo and Lusch（2011）は，システム志向
の重要性を指摘する。その理由として彼らは，「システム志向は，価値共創
の原則を理解し適用する上でさまざまな意味を持つため，研究者と実務家の
両方にとって重要であり，これは相互に結びつきが強まり，ますます動態的
になっている世界では特に必要なこと」（p.182）であると主張している。こ
の主張はサービス・エコシステムの中で行われる価値創造について考える必
要性を指し示している。また市場を理解するためのシステムズ・アプローチ
の開発とマーケティングへの適用は，サービス・サイエンスという取組みと
関連し，その基本的な分析単位であるサービス・システムのいくつかの貢献
を S-D ロジックに取り入れることを模索した。さらにこのような文脈の中
で，新制度派経済学（Menard and Shirley 2005; Williamson 2000）との親和性

についても議論している。なぜなら，この新制度派経済学は，市場の文脈である人間が創造した「ゲームのルール」に関して重要な知見を提供しているためである。

　以上のように，S-D ロジックへのシステムズ・アプローチの重要性を指摘する中で登場したサービス・エコシステムの概念は，2011 年以降には S-D ロジックの議論においてもメインテーマになり，発展が続いている。Chandler and Vargo（2011）は，サービス・エコシステムの階層について議論し，それは，ミクロ，メソ，マクロ，であり，彼らの取り扱う文脈のプラクティスの観点から，社会的に構築されるものであると主張する。Chandler and Vargo（2011）は，さらに「文脈は，資源への影響を通して価値共創と市場に影響を与える。文脈はさらに，サービスへの影響を通して，価値共創にも影響を与える」（p.39）と議論している。

第2節 ／ サービス研究およびS-Dロジックにおける制度の議論

　以上のように，S-D ロジック独自のリレーションシップの捉え方は，背後にあるメカニズムつまり，サービス・エコシステムに目を向けるきっかけを作り，そこでの価値共創および文脈に対する理解を促進するために，制度という概念が S-D ロジックに導入されたことがわかる。本節では，そこでサービス研究において制度がどのように議論されてきたのかを考察し，S-D ロジックにおける制度の議論について言及する。

（1）サービス研究における制度の議論

　Koskela-Huotari et al.（2020）は，サービス研究における制度および制度配列に関する論文を詳細にレビューし，これまでのサービス研究における制度の取り扱いは，「理論的方向性を十分に活用するというより，制度的影響が存在することを示すレベルに留まっていることがままある」（p.374）と批判的に議論し，サービス研究における制度研究の操作化について議論してい

る。以下では彼女らのレビュー論文に沿って，これまでのサービス研究における制度と制度配列の研究について概観していく。

　彼女らによると，サービス研究に適用される制度の概念とフレームワークのほとんどは，組織研究によって行われた研究に起因している。組織的制度主義と呼ばれるこの研究は，制度，つまり，当然のこととして受け入れられ広く実践されている規則，規範，信念などの社会構造について研究している（Scott 2013）。当然のことながら，組織的制度主義の中でも，制度のさまざまな側面を強調するいくつかの議論が存在するが，制度理論が最初に組織研究に導入されたとき，「制度化されたルール」または組織が正当性と生存性を高めるために儀式的に採用する手順に焦点を当てたことによって，制度の概念がより狭まったということに注目することが有用であると主張している。

　永続的な社会構造または社会構造のシステムを研究することに加えて，制度理論は，これらの構造がどのように存在するようになり，拡散し，衰退し，崩壊するのかについても議論している。このプロセスを認識すると，社会的取り決めは，それが高度に制度化された場合，すなわち，それが広く実践され，広く論争の対象にされず，変化に抵抗がない場合にそれが制度になるのである。制度化という用語は，社会的取り決めが，社会的思考と行動において，そのようなルールのような地位を占めるようになるプロセスを指す（Scott 1987）。

　Koskela-Huotari et al.（2020）はさらに，サービス研究における制度の取り扱われ方については，制度と制度配列におけるS-Dロジックの広範な概念化に基づいていると主張している。しかしながら，彼女らは制度的アプローチの重要性について議論したり，これらの概念をさらに定義したりするための論文は，ほとんど見られないとも主張している。そして，この影響力のある制度に関する文献との関連性の欠如は，使用された制度的概念の理論的基盤をかなり薄くさせる結果に帰着し，さらには，研究される現象が，一般的に，新たなテクノロジー，あるいは，制度変化におけるサービス組織の適応のように，組織研究におけるそれに近い場合，サービス研究で行われる概念

開発を脆弱にさせると主張し，サービス研究における制度研究の在り方に対して疑問を投げかけている。

(2) S-Dロジックにおける制度の議論

　S-D ロジックにおける制度および制度配列の概念は，Vargo and Lusch (2016) の公理5，基本的前提11に導入されたことがきっかけで議論が活発になっている。Vargo and Lusch (2016) は，「制度は，共通目的の達成を巡って編成された入れ子状の重なり合ったエコシステム内において，複雑でかつ相互関連のある資源統合活動およびサービス交換活動のための基盤を提供することによって，それらの共同および調和といった活動における手段となる」(p.14) と主張する。彼らによると，制度とは，人的に考案された (Simon 1996)，統合可能な資源を意味している。それらの統合可能な資源は，社会的文脈として理解される構造上の特性を提供するために絶えず組み立てられたり組み立て直されたりするので，価値共創プロセスを理解するために不可欠なものであると理解することができる。そしてそのプロセスの結果として生じるエコシステムのいくつかは市場を表わしており，Lusch and Vargo (2014) はそれを「制度化されたソリューション」と呼んだ。

　第5の公理と制度および制度配列への焦点を加えることについて，彼らは，「S-D ロジックの枠組みがすべての交換に適用できると，より納得させられる」(p.14) と主張し，第5の公理を通じてもたらされる価値創造に対する理解の向上によって，S-D ロジックは，より一般的かつ超越的な理論枠組みを提示することができると主張する。彼らは，S-D ロジックは制度思想からベネフィットを得たり制度思想に貢献したりするのに必要な互換性のある包括的な理論枠組みをマーケティングに提供すると主張している。要するに，S-D ロジックが，制度を受け容れるだけではなく，制度と制度配列が関係する価値共創プロセスをより深く理解するために，その制度と制度配列による調整機能が不可欠であると主張するのである。

　サービス・エコシステムにおいて，共有された制度と制度配列は，価値共創におけるアクターの行動と相互作用を導く (Lusch and Vargo 2014; Vargo and Lusch 2016)。すなわち，制度は，資源統合の「ルール」を表し，共同での価値共創を可能にさせるアクターの取組みを調整する。制度は，社会的アクターの行動を可能にし，制限する，そして社会生活を予測可能かつ有意義にさせる，人間的に考案されたスキーマ，規範および規制である。言い換えれば，制度とは，人間が，あらゆる規模の家庭，市場，企業，政府を含む反復的および構造的な相互作用を構造化するために用いる規定である。したがって，「ゲームのルール」として制度は，アクターが資源を統合し，創造する方法だけでなく，資源を評価する方法を形成することによって，サービス・エコシステムにおける価値共創と資源統合のための構造と文脈を提供する。言い換えれば，制度は価値共創の取組みに影響を与える調整要素と見なされ，また価値評価のための基準基盤を提供する。

　以上の議論を踏まえたうえで，改めてS-DロジックのFP11に制度および制度配列の概念が付け加えられた理由を考察すると，2つの点を指摘することができる。1つは，単純に制度が価値共創のプロセスにおいて不可欠な要素であるという議論である。つまり，制度が，価値共創プロセスとサービス・システム内にある効率化に向けた資源統合に影響を与えるということである。もう1つは文脈の複雑さに起因するものであり，その複雑な文脈の中で行われる価値共創を理解するために，制度および制度配列の議論がS-Dロジックの新たなFPにこれらの概念が付け加えられた理由といえよう。つまり，サービス・エコシステムにおける文脈価値を理解するために，その文脈を決定づける制度に目を向ける必要があるということである。

第3節／資源統合に与える制度の影響

　以上，これまで，S-Dロジックの公理5／FP11が提案された経緯について，資源統合とサービス・エコシステムの視点から，議論をしてきた。つまり，サービス・エコシステムについては，その取引の背後にあるメカニズムをよりズームアウトした視点から捉える必要があるという点で，価値共創や資源統合の背後にあるサービス・エコシステムに着目したものと考えられる

が，そこでの価値の決定に関しては文脈に依存することに変わりはない。これらの文脈は，Akaka, Vargo and Lusch（2013）が指摘する通り，複雑に構成されており，その複雑な文脈の中で決定される価値共創を理解するために，制度および制度配列の議論が S-D ロジックの新たな FP に付け加えられたといえよう。

以下では，資源統合における文脈と制度に焦点を当てて，さらには，制度ロジックに基づきながら，制度を理解することがいかに重要な問題であるかを指摘する。

Edvardsson et al.（2014）は，Scott（2008）に依拠しながら，規制的支柱（regulative pillar），規範的支柱（normative pillar），文化認知的支柱（cultural-cognitive pillar）における文脈を規定しながら，資源統合において検討すべき制度について議論している。具体的には，制度における規制的支柱は，アクターの行動を規制し，それにより行動を可能にする，または制約するすべての正式なルールで構成される。規制，監視，および制裁により，アクターの行動が特定の基準に準拠することが保証される。第二に，規範的支柱は規範と価値観で構成されている。ここで，規範は特定のことをどのように行うかを指定するが，価値観は，望ましいことの概念と，行動と構造を評価できる基準を構成する。規範的システムは，アクターの目的だけでなく，アクターが達成すべき方法も決定する。アクターは規範と価値に対する内部コミットメントを知覚し，特定の方法で行動するための社会的期待をも知覚する。そのためアクターは，通常，規制的制度よりも安易に規範的制度に従う。最後に，文化認知的支柱はアクターの現実に対する認識に関連している。関係するアクターの認知プロセスは彼らの文化的文脈に影響されるため，アクターの行動方法は，環境の内部表現の結果として解釈することができる。

おわりに

本章は，S-D ロジックにおける制度をめぐる議論について制度派経済学との関連を示した初期の文献から，2016 年に公理 5／FP11「価値創造はアクターが創造した制度や制度配列を通じて調整される」が追加されるまでの経

緯について概略を示したうえで，S-D ロジックに制度および制度配列の概念が追加された背景について考察してきた。本文でも示した通り，1つは，単純に制度が価値共創のプロセスにおいて不可欠な要素であるという議論であり，もう1つは文脈の複雑さを解明するために制度および制度配列の概念が導入されたと指摘することができる。

　最後に本章の限界と今後の研究について触れることで本章の結びとする。本章では制度の持つダイナミクスについてほとんど触れることなく議論を展開してきている。制度変化と呼ばれるこのような制度のダイナミクスは，S-D ロジックが当初より目的としていた市場に関する理論の理解に貢献することができると考えられる。また Koskela-Huotari et al.（2020）が指摘するように，組織的制度主義の中でも，制度のさまざまな側面を強調するいくつかの議論が存在する。S-D ロジックにおいても制度に関しては，幾人かの研究者によって議論が展開されており，それらの諸理論に対する批判的考察と S-D ロジックとの親和性については議論をする余地があるだろう。

第 **III** 部
S-Dロジックの発展と適用

第6章

サービス・イノベーション

はじめに

　本章はサービス・ドミナント・ロジック（以下，S-D ロジック）とサービス・イノベーションの関係について述べるものである。S-D ロジックについては市場の構造を明らかにすることを目的に，これまでマクロ的視点での議論が中心的に進められてきた（Vargo and Lusch 2017）。サービス交換がどのように広がるのかについての理論的枠組みとなるサービス・エコシステムはその代表例となり，市場とエコシステムとの関係を検討することによってマーケティングに対し，新しいパースペクティブを提供してきたといってよいであろう。視点をズーミングアウトすることによって（庄司 2018b），これまでマーケティング論において対象とはなっていなかったサービス交換の構造を明らかにしようとすることは，従来の議論の限界を克服しようとするものである。

　一方で，近年ではS-D ロジックにおいてメゾ，ミクロ志向，もしくは中範囲の理論（第 13 章参照）（Brodie and Gustafsson 2016）の必要性が高まっている。さらに，Tesla や Uber，Airbnb といった新しいシェアリング・サービスと S-D ロジックとの親和性が注目されるにつれて，これらのサービス・イノベーションに関する S-D ロジックからの議論も盛んに行われるようになった。要するに S-D ロジックの理論的な進展と実務的な展開を結び付けるものとしてサービス・イノベーションがあげられるということになる。

　そこで，本章では，サービス・イノベーションについて，その基本的な概念の整理を行い，S-D ロジックの視点からのサービス・イノベーションについて議論をするものである。第 1 節ではイノベーションとサービスについて言及し，第 2 節では S-D ロジックとサービス・イノベーションとの関係につ

いて，そして第3節ではシェアリング・サービスについてS-Dロジックの視点から考察を加える。

第1節／**イノベーションとサービス**

ここでは，イノベーションとサービスの関係について考察をする。イノベーションは，ビジネス領域において多くの関心を集めている概念領域である。企業が継続的に活動し，成長するためには「何か新しいこと」をしなければならない。しかしながら，イノベーションはアウトプットにその議論の焦点が当てられてきた。そこでサービスとイノベーションの関係について簡単にまとめておきたい。

(1)イノベーション

イノベーションに注目した初期の研究者としてSchumpeterがあげられる。オーストリア出身の経済学者であったSchumpeterは企業が行うイノベーション活動に注目し，これが経済構造を変動させるものであるとして取り上げた。彼はイノベーションとして5つの視点を指摘し，それらは①新しい商品の開発，②新しい生産方法の導入，③新しいチャネルの開拓，④新しい供給源の発見，それによる⑤新しい組織の導入としている（Schumpeter 1912）。つまり，イノベーションとは経済活動において影響のあるグッズの開発とそれに伴う価値創造活動と定義することができよう。

Schumpeterによるイノベーションは，経済学の観点からの議論であったものであるが，企業にとってこれら5つの観点は企業の成長の指針と見なすことができるため，ビジネス分野においても同様に議論されるようになってくる（Schumpeter 1912）。さらに，イノベーションの源泉とプロセスはマーケティングや経営学においても検討されるようになる。

経営学者であるDruckerは，その著書『現代の経営』の中で，事業の目的を満足した顧客の創造とし，そのための主要な2つの機能としてイノベーションとマーケティングをあげた（Drucker 1954）。つまり，Druckerは，事

業を行うためには，組織や製品ではなく，顧客を生み出すことが重要であると主張し，さらに価値を生み出す活動を重視したことになる。この Drucker の議論は，マーケティングにおいては，マーケティングの理念となる顧客志向，市場志向が，顧客との関係を検討する顧客リレーションシップへと発展するきっかけとなった。マーケティングの本質ともいうべき顧客との関係を理解する際に，顧客を重視する姿勢を Drucker は強調したともいえる。

　もう1つのイノベーションは，価値創造に位置づけられる。企業が市場や顧客に対して，新しい何かを提供できるのかどうかが問われるということにある。つまり，顧客との関係と顧客に提供する価値を創造するということについて議論してきたといってよいであろう。

　Drucker のイノベーションの議論は，起業家精神もしくはベンチャーと関わることになる。Drucker は，『イノベーションと起業家精神』の中で，7つの要素を取り上げた（Drucker 1985）。すなわち，それらは，予期せざるもの，調和せざるもの，プロセス・ニーズ，産業と市場の構造変化，人口構成の変化，認識の変化，新しい知識であると述べている。

(2) イノベーションをめぐる議論の発展

　Drucker によって指摘された顧客志向とイノベーションの2つの関係はその後も密接に関わってくることになる。顧客志向は，マーケティングにおいて優れた製品を生み出すためのドライバーとして位置づけられるようになる。顧客ニーズから出発し，価値があるものを生み出すプロセスとしての顧客志向あるいは市場志向は 1970 年代以降のマーケティングにおいて主流の考え方となる。S-D ロジックにおける思想ラインの1つでもある市場志向は，1980 年代後半から 1990 年代にかけてマーケティング学界において議論が展開されたものである（Kohli and Jaworski 1990; Narver and Slater 1990; 庄司 1999; 2000）。その命題としては，顧客の意見を取り入れることによって，企業の業績を高めるというものであった。

　このような中でイノベーションに関する複数の議論との関係についての検討が必要となる。1つはオープン性であり，もう1つはイノベーションその

ものへの懐疑性である。ここでオープン性とは，イノベーションが単独の組織で行われるということではなく，複数の関係者の中で実施されるというものである。つまりシステムもしくはネットワークがイノベーションにおいて重要となるということである。Chesbrough らによるオープンイノベーションは，この領域での代表的な議論となるものであり（Chesbrough et al. 2008），内部でのイノベーションの限界を外部との交流を通じて達成しようとするものである。現実には他社，大学あるいは外部の関係者との協働によってイノベーションが実施されることになる。

　また，von Hipple によるイノベーションの民主化もこのオープン性に関わってくる（von Hippel 2006）。von Hippel はすべての顧客ではなく，ユーザーの中でも先端的なユーザーを観察し，協力を得ることによってイノベーションを実施することをイノベーションの民主化と呼んだ。メーカーによるイノベーションから，ユーザーへのイノベーションへとシフトすることが見られるようになったためである。Linux のようなオープンソースは，ユーザーが自由に利用することによって，新しいイノベーションが発生する可能性を有することになる。つまり，イノベーションの担い手がメーカーではなく，ユーザーへとシフトしていることを示すものである。

　一方，Christensen は，『イノベーションのジレンマ』の中で，イノベーションにおける顧客志向の問題点について述べた（Christensen 1997）。まず Christensen は，イノベーションをインクリメンタルなイノベーションとラディカルなイノベーションの2つに分けている。インクリメンタルなイノベーションは，顧客の意見を聞きながらイノベーションを進めていくというものである。

　一方ラディカルなイノベーションは，これとは異なり，顧客とはまったく離れたところから生み出されることになる。このため，市場志向においては破壊的イノベーションを説明するための能動的な市場志向論が展開されるようになる（Narver et al. 2004）。

第2節／S-Dロジックとサービス・イノベーション

(1) サービス・イノベーション

　ここでサービス・イノベーションについて考察を行う。対象となるサービスが何を差すのかについては，S-Dロジックでは，サービスをナレッジやスキルのアプリケーションと定義することから，S-Dロジックにおけるサービス・イノベーションとは，サービスを適用する仕組みのイノベーションと捉えることができる。

　Lusch and Nambisan は S-D ロジックの視点からのサービス・イノベーションについて検討を行っている（Lusch and Nambisan 2015）。特に IT に関してサービスの発展が大きくなっていることから S-D ロジックによるサービス・イノベーションの視点が重視されるとしている。この点において，特に3つの長所があるとしている。第一に，サービスに焦点を当てることで，受益者による経験に基づいた価値が注目されるようになるということである。第二は，顧客を能動的な参加者としてイノベーション・プロセスに統合するということである。最後は，デジタル化によって資源のアクセスが容易になることを示すものである（Lusch and Nambisan 2015）。

　この3つの長所の中で，サービス・エコシステム，サービス・プラットフォーム，そして価値共創についての議論がなされている。そこで，この3つの視点から，サービス・イノベーションについて議論をする。

(2) サービス・エコシステム

　Lusch and Vargo はサービス・エコシステムを「共通の制度的ロジックとサービス交換を通じた相互的な価値創造によって結び付けられた資源統合アクターからなる相対的に自己完結的でかつ自己調整的なシステム」（Lusch and Vargo 2014, p.24; 訳書, p.28）と定義する。アクターとアクターがかなり緩いつながりを持っているというのがサービス・エコシステムの特徴である。

つまり，サービス・エコシステムであるということは，アクターの多様性が期待されることになる。Mars らは，エコシステムについて議論する中で，アクターとキープレイヤーと多様性が重要であると指摘する（Mars et al. 2012）。

イノベーションにおいては，同質性ではなく多様性が必要となることは多くの文献において指摘されている。例えば，地域では多様なアクターが必要であり（庄司 2017b），外部者がどのようにイノベーションの枠組みの中に取り入れられるのかが重要となる。

デザイン思考においても，同様な主張がなされており，イノベーションを起こす枠組みとして，組織の外部にイノベーションのドライバーを設けている（Dunne 2018）。組織の中でイノベーションを生み出すことは組織の慣性やその他の要因からの困難を伴うため，イノベーションのデザインが必要となる。

エコシステムの視点はイノベーションを生み出すための要素となる。ここでは参加のためのアーキテクチャを考案し，提供することが必要となる（Lusch and Nambisan 2015）。

Lusch and Nambisan（2015）はサービス・エコシステムが構造上柔軟であることを指摘する。つまりアクターたちが比較的自由に出入りできることによって多様性を確保することが可能であるとする。多様なアクターが参加するためには，特定の問題解決のために集合することが必要となる。さらに，構造上の統合性としてリレーションシップによって結び付く性質が重要である。アクターとアクターを結び付けるためにそれぞれのアクターが価値提案を行うことが実施されることになる。

一方，エコシステムは組織ではないが，共通の世界観が必要となるとしている。それは環境をどのように捉えるのかというパースペクティブの問題となる。共通の世界観を認識するための制度的ロジックによって，ビジネスに関する前提などが重視されるとともに，ネットワーク中心の視点となる。

（3）サービス・プラットフォーム

　プラットフォームとは，土台や演台，舞台を示す用語であり，ビジネスの分野では，利用者と企業を結び付ける基礎を指し示す。IT の発展によりオンライン・プラットフォームが注目されるようになると，その構造も関心を集めるようになる。特に IT 系のグローバル企業がプラットフォームとしてビジネスにおける中核的役割を担っていることでより一層，プラットフォームとしての役割が注目を集めている。

　プラットフォームにおいては，モジュラーとアーキテクチャが重要となる。そこで，Lusch and Nambisan (2015) は，サービス・プラットフォームにとって重要となるのは，階層型モジュラーとする。階層型モジュラー構造とは，モジュラー・アーキテクチャと階層型アーキテクチャとのハイブリッド構造としている。製品にとらわれないのが，階層型アーキテクチャとなるため，S-D ロジックの視点と密接に関わることになる。

（4）価値共創

　Lengnick-Hall は戦略マネジメントや品質管理の視点から，顧客の役割として，5 つを指摘する。すなわち，資源としての顧客，共同生産者としての顧客，買い手としての顧客，ユーザーとしての顧客，そして生産者としての顧客である (Lengnick-Hall 1996)。従来の買い手としての役割だけでなければ，ユーザーとしての役割だけでもなく，価値創造という観点からはより多様な役割を担っていると指摘されているのである。

　Lusch and Nambisan (2015) では，サービス・イノベーションにおける価値共創の中でアクターの役割について，観念形成者，デザイナー，媒介者という 3 つの役割を識別する必要があると指摘する。

　第一の観念形成者としての役割は，顧客としてのアクターにとって必要不可欠なニーズや独自の文脈を形成するに当たり，知識を提供するものである。この観念形成者は伝統的な価値共創における顧客の役割を担うことになる。つまり受益者としてのアクターである顧客が価値提案アクターとなる企

業に対して，ナレッジを提供することになる。この議論は先述したイノベーションの民主化（von Hipple 2006）に関連してくることになる。つまり，イノベーションの源泉が顧客にあることを示すものであり，顧客志向と大きく関わることになる。顧客のナレッジを出発点としたオファリングが提供されることになるのである。

　第二のデザイナーとしての役割は，資源をミックスする，すなわち資源統合をすることによって価値を創造するというものになる。この資源には市場から調達する資源のほか，私的資源や公的資源がある。これらを組み合わせることによって価値を生み出すことになる。たとえば，スポーツを行う場合は，自らの資源（私的資源）だけで行うことはできない。ランニングの場合であれば，適切な環境で走ることができる公的な資源としての道路や多少の参加費を払う必要がある大会があるが，これらがなければスポーツをすることができない。つまり受益者であるアクターは私的資源および公的資源を組み合わせることが必要となるのである。

　第三の媒介者としての役割は，インターネットが登場し，コミュニティとしての幅が広がることによって特に注目されるものとなる。インスタ映えなどといわれるような自らの消費行動をソーシャルメディアに反映することによって，他者に影響を与える動きが増えてきている。このようなアクター間での緩いつながりが形成されるエコシステムができあがることから，多くの消費者は強い影響を受けることになる。さらに資源の活用を明確に認識することによって，これらのエコシステムへの共依存性を増やしていくことになる。

第3節　シェアリング・サービス：サービス・イノベーションからの考察

(1) ビジネスモデル

　ここではサービス・イノベーションの典型的な例として，シェアリング・サービスについて取りあげる。総務省による情報通信白書（平成27年度版）

図表6-1　シェアリング・サービス

事例名称	実施主体	時　期	概要
Airbnb	Airbnb (米国)	2008 年 8 月開始	保有する住宅や物件を宿泊施設として登録し，貸し出しできるプラットフォームを提供する WEB サービス。190ヵ国超の 34,000 超の都市で 100 万超の宿が登録されている。
Uber	Uber (米国)	2010 年 6 月開始	スマートフォンや GPS などの ICT を活用し，移動ニーズのある利用者とドライバーをマッチングさせるサービス。高級ハイヤーを配車する Uber，低価格タクシーを配車する uberX，既存のタクシーを配車する UberTAXI などのサービスを提供。
Lyft	Lyft (米国)	2012 年 8 月開始	スマートフォンアプリによって移動希望者とドライバーをマッチングするサービス。Facebook のアカウントか電話番号でログインして利用する。移動希望者とドライバーがお互いに評価を確認してから，乗車が成立する。
DogVacay	DogVacay (米国)	2012 年 開始	ペットホテルの代替となるペットシッターの登録・利用が可能なプラットフォームを提供する WEB サービス。
RelayRides	RelayRides (米国)	2012 年 開始	使用されていない車を，オーナーからスマートフォンアプリを通じて借りることができるサービス。米国内の 2,100 以上の都市及び 300 以上の空港で利用できる。
TaskRabbit	TaskRabbit (米国)	2011 年 7 月開始	家事や日曜大工等の作業をアウトソーシングするためのウェブサービス。
Prove Trust	Prove Trust (米国)	2014 年 開始	シェアリング・エコノミーにおける貸主と借主の信頼関係を一括で管理できるウェブサービス。

出所：総務省（2015, p.200）。

　では，シェアリング・エコノミーを「典型的には個人が保有する遊休資産（スキルのような無形のものも含む）の貸出しを仲介するサービス」（総務省 2015, p.200）と定義している。ここではシェアリング・エコノミーとシェアリング・サービスを同義として論を進める。

　シェアリング・サービスは，2010年前後にサービスが拡大してきたといわれている。先述の情報通信白書においては，Airbnb や Uber など代表的な

サービスが提示されている。AirbnbやUberなどのように遊休資産だけではなく，スキルといったサービスの提供も含まれていることから，S-Dロジックにおけるサービスのビジネス化もしくはマネタリゼーションにも関わることになる。

　特にこのようなシェアリング・サービスにおいては事業の新規性という視点からビジネスモデルが重視されることになる。S-DロジックにおいてはWielandsやStorbackaらがビジネスモデルについて議論をしている（Storbacka et al. 2012; Wieland et al. 2017）。Wielandらによればビジネスモデルはイノベーションの重要な源泉として認識されるとしている。

（2）シェアリング・サービス

　UberやAirbnbといったシェアリング・サービスは，S-Dロジックに基づいたサービス・イノベーションとして捉えることができる。S-Dロジックにおいてはビジネスモデルの観点からアプローチすることができる。Wielandらは，ビジネスモデルを「アクターのパフォーマンスのプラクティスを通じて相互にリンクし，技術と市場の革新に影響を与え，これらのアクターの実行可能性と彼らが属するサービス・エコシステムの実行可能性に寄与する動的な制度の集合」（Wieland et al. 2017, p.926）と定義する。ビジネスモデルが注目されるようになったのは，ベンチャービジネスの発展（Vesper 1990）やインターネットビジネスの展開があげられる（庄司 2003）。特にインターネットによってサービス交換が容易になったことと，市場の範囲が大きく変わってきたことがあげられるであろう。

　WielandらはUberのビジネスモデルをサービス・イノベーションの視点から議論をする（Wieland et al. 2017）。通常のビジネスモデルの議論では，交換価値を強調することになる。つまり，Uberは，従来の視点であれば，オファリングの価値提案が優れていると強調する仕組みとして，パートナーやリソースなどを利用して，Uberの参加者としての輸送サービスの提供者との協働が主張されることになる。これらの視点では，オファリングの価値が強調される。

　しかし，実際にこのような市場を形成するという視点で見ると，交換価値が生み出されている段階で，結果論的な側面が出てくる（庄司 2017a; 2018b）。つまりこのようなオファリングが提供される前の段階での規制および政府機関と関係，あるいは技術的な解決など，その前の段階が極めて重要となる。

　S-D ロジックやサービス・エコシステムの視点は，これらの問題を解決することが期待できる。その理由の１つは制度の観点である。Uber については，タクシー業界との関係が強調される。たとえば，立入は Uber に関して，普及したアメリカでのタクシーの現状について指摘をしている（立入 2018）。アメリカでは，タクシーの品質にばらつきがある一方で，キャッシュレス化の進んでいるタクシーの現状があった。特にアメリカではタクシーの運転手に移民が多いといわれており，さらには，クレジットカード社会であるアメリカにおいてクレジットカードが使えないところでもあった。これが原因でオンラインでの決済が可能となる仕組みが導入される。さらに，運転手および乗客を相互に評価することによって，ライドシェアの安心感を高めることになる。

　さらに法律の問題と慣習の問題がある。法律や政策といった制度は，本来は業界を守るものではなく，社会全般への影響を踏まえて決定されることになる。したがって，日本のタクシーであれば，適切なサービスを提供するために，タクシーの運転手やタクシー企業のサービスの質を維持することが必要になる。道路運送法においては相乗りが禁止されており，また自家用車でのタクシー業務が禁止されているのは，サービスとしての品質を保持するためである。2020 年段階でタクシーの相乗りが解禁されるというのは，制度の変更ということになる。

　一方で，ライドシェアについては，米国において交通渋滞を解消するために導入されたものになる。その代表的な制度としてパークアンドライドやカープールがあり，アメリカ合衆国では多くの都市，地域で見られる。パークアンドライドによって，都心部の交通渋滞を避けるとともに環境対策の一環としても行われる。このような制度によって，自宅から最寄り駅やバス停

までの交通手段とそこから中心までの交通手段が異なることで社会的な問題の解決を目指すことになる。

米国の交通渋滞はかなりひどく，慢性的といわれている。そしてそのような中で相乗りが推奨されることがある。そこで用いられているのがカープールレーンである。カープールレーンとは，相乗りを意味するカープールと走行とを組み合わせた用語であり，指定された条件にある車両のみが走行できるレーンで多くは二人以上が乗車している車両，もしくはバス等の公共交通車両が走行できる。

このレーンは比較的空いており，二人以上の乗車を推進していることになる。中心部で仕事をしている人が近隣の郊外都市に住むことが有り，これらの人々がカープールレーンを使うことができる。さらに公共交通機関であるバスも同レーンを利用可能なことによって，利用者の利便性は高くなる。このような乗り合いが強く促進されてきた。

一方，ヨーロッパではヒッチハイク文化が根付いているということからBraBraCarというサービスが展開されている。これはフランス企業の事業であり，オンライン上でのヒッチハイクのマーケットプレイスとなっている。

(3) サービス・イノベーションへの視点

UberやAirbnbのような近年出現しているイノベーション，あるいはオープンイノベーションは，イノベーションそのものが単独の企業によって実現されるということではなく，複数の関係者によって成し遂げられるものとなっていることを示している。そのため，サービス・イノベーションとしての分析枠組みからこれらの事例について検討をすることによって，重要な視点が明らかになる。

まず多様なアクターの存在が必要となる。役割を持つアクターが多種多様なエコシステムとして形成されることによって，エコシステムの厚みが生まれることになる。これらのアクターの中でサービス交換がなされることになる。例えば，Uberであれば，ドライバーと利用者が相互に評価するとい

図表6−2　サービス・イノベーションの構造

出所：筆者作成。

う行為がある。これらが Uber というサービス・プラットフォームでつながっているということになる。プラットフォームが多様なアクターを結び付けることになる。多様なアクターがいればいるほど，多様なサービスの提供がプラットフォームとして可能となる。

　加えて，それぞれのアクターにとって価値が多重に創造されていることが必要となる。ここに価値共創の要素がサービス・イノベーションにおいて必要となる理由が出てくる。つまり，エコシステムに加わるアクターが価値を見出だす状況が形成されることによって，価値共創を生み出すプラットフォームが形成されることになる。

おわりに

　本章では，サービス・ドミナント・ロジックの視点からイノベーションの創出方法について検討をしたものである。特にここでは Lusch and Nambisan（2015）によるサービス・イノベーションのフレームワークを検討し，この枠組みとしてエコシステム，プラットフォームそして価値共創の視点に分かれるということを指摘している。

　イノベーションが単独の組織によって創出されるということではなく，複数の関係者によって生み出されるというその広範な特徴は，サービス・ドミナント・ロジックの視点から明らかになっている。特に既存のイノベーションの議論は商品に焦点が当てられることが多かった。しかし，商品だけではなく，サービス交換に焦点を当てるフレームワークを分析することによって，シェアリング・サービスが展開している現代社会での新たな動向につい

ての解明が可能となるものである。

　提供されるオファリングだけでなく，サービスに関わる複数の視点が統合された視点を持つ，エコシステムおよびプラットフォームそして価値共創の視点を本章においては Uber や Airbnb といった新たなビジネスモデルから検討をした。交換関係をズーミングアウトすることによって，複雑化した社会を解明することを本章では示したものである。

　サービス・イノベーションにおいては，限定された視点からオープンな性格を有することによって従来にはないビジネスモデルを構築するためのヒントが示唆されることになる。本章で議論した項目については，さらなる検討が必要となると思われるが，一層の検討が必要となることはいうまでもないであろう。

第 7 章

S-Dロジックとデザイン思考

はじめに

　Vargo and Lusch（2004a）によって提唱されたサービス・ドミナント・ロジック（以下，S-D ロジック）は，1980 年代以降に活発に展開されたリレーションシップ・マーケティング，市場志向やサービス・マーケティングなどの研究潮流の共通項として現れた。S-D ロジックはプロセスとしての"単数形のサービス"をその中核概念に置き，"サービスとサービスの交換"を通じた資源統合と価値共創に焦点を置いている。S-D ロジックの観点からVargo and Lusch（2004a）は，価値は企業が創出するもので，アウトプットとしての財の交換価値に焦点を置いた考え方をグッズ・ドミナント・ロジック（以下，G-D ロジック）と称して批判を展開した。それに対してS-D ロジックについては，価値は顧客によって決定されると主張し，顧客の使用価値を全面的に押し出して議論を展開し，多くのマーケティング研究者からの注目を受け，反響を呼んだ。その後S-D ロジックにおいてアクター概念，文脈価値，ネットワーク，社会的構造（制度）を包摂したサービス・エコシステム等の諸概念が基本的前提の複数回の追加・修正を通じて提唱された（例えば，Vargo and Lusch 2017; Vargo 2018b）。こうして S-D ロジックは 2009 年を境に新たな展開を迎えていく（Wilden et al. 2017; Brodie et al. 2019b）。

　S-D ロジックの研究の方向性に関して，Vargo and Lusch（2017）は今後，連携すべき学問分野の１つとしてデザイン思考に注目している。しかしVargo and Lusch（2017）の研究成果において，S-D ロジックとデザイン研究についての関連性に関する言及は少ないために，その意義は必ずしも明確になっていない。そこで本章の目的は Lusch and Vargo（2014）を手掛かりにして，①S-D ロジックが人工物の科学の研究潮流としてのエフェクチュエー

ションを取り入れた点に注目してアクターによる環境創造の意義を見出すとともに，②S-Dロジックにおけるデザイン問題は，「サービス交換による価値創造」を実現するためのものであることを明らかにする。

第1節 デザイン思考に関する先行研究のレビュー

（1）人工物の科学としてのデザイン思考

デザイン思考の研究にはさまざまな見解があるが，本章ではDunne（2018）の見解に依拠する。彼はデザイン思考の特徴として実験，顧客の文脈への深い理解，および創造的なリフレーミングをあげている。またDunne（2018）は，①人工物の科学，②サービス・デザイン，および③デザイン思考家のためのデザイン思考を総称して「デザイン思考」と捉えている。

まず人工物の科学の研究はSimon（1969）によって創始された。Simon（1969）は，人工物の科学において人間の目的達成のために人工物がどうあるべきかについて持論を展開している。そしてこのデザイン・プロセスは，うまく定式化された問題に馴染む，シミュレーション等を用いて設計解を探索するトップダウン的で工学的なアプローチであった。

しかしRittel and Webber（1984）では，うまく定式化されないような "やっかいな問題" が取り上げられた。同様にSchön（1983）も，こうした合理的なアプローチは構造化された問題にしか適用できないと批判する。つまり，デザインの問題は複雑であり，価値が矛盾する状況に置かれている。この点でSchön（1983）は省察を，専門家が試行錯誤を繰り返して現場のとっさの判断を行う実践の知（行為の中の省察）と，意図的に振り返り，学習したことを棄却し，それを編み直すプロセス（行為に基づく省察）に分け，人間中心性を強調した（Krippendorff 2006）。また近年では，人工物の科学の研究潮流として，Simonの弟子であるSarasvathy（2008）が提唱するエフェクチュエーションが注目されている（原田ほか 2020）。

(2) サービス・デザイン

　Shostack（1982; 1984）が提唱したサービス・ブループリント研究は，当初，サービス組織の効率性や失敗点の識別に焦点を当てていた。その後，サービス・デザイン研究では，顧客に焦点が向けられ，カスタマージャーニーにおける各々の顧客接点で優れた顧客経験を創出するようなサービス組織の在り方として議論されていった（Bitner et al. 2008; 武山 2017）。サービス・デザインの鍵概念として，Reason et al.（2016）は①デザイン思考，②顧客調査そして③視覚化されたストーリーテリングをあげている。またStickdorn et al.（2018）もサービス・デザインの原則として，①人間中心，②共働的であること，③反復的であること，④リアルであること，そして⑤ホリスティックであることをあげている。

(3) デザイン思考家のためのデザイン思考

　デザイン思考家を対象にしたデザイン思考は，IDEO や d.school において体系化された（奥出 2013）。デザイン思考のリーダーであるデザイン・コンサルティング会社の IDEO は 1991 年の合併を機にしてスタートし，サービス・デザイン，インタラクション・デザイン，エクスペリエンス・デザインなどが実施された。そして 2005 年 8 月にビジネスウィーク誌でデザイン思考が取り上げられ，注目を浴びた。ここでのデザイン思考は人間の活動のデザインに注目する考え方であり，問題解決の創造的な思考方法である（Brown 2009）。イノベーションの創出を強調するデザイン思考は，事業体において周辺的な位置づけから中心的な位置づけを得るようになってきていると指摘されている（Dunne 2018）。デザイン思考の領域は，製品開発，サービス開発，組織開発やコミュニティのやっかいな問題にまで対象を広げている。こうしたデザイン思考では問題解決プロセスにおいて，共感，問題の発見と定義，開発と提供の段階で，アイデアの発散と収束を繰り返し，迅速なプロトタイプの開発とそれを通じて顧客と対話し，修正のフィードバックを行うものである（Hands 2017）。

（4）S-Dロジックとデザイン思考との接点

S-Dロジックは人工物の科学を含めたデザイン思考の研究潮流（Dunne 2018）よりも後で提唱されたものであるが，近年のデザイン思考の研究においてはS-Dロジックからの影響が見受けられる。たとえばサービス・デザイン研究者のPinheiro（2014）はVargo and Lusch（2004a）に依拠して，企業は顧客と協力し，顧客から学習することを重視する。そして価値は企業が決定するのではなく，顧客が定義し，顧客とともに共創する点を強調している。さらにWetter-Edman（2010）は，S-Dロジックは概念的な枠組みであるので実装が難しいが，デザイン思考家のためのデザイン思考は実践的な概念であることから両者は補完的であると主張している。

これらの見解については，アクターの置かれる文脈への理解，問題解決を図るための価値共創概念の強調などの共通点が見出せる。他方でS-Dロジックが提唱された初期の段階から今日の段階までの間に基本的前提は継続的に修正され，その内容は大きく変化している（Vargo 2018b）。したがって上記のPinheiro（2014）やWetter-Edman（2010）の見解は，2009年を境に修正されてきたS-Dロジックの内容と乖離が生じるように思われる。換言すれば，彼らの主張にはS-Dロジックのアクター・ネットワーク，サービス・エコシステムおよび制度的ロジックなどの視点が十分に反映されていないといえる。

上記の点について，S-Dロジックとデザイン研究の潮流との関連を探るうえではVargo and Lusch（2017）が手掛かりになる。そこでは，S-Dロジックがマーケティングの領域のみならず他の学問領域においても普及していることが指摘された。同様にS-Dロジックと他の学問領域が相互に関連してきたと主張され，その例としてサービス・デザインやデザイン思考が取り上げられている。この点でVargo and Lusch（2017）はChen and Vargo（2010）とKimbell（2011）の研究業績を参考にあげている。

まずChen and Vargo（2010）はCRMとサプライチェーンの情報システム設計を「サービス志向」に移行させる問題として取り上げている。こうした

情報システムのデザイン問題に関して，彼らは前述の Simon（1996）流の限定合理性を基礎にした人工物の科学としてのデザイン思考をトップダウン・アプローチ的であり，G-D ロジック的であると批判した。この問題を克服するためにシステム・デザインにおける集合知の重要性を指摘し，S-D ロジックの適用を主張した。さらに Chen and Vargo（2010）は，注目すべき人工物の科学としてのデザイン思考について Sarasvathy（2008）のエフェクチュエーションをあげている。

　続いて，デザイン思考やサービス・デザインの研究者である Kimbell（2011）の主張には S-D ロジックとの整合性があることを Vargo and Lusch（2017）は指摘している。そこで彼らは，「社会物質的な配列の中での多様なアクター間による新しい種類の価値リレーションを創出する目的で探索プロセスとしてサービスのためのデザインを考察するために S-D ロジックを参考にする」（Vargo and Lusch 2017, p.58）と述べている。

　上記のことから S-D ロジックはデザイン思考に影響を与えていることがわかるが，他方でデザイン思考から S-D ロジックへの影響も認められる。しかし，S-D ロジックにおける，①Chen and Vargo（2010）が注目するエフェクチュエーションの有用性や，②Kimbell（2011）のいう社会物質的な配列のもとでのアクター間のリレーションシップとは何を意味するのかは十分に明らかになっていないといえる。さらに上記の 2 点を踏まえて，S-D ロジックの「デザイン思考」には社会をデザインするという含意も示されるという点から，ある種の「設計主義的思想」に通じるものがある（Hayek 1988）。設計主義の立場に立った時に，複数のアクターがネットワークを形成し相互作用を通じて価値共創する社会的状況において，どのような範囲にまでデザイン思考が適用されるのだろうか。こうした点で S-D ロジックにおけるデザイン思考の意義やその限界点は明らかになっていない。そこで本章のリサーチクエスチョン（以下，RQ）は次の 2 つに設定する。

RQ1：S-D ロジックにおけるエフェクチュエーションの意義

RQ2：S-D ロジックにおけるサービスのためのデザインの意義

　上記の2つの RQ を解明するために本章では Lusch and Vargo（2014）を中心的な検討素材として取り上げる。それは，Lusch and Vargo（2014）では Sarasvathy（2003; 2008），Sarasvathy et al.（2008）や Read et al.（2009）が参照され，市場を駆動するプロセスとしてのエフェクチュエーションの考えが取り入れられているからである。また同様にサービス交換，資源統合，制度，サービス・エコシステムやイノベーションについても Lusch and Vargo（2014）において網羅的に記述されている。

第2節 ╱ S-Dロジックの諸概念

　Lusch and Vargo（2014）では，アクター，資源統合，サービス・エコシステム，構造化理論そしてイノベーションの創出などの議論を展開している。ここではデザイン思考との関わりでこれらの概念を検討する。

（1）アクターの概念

　アクターとはエージェンシーを保持するエンティティのことである（Lusch and Vargo 2014）。ここでのエージェンシーとは目的を持って行動するための能力のことである。Lusch and Vargo（2014）は人的アクターに焦点を置いている。アクターは顧客であり，事業体や政府などでもある。そしてアクターは，公的セクター，私的セクター，市場セクターから獲得したオペラント資源（知識やノウハウ）を自ら有するオペラント資源に統合し，価値共創を行う。このことからアクターは資源統合者である。アクターは現在に身を置いており，日々の存在を特徴づける習慣の中におり，その習慣のほとんどはプラクティスを包含している。そしてアクターは自らの将来を投影し目標や将来の望ましい状態を設定することができる。

　アクターはより専門化し，それによって自身が埋め込まれたシステムの生存可能性を高めるために，サービスを交換し，資源を統合し，さらには資源を創造し，使用する。それゆえ，すべてのアクターは価値中心的で，エフェクチュアルで進取的な資源統合アクターである（Lusch and Vargo

2014）。

　また文脈価値の概念は，ある特定の文脈に基づいて価値が判断されることを意味する。言い換えれば，資源は時間，空間，社会的境遇といった文脈の中で当該アクターによって適用され評価される。したがってS-Dロジックではサービス受益者としてのアクターが最も重要な資源統合者である（Lusch and Vargo 2014）。

（2）資源統合の概念

　すべてのアクターは知識やノウハウを意味するオペラント資源を統合して価値共創する。ここでアクターは，価値提案を通じて資源統合を行う"供給"源でもあり，他方で特定の状況の問題に対応するために資源統合を行う"需要"源でもある。この資源統合の鍵となるのが，資源の配列を意味する"資源密度"である。この資源密度は，ある特定の時間と場所で，当該アクターが価値創造するために資源を集結させることである。資源密度を最大化させるには，当該アクターが実現できる最大の価値を創造するために集結させた最も上手な資源の組み合わせを達成することが要求される（Lusch and Vargo 2014）。

　Lusch and Vargo（2014）によれば，資源統合は資源創造という結果に至るという。つまり，新しい資源が創造されると，この資源は他の資源と統合され，資源統合と資源創造のプロセスが繰り返されるとしている。資源と資源統合によって追加的な資源が創出され，これが漸進的なイノベーションにつながる。また追加的資源は新市場を生み出す急進的なイノベーションにつながることもある。

（3）サービス・エコシステム

　これまでVargoらは企業や家計などについてサービス・システムという用語を用いてきた（Cf. Vargo, Maglio and Akaka 2008）。しかし，Edvardsson et al.（2011）によってサービス・システムはその文脈として社会的制度を反映していないことが批判された。そこでS-Dロジック（Cf. Lusch and Vargo

2014）では Giddens（1984）の構造化理論を適用し，サービス・エコシステム概念を提示した。サービス・エコシステムとは，「共通の制度的ロジックとサービス交換を通じた相互的な価値創造によって結びつけられた資源統合アクターからなる相対的に自己完結的で自己調整的なシステムである」（Lusch and Vargo 2014, p.183; 訳書, p.216）。

　上記のサービス・エコシステムの制度に関して，Lusch and Vargo（2014）は North（1990）の制度の概念に依拠している。つまり制度は政治，経済，社会的な制約を意味する。制度は道徳や慣習，伝統やタブーなどの非公式的制約と，各種の法律などの公式的制約から構成される。要するに，制度はゲームのルールである。ここで重要なことは，アクターが制度を資源統合する際の資源の一種として捉えている点にある。つまり，サービス・エコシステムの制度を通じて，当該アクターは自己の資源との交換を通じて他者のオペラント資源を統合することが円滑になるのである。さらにアクターは意味形成と行動のための規則，手順，そして方法の集合としての社会的プラクティスを開発することで資源統合や価値共創を行っている（Lusch and Vargo 2014）。

（4）構造化理論とイノベーション

　Lusch and Vargo（2014）は構造化理論の二重性（Giddens 1984）におけるアクターに焦点を置いている。それは，人的アクターたちは彼らが身を置いている構造の一部をなす社会的ルール（制度），規範などの範囲内で行動するが，他方で人的アクターは自己と他者にとっての価値を創造するプロセスでアクター自身が身を置く構造を修正する社会的プラクティスを遂行する。つまり Lusch and Vargo（2014）は，アクター自身が構造を形成し，再形成する側面に着目するのである。

　Lusch and Vargo（2014）によれば，S-D ロジックの構造化された世界では，"環境"はイノベーションのための場であり，しばしば構造転換がその手段となる。価値創造はルールや資源リレーションシップの変更によって引き起こされる。例えば，インターネットによって台頭してきた事業体や，イ

ンターネットを駆使している事業体などは，顧客が交換のために利用する多くのルールや資源といった構造を効果的かつ大胆に転換した。このように，社会構造を理解することがサービス・エコシステムという社会システム内での文脈的な価値共創と資源統合を理解するうえでの重要な要素であるとLusch and Vargo（2014）は主張する。

　上記の「環境」を示唆するサービス・エコシステムにおけるイノベーションについて，Lusch and Vargo（2014）はミクロ・レベル，メソ・レベル，マクロ・レベルの間での観点を使い分けることが重要であると指摘する。価値創造は，共有され制度化されている構造における文脈の中で複数のアクターによって複数の資源を統合することである。またその構造はより下位のレベルで生じたイノベーションによって影響を受けたり，修正されたりする。

　イノベーションは既存のサービス・エコシステム内のより上位のレベルの構造に疑問を投げかけることで，既存のエコシステムを変換させ，それがメインストリームになっていく。つまりイノベーションは新しいものを発明するのではなく，プラクティスを脱制度化したり再制度化したりする機会を発見することなのである（Lusch and Vargo 2014）。

　サービス・エコシステム内ではアクター同士は価値提案によって結び付けられる。ある特定の状況に対する資源密度を創造し高めるために，アクターとしてのS-D 事業体は利用可能な資源を分割し，また再統合できる。つまり，S-D 事業体は顧客のために密度の創造に焦点を当てたサービス・エコシステムを形成し，デザインするのをサポートするために，他のアクターの役割や資源を調整することができるのである。また顧客も資源統合に加えて資源を分割し，再統合することを通じて顧客自身の密度を創造する。このように，アクターがサービス・エコシステム内で資源統合の在り方をどのように新しく組み合わせていくかによってイノベーションが創出されることを意味している（Lusch and Vargo 2014）。

（5）S-D事業体によるデザイン

　アクターとしてのS-D事業体は自身の顧客やその他の利害関係者たちととも
もに価値を共創するための方法に焦点を当てる。それは当該アクターを取り
巻くサービス・エコシステムの開発をリードすることによって問題の解決が
なされる。S-D事業体は相互連結されたサービス・エコシステム内での多様
な視点によって自身がどのような方法で価値を創造できるのかを理解するこ
とに焦点を当てる。この点でLusch and Vargo（2014, p.191; 訳書, p.225）は
役割概念に注目し，S-D事業体は各々のアクターの制度化された役割や責任
に配慮し，新しい役割や責任を共創し，制度化する可能性を指摘している。

　上記の点からアクターとしてのS-D事業体は自己が保有するエージェン
シーによってサービス・エコシステムをデザインできるとする。そしてオペ
ラント資源と価値共創を重視するS-Dロジックでは，S-D事業体がサービス
を提供したいと考える市場のいくつかの局面を単に予測するのではなく，ア
クターたちが相互作用しながら，アクターは市場を共創し，そしてそれら市
場のいくつかの局面を創造し，ある程度，影響を及ぼしていると主張する。
つまりLusch and Vargo（2014）によれば，将来を予測する最善の方法は，
将来をデザインすることである。

　S-Dロジックにおける戦略的な示唆はイノベーションと市場創造，つまり
他のアクターたちの価値創造プロセスをサポートし，他のアクターとのコラ
ボレーションを通じた価値提案の創造に関係している（Lusch and Vargo
2014）。

　S-Dロジックでは，サービス・エコシステムを含めた他の資源に対するア
クターの影響力に焦点が置かれる。ここで企業，顧客，その他の利害関係者
のようなアクターはエージェンシーを保有している。そのため，アクターは
環境から影響を及ぼされるだけでなく，アクターらの環境に影響を及ぼす能
力を保有している。つまり，アクターとしてのS-D事業体は環境に適応する
ことに焦点を当てるのではなく，制度変更も含めた市場の変化自体に影響を
及ぼすことができることを示唆している。このように，アクターとしての

S-D 事業体が将来を予測しようと試みることよりも，アクターによって自らの将来をコントロールするために資源を配列し，統合することがデザインなのである（Lusch and Vargo 2014）。

第3節／議論と示唆

(1) S-Dロジックとエフェクチュエーション

　これまで見てきたように，アクターは制度によって制約を受けるがエージェンシーによって環境に影響を及ぼせることが示唆された。既述のようにLusch and Vargo（2014）は，将来は予測するものではなくデザインするものと主張する。この点で，Lusch and Vargo（2014）は予測というよりもむしろ市場を駆動するという起業家のエフェクチュエーション（Sarasbathy 2003; 2008; Sarasbathy et al. 2008）に依拠している。エフェクチュエーションの要点としてSarasbathy（2008）は，F.H. Knightの不確実性における第3の不確実性に焦点を置いた。そしてこの不確実性への対処のために起業家が能動的に働きかけることで市場を"局所的に創出すること"を見出した。この点で起業家は自己の「手持ちの鳥」を活用して許容可能な損失の範囲の中で市場に働きかける。そしてその状況について省察し，次の打つ手を見極めて「キルティング」を行う。こうした省察を導くには，「レモン（粗悪品）をつかまされた場合にはレモネードをつくる」といった発想の転換，すなわちリフレーミングが必要になる。そして「飛行中のパイロット」のように，進行していく状況について注意深く目を配ることが重要となる（栗木 2018）。

　上記の点でエフェクチュエーションとS-Dロジックの関連についてLusch and Vargo（2014）は，以下のように述べている。

　第一に，S-Dロジックは，アクターたちは不確実な世界の下で事業を営んでいるが，彼らは自身の行動を通じて学習しており，ある程度，その過程で彼ら自身の新しい環境を創造していると捉えている。しかし彼らアクターたちは，

決して完全には自身の新しい環境を創造することはできない。その理由は，構造化理論に合致して，構造がアクターたちに可能性を与えたり制約を与えたりするからである。第二に，S-D ロジックでは，価値の共同生産と共創には他のアクターたちとのコラボレーションが含まれており，この考え方は，自分は誰を知っているのか，そして成果を生み出すために自分が知っている他のアクターと一緒にどのように仕事をしたらよいかに焦点を当てているエフェクチュエーション理論と同じである。(Lusch and Vargo 2014, p.26; 訳書, pp.31-32)

　上記のように，S-D ロジックはエフェクチュエーションの考え方を取り込み，当該アクターがオペラント資源を用いて他のアクターに影響を与え，ある程度まで環境創造できるという発想を持っていることがわかる。つまりサービス・エコシステムのもとで，あるアクター個人がある程度，環境を創造できる，すなわちデザインできるという創発的デザインからのボトムアップ（佐藤 2018）に光を当てている。

(2) サービスのためのデザイン

　ここまでのS-D ロジックにおける議論と，Kimbell (2011) を照らし合わせると，「社会物質的な配列」の含意は，サービス・エコシステム内の制度や慣習，技術や製品，他のアクターなどの社会歴史的な文脈の中に分布するオペラント資源を当該アクターが統合するための配列パターンであるといえる。このことからアクターが自身ないし顧客のためにサービス・エコシステム内での資源密度を最大限に発揮させるような資源統合の配列パターンを新たに編成し直すこと，つまり新たなリレーションを形成することがS-D ロジックのデザインの問題であると位置づけられる。このように，アクターは特定の問題状況に対応して，資源密度を最大限に高めるためには，既存の資源の配置パターンを変えるための，新たなリフレーミングを行うことが重要になってくる。これは前述の Chen and Vargo (2010) が主張した集合知の活用とも関連するといえるし，これは「システム的転回」（Vargo 2018b）にかかわってくるともいえよう。そしてこうした考え方は，「サービスのため

のデザイン（design for service）」（Kimbell 2009; 2011）という概念に連なってくる。上記のサービスのためのデザインに関連して，Kimbell（2009）は，価値共創における顧客の重要性や経済はすべてサービス経済であるという S-D ロジックの考え方に影響を受けている。この点で，サービスのためのデザインは，あるサービスが別のサービスと交換されるダイナミックなシステムと経験を構想し，計画し，実現することであるとしている（Kimbell 2009）。同様に，Kimbell（2009）はサービスのためのデザインの特性を以下の3点に見出している。

- サービスのためのデザインの中に顧客が加わることと，そしてダイナミックな相互作用のプロセスを経ることから必要な不確定性が存在する。
- サービスの価値は，利害関係者のプラクティスを通じて共創される。
- サービスのためのデザインは，Buchanan のデザインの4つの秩序（シンボル，モノ，行為，思考）を支える活動となる。

このように Kimbell のいう「サービスのためのデザイン」は Shostack 流のサービス・デザインではない。むしろそれは S-D ロジックの単数形のサービスをすべての交換の基盤として位置づけ，「サービス交換を通じた価値創造」に着目したデザイン問題なのである。そういった意味からすれば，顧客を含めた資源統合者としてのアクターはすべて "デザイナー" なのである。

おわりに

本章は S-D ロジックとデザイン思考の関係について検討した。まず RQ1 については S-D ロジックはデザイン思考における Sarasbathy のエフェクチュエーションの考え方（人工物としての市場）を取り入れることで，環境をある程度，創造できるというミクロからマクロへの方向性を提示できるようになった。

続いて RQ2 に関して Kimbell のデザイン思考は S-D ロジックのサービス概念や価値共創の概念に大きな影響を受けている。S-D ロジックではサービス

受益者としてのアクターの資源統合と価値共創に焦点を置いている。そして
アクターが特定の問題状況に対応するために資源密度を最大化する資源統合
のパターンの新たな在り方，つまりサービス・エコシステム内のオペラント
資源のリレーションを新たに組み変えて資源密度を最大化することをイノ
ベーションとして捉えている。それゆえ，S-Dロジックにおけるデザイン思
考は，「サービス交換を通じた価値創造」に関わるデザイン問題と位置づけ
られる。

　こうした点を踏まえて，設計主義的な観点でいえば，サービス・エコシス
テム（「制度」）のもとでアクターという「個人（主として S-D 事業体を想定）」
が環境を能動的にデザインするという主張については，Lusch and Vargo
（2014）自身もサービス・エコシステム全体をデザインできるのではなく，
"ある程度まで"可能であると主張している。しかし，Lusch and Vargo
（2014）はどのような条件であれば，アクターがどの程度までサービス・エコ
システムをデザインすることが可能であるかを明示していないといえよう。
この点でサービス・エコシステム内には多様な利害関係者が存在する。
Lusch and Vargo（2014）は役割を一種の資源として捉えて注目し，アク
ターとしての S-D 事業体が利害関係者との新たな役割と責任の共創，そして
利害関係者とのコラボレーションを通じて価値提案を創造する意義を述べて
いる。しかし各利害関係者は各々の目的を有しており，それらの役割を変更
するのは必ずしも容易ではないと考えられる。したがって，S-Dロジックに
おける利害関係者間の利害を調整するメカニズムについての言及は不明瞭な
ように思われる。

　また同様に，アクターとしての S-D 事業体がサービス・エコシステム内の
他のアクターに働きかけること（デザイン行為）によって，意図せざる結果
が生じる場合があるようにも思われる。そして最後に，Vargo（2018b）は以
下のように述べている。

　　Vargo and Lusch（2017）は，一般的にそれを制度化のプロセスにさらに拡
　　張している。実際面で，このプロセスは「制度的ワーク」といったようなもの

として概念化される。そこではアクターによる制度の維持，分裂，および創造のようなものとして概念化されることがよくある（Lawrence et al. 2009a）。それはまた，「デザイン思考」や「サービスのためのデザイン」の文献でデザイン機能としてますます認識されるようになっている（Kimbell 2009; Wetter-Edman 2014）。（Vargo 2018b, p.724）

　上記で提唱される制度的ワークの概念において，制度を新たに創造するという面ではエフェクチュエーションによる局所的な環境創造が関連するといえる。しかし，新たに創出された制度が既存の制度に取って代わって普及し，安定化していくメカニズムについては，これまで検討したように明確ではない。今後は，これらの問題点を克服することがS-D ロジックをより豊かなものにさせるといえよう。

第8章

顧客経験とS-Dロジック

はじめに

S-Dロジックにおいて，顧客が独自にかつ現象学的に判断する価値は文脈価値と呼ばれ，それは顧客経験と深く関係する（Lusch and Vargo 2014）。したがって，顧客経験はS-Dロジックで重要な概念と考えられる。S-Dロジックの開発や精緻化に向け，顧客経験（または文脈）に関する検討は数多く展開されてきており，その研究蓄積は進んでいる（例えば，Akaka and Vargo 2015; Akaka et al. 2015; Chandler and Lusch 2015; Helkkula et al. 2012）。

また，顧客経験は，マーケティングやサービス研究における重要なテーマの１つとなっている。S-Dロジックの議論が進展するにつれ，顧客経験研究にS-Dロジックのアプローチを採用する研究も現れるようになってきた（Jaakkola et al. 2015）。特に近年の顧客経験研究は，ダイアドからエコシステム視点へ，プロバイダー中心から顧客中心的視点へ移行する傾向にある。しかし，顧客経験概念に関する共通理解は存在していない（Becker and Jaakkola 2020）。

そこで，本章では，S-Dロジックにおける顧客経験について整理するとともに，顧客経験研究の課題およびその可能性について検討することを目的とする。本章の構成は以下の通りである。まず最初に，S-Dロジックにおける経験の特徴について整理する。次に，既存の顧客経験研究とS-Dロジックをベースとした顧客経験研究の研究上の焦点について確認する。最後に，これまでの検討を踏まえたうえで，顧客経験研究が抱える課題および今後の研究の方向性を提示し，本章をまとめる。

第1節／S-Dロジックにおける経験の特徴

　顧客の経験や体験という側面に注目した先駆的研究として Holbrook and Hirschman（1982）をあげることができる（Helkkula 2011; Carù and Cova 2003）。Holbrook and Hirschman 以降，多くの研究者によって顧客経験に関する研究が進められてきたが，それらの研究は，非日常的体験や至高体験などを強調する快楽的消費を対象としたものが多い（Helkkula 2011; McColl-Kennedy et al. 2015）。さらに，S-D ロジックの登場により，マーケティング分野でも顧客経験について検討する研究が増えてきているが，その焦点は伝統的な顧客経験研究とは少し異なる。そこで，本節では，S-D ロジックにおける経験について整理していく。

（1）なぜ経験に注目するのか

　S-D ロジックでは，多様なアクターとのサービス交換により，価値が共創されると捉える（Vargo and Lusch 2017）。つまり，S-D ロジックはアウトプットを生産することから顧客にとってのベネフィット，いわゆる文脈価値を共創することへ焦点をシフトさせた（Lusch and Vargo 2014）。このように，価値共創はS-D ロジックにおける重要な概念となる。そして，S-D ロジックの四番目の公理（基本的前提10）が示すように，サービス交換は，顧客毎に異なる経験を生じさせ，共創される文脈価値は，受益者であるアクターにより常に独自に現象学的に判断される（Lusch and Vargo 2014; Vargo and Lusch 2008a）。特に，Vargo and Lusch（2008a）は，経験的ではなく現象学的という用語を用いた理由について，経験という言葉には，「ディズニーランドのイベント」といった企業が事前的にデザインし提供するオファリングを連想させるからであると主張する。しかし，現象学的な意味を意図しているものである限り，現象学的と経験的という言葉は同じ意味となる（Vargo and Lusch 2008a）。

　そして，Lusch and Vargo（2014）は，経験を通じて価値が創造される点

を強調し，サービス受益者は経験の中でさまざまな資源を統合していると主張する。この指摘は，研究者たちの関心を文脈価値へ向けさせることとなった。しかし，文脈価値が，モノそれ自体の中には存在せずモノとの関係やモノとの経験を通じ，受益者であるアクターにより独自に知覚されることを踏まえれば，文脈価値が生成される場となる経験は，重要な概念であると考えられる。また，Vargoは，S-Dロジックのナラティヴを開発するうえで，経験をナラティヴの一部にする必要があると述べ，S-Dロジックにおける経験概念の重要性を指摘する（Jaakkola et al. 2015）。

(2) 顧客経験とは何か

　消費者行動研究やマーケティング研究において顧客経験に関する研究蓄積がなされてきたが，その顧客経験概念に統一的な定義はなく曖昧なままである（Carù and Cova 2003）。S-Dロジックやサービス・ロジックの研究者たちは，経験を主観的で文脈特有で現象学的なものと捉え，価値は経験を通じて出現すると考える（Grönroos 2011; Vargo and Lusch 2008a）。Jaakkola et al.（2015）は，S-Dロジックや消費文化理論，サービス・マネジメントといった顧客経験を取り扱う各研究分野における顧客経験の特徴について整理し，多様な次元から構成される顧客経験の統合的フレームワークを提示した（図表8-1）[(1)]。

　図表8-1の右側がS-Dロジックの顧客経験に対する次元となる。その特徴は，3つに分類することができるであろう：(1) 顧客経験は顧客中心的で主観的性質を有する，(2) 顧客経験は関係的（または社会的）性質を有する，

[(1)] Jaakkola et al.（2015）は，サービス・マネジメント，S-Dロジック，サービス・ロジック，消費文化理論，サービス・イノベーションおよびサービスデザイン分野を対象とした統合的文献レビューに加え，それらの分野を代表する研究者から得られた意見に基づき，既存の顧客経験に対する観点について整理している。意見を求められた研究者たちは以下の通りである。Eric J. Arnould教授（University of Southern Denmark，消費文化理論），Bo Edvardsson教授（Karlstad University，サービス・イノベーション，サービスデザイン），Christian Grönroos教授（Hanken School of Economics，サービス・ロジック），Jay Kandampully教授（Ohio State University，サービス・マネジメント），Hope Jensen Schau准教授（University of Arizona，消費文化理論，S-Dロジック），Stephen L. Vargo教授（University of Hawaii，S-Dロジック）。

図表8-1　顧客経験の次元

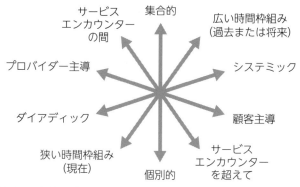

サービス
エンカウンター
の間

集合的

広い時間枠組み
(過去または将来)

プロバイダー主導

システミック

ダイアディック

顧客主導

狭い時間枠組み
(現在)

個別的

サービス
エンカウンター
を超えて

出所：Jaakkola et al. (2015).

(3) 顧客経験はあらゆる場面で現れる。

① 顧客経験は顧客中心的で主観的性質を有する

　すでに述べたように，Vargo and Lusch (2008a) は，顧客の価値創造について説明する際に，経験的ではなく現象学的という言葉を使用しながら，顧客経験を快楽的および功利的なものとして概念化する（Akaka and Vargo 2015）。この経験に対する現象学的観点は，交換価値よりも文脈価値を重視する（Akaka et al. 2015）ため，その文脈価値を知覚する主体である顧客中心的な観点から経験を捉えることになる。つまり，顧客経験は，企業ではなく顧客によって独自に文脈的に経験され創造される点が，強調される（McColl-Kennedy et al. 2015; Vargo and Lusch 2008a）。したがって，企業は，顧客経験を事前にデザインし管理することはできない（Heinonen et al. 2010）。

　また，Dube and Helkkula (2015) や Meyer and Schwager (2007) は，顧客経験を，企業からの直接的または間接的な刺激に対する顧客の固有で主観的な反応や解釈であると捉える。顧客経験は，個人的・社会的に決定され本質的に主観的なものであり，顧客の感情から切り離すことは難しい（Helkkula 2011; Heinonen et al. 2010）。同様に，経験の主観的性質を強調するEdvardsson et al. (2005) も，顧客経験を顧客の認知的・感情的・行動的反応

を作り出すプロセスであり精神の現れや記憶をもたらすものであると定義する。

②　顧客経験は関係的 (または社会的) 性質を有する

　顧客経験は主観的であり各顧客固有のものであるが，それに加えて関係的な性質も併せ持つ (Jaakkola et al. 2015; Helkkula 2011; Lipkin and Heinonen 2015)。ここでいう関係的とは，S-Dロジックの公理2 (基本的前提6)「顧客は常に価値の共創者である」と公理3 (基本的前提9)「すべての経済的および社会的アクターが資源統合者である」に関連する。これらの公理で強調されるのは，顧客は特定の文脈でオファリングを使用することで文脈価値を高める点，そして，顧客は，特定のサービス・プロバイダー (例えば企業) や他のサービス・プロバイダー (例えば，友人や公的機関) といったさまざまなアクターから入手可能な資源を統合する点である (Lusch and Vargo 2014)。したがって，関係的性質とは，顧客経験が特定の企業との直接的な相互作用だけに基づいているのではなく，それ以外の多くのアクターからも影響を受けていることを示している。

　さらに，顧客経験は，顧客の資源統合に関連する多くのアクターの存在だけでなくオファリングの使用文脈にも影響を受ける。また，顧客経験は，時間，文脈，社会で共有された意味にも左右される点が指摘される (Chandler and Lusch 2015; McColl-Kennedy et al. 2015)。Akaka and Vargo (2015) やAkaka et al. (2013) は，経験はあらゆるサービス交換に関連しており，その経験は独自的でありつつも社会的構造や規範，文化およびそれらの変化に依存する点を示唆する。S-Dロジックがサービス・エコシステムや制度論，プラクティス理論を取り込みつつ進展していることを踏まえれば，このようにシステムレベルから顧客経験をより包括的に理解しようとすることは，当然であると考えられる。

③　顧客経験はあらゆる場面で現れる

　最後の特徴は，顧客経験はあらゆる場面において出現するという点であ

る。後述するが、これまでのマーケティング分野においては、顧客経験を企業と顧客間の直接的相互作用と見なしていた。また、消費者行動分野における顧客経験の研究は、非日常的体験や至高体験などを強調する快楽的消費（例えば Arnould and Price 1993）を対象とするものが多い。しかし、S-D ロジックは、より広い観点から顧客経験を理解する。というのも、すべての経済的および社会的アクターは資源統合者である（Lusch and Vargo 2014）ため、快楽的経験に限定されず、顧客のあらゆる経験がサービス体験、いわゆる顧客経験となるからである（Akaka et al. 2015）。また、Verhoef et al. (2009) が指摘するように、顧客経験は、購買行動を超えて顧客の消費行動までも含む全体的経験であり、顧客の日常生活のあらゆる場面で現れる（Heinonen et al. 2010; Helkkula 2011）。

　それに加え、顧客経験概念は、ダイナミックで時間的側面を持つ。つまり、顧客経験は、時間とともに蓄積されていくという性質がある（Heinonen et al. 2010）。Heinonen et al. (2010) によれば、旅行という顧客経験は、実際に観光地を訪れたりホテルに宿泊したりする当該旅行体験だけに縛られておらず、過去の旅行体験や事前の旅行プランの作成において旅行について想像すること、また、数年後に当該旅行での出来事を思い出すことも含まれるという。

　ここまで、S-D ロジックや S-D ロジックに知識を付与された研究における顧客経験の特徴について整理してきた。上記３つの特徴の基盤は、顧客経験の顧客中心的性質であり、これらの特徴や性質を踏まえ、Jaakkola et al. (2015) は、顧客経験を、特定企業のサービスセッティングにおける対人的相互作用または、それ以外の対人的相互作用（例えば家族とのやりとり）が、顧客の主観的反応や解釈に影響を与える場合に発生し、また、過去・現在・未来の経験を含むことがあり、顧客やサービス・プロバイダー、他の顧客や他のアクターとの相互作用において発生すると定義する。

図表8-2　顧客経験の理論マップ

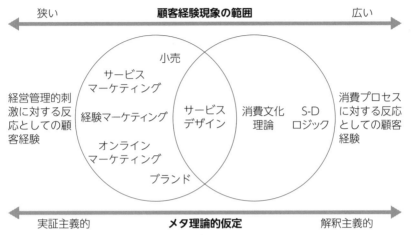

出所：Becker and Jaakkola (2020).

^第**2**^節／**顧客経験研究とS-Dロジック**

　前節では，S-Dロジックにおける顧客経験の重要性および特徴について確認した。本節では，S-Dロジックの顧客経験研究に対する貢献を明確にするために，まず，最初に，マーケティング分野や消費者行動分野において顧客経験を取り扱う研究について整理し，次にS-Dロジックをベースとする研究について概観する。

（1）顧客経験研究に関する既存研究

　顧客経験に関する研究は，大きく2つの研究伝統に分類できる（Becker and Jaakkola 2020）。それは，顧客経験を経営管理的刺激に対する反応と捉える研究群と，顧客経験を消費プロセスに対する反応と捉える研究群である（図表8-2）。前者はサービス・マーケティングや小売マーケティング，後者には消費文化理論やS-Dロジックが含まれる。本項では，前者の特徴について簡単に整理していく。

　顧客経験を経営管理的刺激に対する反応とする研究群は，顧客経験を主に企業によって事前にデザインされ顧客に提供されるものであると考える（例えば，Berry et al. 2006; Hamilton and Wagner 2014）。例えば，サービス・マーケティング分野でのサービス・ブループリントに関する議論では，顧客は企業から提供された経験を受動的に消費する存在であると仮定され，企業や組織のダイアディックで一方向的な観点に基づいた議論が展開されてきた。特に，企業と顧客間における直接的相互作用は，顧客経験を提供する重要な場となる。そこで，Prahalad and Ramaswamy（2004）は，戦略的視点から，企業と顧客の相互作用に注目し，経験の共創という概念を提示する。彼らは，顧客との相互作用の中で，経験を管理しながら，顧客に体験を提供することが，企業にとって重要であると主張した。なぜなら，素晴らしい顧客経験の創造が企業の競争優位となるからである（Prahalad and Ramaswamy 2004）。したがって，この研究群は，他社より優れた顧客経験の設計や管理のために，経験に影響を与える要因の特定や，経験とその成果となるロイヤルティや顧客満足度との関係を理解しようとする傾向がある（Verhoef et al. 2009）。

　また，この研究群では，顧客との直接的相互作用を経験と見なすため，その分析対象もダイアディックな相互作用に限定される。例えば，サービス・マーケティング分野においては，サービス・エンカウンター（Bitner 1990）に注目し，小売マーケティング分野では，小売業者との直接的相互作用や商品との相互作用（Verhoef et al. 2009）に注目する。

　以上のように，この研究群は，企業が顧客経験を管理するという発想であるため，マネジリアル志向であり，その研究上の焦点は，現象としての顧客経験というよりむしろ，顧客経験を基盤とする企業のマーケティング行為にあるといえる（McColl-Kennedy et al. 2015）。したがって，この研究群に属する研究分野においては，企業と顧客間のダイアディックな関係に注目し，プロバイダー中心的な視点から，企業が顧客経験を一方的にデザインしコントロールするという静的な側面が強調される（Meyer and Schwager 2007）。

(2) S-Dロジックをベースとした顧客経験研究

　経営管理的刺激に対する反応として顧客経験を捉える研究群とは異なり，S-D ロジックの枠組みを適用する研究群は，顧客経験を消費プロセスに対する反応と捉える。繰り返しになるが，S-D ロジックでは，経験は，特定企業との関係ではなく，他のアクターが含まれる全体的サービスプロセスに対する反応を通じて出現する主観的現象となる。このため，顧客経験は，顧客集団といった利害関係者の範囲および規範や規則や社会歴史的構造といった制度配列からも影響を受けると理解する（Akaka and Vargo 2015）。

　したがって，この研究群は，顧客と直接的相互作用する当該企業だけでなく，他の多様なアクターと，そのアクターから構成されるサービス・エコシステムといったネットワークと顧客経験との関係に注目する。

　例えば，初音ミクを事例とした田口（2017）の研究では，歌声合成ソフトウェア「初音ミク」を使用する顧客の経験は，焦点顧客とソフトウェア開発・販売会社だけでなく，友人や知人，ニコニコ動画の視聴者といった顧客ネットワークや，技術提供会社やニコニコ動画の運営会社から提供されるプラットフォーム，フィギュアメーカーといった供給ネットワークに存在するいろいろなアクターによって共創されることが描かれる。同様に，McColl-Kennedy et al.（2012）の研究では，患者と担当医だけでなく看護師，執刀医，栄養士，サポートグループ，パーソナルトレーナーといったアクターを分析枠組みに入れ，患者の行動や経験を明らかにしようと試みた。

　また，この研究群は，顧客中心的視点を重視し，消費プロセスにおいて顧客経験に貢献するあらゆる刺激に注目することから，市場に関連しないプロセス（例えば自宅での夕食；Carù and Cova 2003），いわゆる顧客の生活世界（Heinonen et al. 2010）も研究の射程となる。

　例えば，Mickelsson（2013）は，顧客の活動を，コア活動（焦点サービスプロバイダーとの直接的相互作用），関連する活動（他のプロバイダーとの相互作用等），他の活動（顧客の価値創造に影響を与えるが，直接的には関係のない活動）に分け，それぞれの活動が相互に関連し合いながら，経験が形成される

点を描こうとする。

　また，Lipkin and Heinonen（2015）は，ナイキプラスといったランニングトラッキングモバイルサービスの顧客経験について経験的研究を行った。その中で，生活スタイルや過去の消費経験，習慣，ランニング仲間といった顧客自身が保有する資源が，顧客のランニング経験に大きな影響を及ぼすことが明らかとなった。彼女たちは，顧客のランニング経験や知覚する価値は，アプリ提供企業のコントロールが及ばないところで変化する傾向にあると指摘する。同様に，大藪（2020）は，総合楽器小売企業が経営する楽器教室に通う顧客の経験についての質的分析から，現在の楽器演奏をめぐる顧客経験を「企業の直接的影響下にある経験」と「企業の外側にある経験」の2つに分類する。さらに，その2つの経験は，相互に影響を与え合う関係にある点を明らかにした。

第3節／顧客経験研究の課題と今後の方向性

　ここまで，S-D ロジックにおける経験の特徴や既存の顧客経験研究の2つの研究伝統について確認してきた。そこで，これまでの整理に基づき，本節では顧客経験研究に対する S-D ロジックの貢献点および顧客経験研究が抱える課題と今後の研究トピックについてまとめる。

（1）顧客経験研究に対するS-Dロジックの貢献

　すでに確認したように，S-D ロジックにおける顧客経験は，（1）顧客中心的で主観的性質を有する，（2）関係的（または社会的）性質を有する，（3）あらゆる場面で現れる，という特徴を持つ。したがって，S-D ロジックをベースにする顧客経験研究は，顧客経験の主観的側面や，顧客を取り巻くネットワーク（例えば，McColl-Kennedy et al. 2012），顧客の生活世界（例えば，Heinonen et al. 2010; Lipkin and Heinonen 2015; 大藪 2020）に着目する。近年では，顧客経験を消費プロセスでの刺激に対する顧客の認知的・感情的・行動的反応と捉え，顧客の生活世界を対象とした経験的研究が増えつつある（例

えば, Becker et al. 2020)。

　繰り返しになるが, これらの観点は, 経営管理的視点を採用し, 企業と顧客間のダイアディックな直接的相互作用という限定的な現象に注目する既存の顧客経験研究とは大きく異なるものであった。つまり, S-Dロジックは, 顧客経験研究に新たな論点やより広い対象領域を示したと考えられ, それが顧客経験研究に対するS-Dロジックの大きな貢献点である。

(2) 顧客経験研究の課題と今後の研究トピック

　S-Dロジックの登場によって, より包括的に顧客経験を理解しようとする研究の蓄積が進んでいるが, 顧客経験研究は, 少なからず以下の課題を抱えていると考えられる。

　まず第1に, 理論的アプローチの統合である。マーケティング研究において, 顧客経験は重要な概念であるが, 分野によって異なるアプローチの採用が, 研究の断片化と理論的混乱につながっている (Becker and Jaakkola 2020)。例えば, 経営管理的アプローチをとる研究において, 顧客経験は企業がデザインし管理するものと捉えられるが, S-Dロジック的アプローチをとる研究では, 顧客の主観的側面から顧客経験を理解しようとする。これらの研究は, どちらか一方の視点から顧客経験を捉える傾向にあるため, 顧客経験の現象に関連する重要な側面を見落とす可能性があるかもしれない。

　以上の理由から, 顧客経験の包括的理解のためには, 研究分野を横断して理論的アプローチを統合することが重要であると思われる。しかし, 既存の顧客経験研究をレビューし, 研究上の焦点等を整理しようとする研究 (例えば, Jaakkola et al. 2015; Lipkin 2016) はあっても, Becker and Jaakkola (2020) を除き, その統合に向けた試みはなされていない。

　第2に, 顧客経験のダイナミクスの解明である。S-Dロジックの視点を導入することで, これまであまり注目されてこなかった顧客の生活世界も研究対象となる。顧客の価値創造は, 市場での交換を通じてだけでなく, 顧客の日常生活における家族や友人を含む多様なアクターとのサービス交換により実現されることを踏まえれば, 生活世界における顧客経験について検討する

図表8-3　既存研究の課題と今後の研究トピック

既存研究の課題	今後の研究トピック
理論的アプローチの統合	● 異なる研究アプローチ間の共通点と矛盾点の整理・分類 ● 顧客経験に対する包括的観点の開発
顧客経験ダイナミクスの解明	● 過去・現在・未来（想像）の顧客経験の影響関係 ● 顧客経験の変化を促進する要因 ● ロボットなど新たなタイプのアクターとの経験
顧客経験と文脈価値の関係の検討	● 文脈価値を高める顧客経験の特定 ● ネガティブな顧客経験

出所：筆者作成。

　ことは重要な課題の1つとなるであろう。特に，顧客経験は，その顧客が有する過去の経験や想像上の経験も含まれ，時間とともにダイナミックに変化することが理論的に指摘されている（McColl-Kennedy et al. 2015）。しかし，顧客の生活世界を対象とした顧客経験のダイナミクスに関する経験的研究は不足している（Helkkula 2011）。

　また，顧客経験を変化させる要因を実証的に明らかにする研究も必要であろう。さらに，技術の発展によりペットロボットやAIスピーカーといった，これまで存在していなかったアクターが顧客の生活世界に出現するようになってきている。そのような新しいタイプのアクターとの経験についても検討する必要があるかもしれない。

　第3に，顧客経験と文脈価値の関係の検討である。顧客の文脈価値は顧客経験を通じて形成される（Lusch and Vargo 2014）。快楽消費研究では，ポジティブな経験が快楽という価値につながると主張する。また，サービス・マーケティング分野でも，顧客にとって素晴らしい経験を提供することが顧客満足や顧客ロイヤルティにつながる点が示唆されてきた。つまり，顧客経験研究においては，経験と文脈価値の正の関係を前提として理論構築がなされてきたといえる。しかし，近年の研究においては，時にはネガティブな経験が動機付けとなり，その後のポジティブな経験を生じさせたり，文脈価値を高めたりすることが明らかとなっている（Becker et al. 2020; 大藪 2020）。そこで，顧客経験と文脈価値の関係についての詳細な検討により，顧客経験

の精緻化が進むことが期待される。図表8-3は，これまでの議論に基づき，顧客経験の課題と今後の研究トピックをまとめたものである。

おわりに

　顧客経験は，S-Dロジックにおいて重要な概念である価値共創や文脈価値と密接に関わる。そこで，本章では，S-Dロジックの顧客経験について整理し，既存の研究アプローチとの比較からS-Dロジックが顧客経験研究に与えた影響や今後の研究課題について検討している。

　S-Dロジックの経験は，顧客中心性を基盤に，顧客経験の主観的性質や関係的性質，あらゆる場面で出現するという性質を持つことが明らかとなった。これらは，マーケティング分野における既存の顧客経験研究では，ほとんど注目されていなかった点であり，そのような視点からのアプローチの可能性を提示したことがS-Dロジックの顧客経験研究に対する貢献点である。しかしながら，既存のアプローチとS-Dロジックのアプローチは，お互いを補完しつつも部分的に相反することもあるため，分野を横断して両アプローチを統合する必要がある。さらに，顧客経験はダイナミックに変化したり，顧客の文脈価値に影響を与えたりする点が理論的に指摘されているものの，経験的研究の蓄積はそれほど進んでおらず，その点が，今後の研究課題となる。

第 9 章

アクター・エンゲージメント

はじめに

　エンゲージメント概念は，この 30 年間にわたり，社会を構成する主体の自発的な参加を促し，ウェルビーイングやパフォーマンスの向上，および共創行動を導くものとして，さまざまな研究分野において，その重要性が認識されてきた（Bakker and Leiter 2010; 訳書 , 2014; Brodie et al. 2011a; Vivek et al. 2012）。

　S-D ロジックに基づくサービス・マーケティング研究では，さまざまな行為主体（アクター）が複雑に絡み合う現代社会を反映して，企業－顧客 2 者間の関係性からサービス・エコシステムにおける複数のアクター間の関係性にまで，その概念領域を広げる必要性が強調されている（Vargo and Lusch 2016; 2017; Storbacka et al. 2016; Storbacka 2019; Brodie et al. 2019a; Kleinaltenkamp et al. 2019）。

　本章では，包括的な行為主体を対象とした新たな研究潮流である，アクター・エンゲージメント（actor engagement）について議論し，その特性と研究の方向性について整理する。本章の構成は次のとおりである。第 1 節では，先行研究に基づいて，エンゲージメント概念の特性について概観する。続いて第 2 節では，アクター・エンゲージメント概念の定義と鍵となる主要概念について整理する。そして，第 3 節では，アクター・エンゲージメント研究の潮流と方向性を明示する。最後に，展望を述べて本章を締めくくる。

第1節／エンゲージメント概念とは

　エンゲージメント概念は，さまざまな研究分野で探究されている。社会学では「市民エンゲージメント（civic engagement）」，心理学では「社会エンゲージメント（social engagement）」，教育心理学では「学生エンゲージメント（student engagement）」，経営学では「ステークホルダー・エンゲージメント（stakeholder engagement）」，組織行動学では「従業員エンゲージメント（employee engagement）」などの研究がある。なかでも社会心理学分野の「ワーク・エンゲージメント（work engagement）」は，長年の研究蓄積がある。社会心理学において，エンゲージメントは，「組織コミットメント」，「ジョブ・インボルブメント」，「フロー[(1)]」など従来の伝統的概念とは重なる部分もあるが，尺度開発[(2)]や精緻化がなされ，独自概念として確立されている（Schaufeli and Bakker 2010）。Schaufeli et al.（2002）は，ワーク・エンゲージメントを「活力，熱意，没頭によって特徴づけられる，ポジティブで達成感に満ちた仕事に関連のある心の状態である」（p.74）と定義している。エンゲージメント概念は，焦点の対象と相互作用する主体の経験に基づいており，ある人のエンゲージメントが他者のエンゲージメントにも影響を与えることが示されている（Schaufeli and Bakker 2010）。

　マーケティング分野におけるカスタマー・エンゲージメント（customer engagement）は，2000年代の前半に，経営管理の実務から注目されて以降，マーケティング領域における重要な研究課題として認識されてきた（MSI 2012; 2014; 2016; Van Doorn et al. 2010; Brodie et al. 2011a; Kumar and Pansari

---

[(1)] フローは，「ある個人が適切な反応を必要とする明確に定まった目標に直面する時」や「扱いやすい課題を克服する際にある個人のスキルが十分に開発される時」（Csikszentmihalyi 1997, p.29）に生じる傾向にある。エンゲージメントとフローを比較すると，エンゲージメントは長期的な心理状態として説明され，フローは短期的な「ピーク時の」心理経験とされる。

[(2)] ワーク・エンゲージメントは，Schaufeli and Bakker（2003）によって，「ユトレヒト・ワーク・エンゲージメント尺度」として操作化されている。当尺度は，「活力」，「熱意」，「没頭」の3つの次元の17項目から構成される。9項目の短縮版も存在し，日本を含めた複数の国でも検証されている。

2016; 庄司 2018; 田口 2019; 神田 2020a）。これまでのカスタマー・エンゲージ
メントに関する既存研究は，顧客管理を目的とし，顧客とブランド（または
企業）との間の2者間の結びつきが探究されることが多い傾向にある
（Beckers et al. 2014; So et al. 2014; 2016; Pansari and Kumar 2017; 神田 2018;
2019）。

　マーケティング分野におけるエンゲージメントの嚆矢的研究として，Van
Doorn et al.（2010, p.254）はエンゲージメント行動に着目し，「カスタマーエ
ンゲージメント行動は取引を越えたものであり，動機的な駆動要因に起因す
る，購買を超えたブランドまたは企業に焦点をおいた顧客の行動上の表出で
ある」と定義した。米国マーケティング科学研究所（Marketing Science
Institute）の 2010-2012 年の優先的な研究課題にカスタマー・エンゲージメン
トがとりあげられ，Van Doorn et al.（2010）と一致する定義が採用された結
果，「エンゲージメント行動」に焦点をあてた研究が急増した（Pansari and
Kumar 2017; Harmeling et al. 2017; 山本・松村 2017）。

　対照的に，Brodie et al.（2011a）は，リレーションシップ・マーケティン
グとサービス・ドミナント（S-D）ロジックが，カスタマー・エンゲージメン
ト（CE）の概念的なルーツであるとして，CE がサービス・リレーション
シップ内のインタラクティブな経験と価値共創に関連していることを主張し
た。Brodie et al.（2011a）は，エンゲージメント概念の本質を捉えるには，
行動次元のみならず，認知的および感情的次元を含めて検討する必要がある
ことを強調し，CE に関する5つの基本命題（FP）を開発した。ここでは，
CE は，「特定のサービス・リレーションシップにおいて，焦点エージェント
／対象（たとえば，ブランド）とのインタラクティブで共創的な顧客経験に
よって引き起こされる顧客特有の心理状態を映し出す」（p.258）ことが示さ
れ，「認知的次元，感情的次元，および行動的次元の文脈，あるいはステー
クホルダー固有の表現に従う多元的概念である」（p.258）と概念化された。

　以上の2つの研究は，マーケティング分野における CE 研究のガイドライ
ンとしての役割を果たし，エンゲージメント行動に焦点を当てる Van Doorn
et al.（2010）の定義，またはエンゲージメントが認知的，感情的，行動的次

元を持つ心理状態とする Brodie et al.（2011a）の定義に依拠した2つの研究潮流を生み出している。さらに，近年では，現代のデジタルネットワークのつながりを背景に，顧客－プロバイダーの2者間の関係だけではなく，複数アクターのエンゲージメントや集合的なエンゲージメントの波及効果について検討する必要性が指摘されている（Brodie et al. 2019a; Kleinaltenkamp et al. 2019）。

第2節／アクター・エンゲージメント研究

（1）アクター・エンゲージメント概念

アクター・エンゲージメントの研究は，S-D ロジックを理論的基盤の1つとしている（Brodie et al. 2019a）。アクター・エンゲージメント概念は，顧客－プロバイダーの2者間を超えて，従業員，サプライヤー，企業，政府，市民，メディア，その他共同体構成員を含むサービス・エコシステムにおける複雑な複数アクター間にまでエンゲージメントの範囲を広げている（Chandler and Lusch 2015; Brodie et al. 2016）。

Brodie et al.（2019a）は，共有型経済（collaborative economy）のような現代のビジネス環境において，2者間の企業－顧客視点のエンゲージメントでは，その本質を捉えるには不十分であると主張している。Tripadvisor（トリップ・アドバイザー）[3]，Uber（ウーバー）[4]のようなプラットフォームの存在が，複数の集合レベルでエンゲージメントの現象を捉える必要性を証明し

---

(3) トリップ・アドバイザー（本社：米国マサチューセッツ州ニーダム）は，世界最大の旅行プラットフォームであり，毎月4億9,000万人に利用されている（2019年4月現在）。国内外の旅行者はトリップ・アドバイザーのサイトやアプリにアクセスすることで，840万件の宿泊施設，レストラン，ツアーやチケット，航空会社，クルーズについて投稿された7億9,500万件を超える口コミ情報や評価を参照できる（Tripadvisor「トリップアドバイザーについて」〈https://tripadvisor.mediaroom.com/JP-about-us〔最終閲覧日：2020年8月30日〕〉）。
(4) ウーバー（本社：米国カリフォルニア州サンフランシスコ）は，ウーバー・テクノロジーズが運営する，自動車配車ウェブサイトおよび配車アプリである。現在77カ国・600都市以上で利用でき，日本では東京で2014年3月に正式にサービスをスタートした。また，お気に入りのレストランの料理を，近くにいる配達パートナーが玄関先まで届けるデリバリーサービス「Uber Eats」も展開している（Uber「東京：手軽で便利な移動サービス」〈https://www.uber.com/cities/tokyo〔最終閲覧日：2020年8月30日〕〉）。

ている。たとえば，Uber では，エンゲージメントは，2者（Uber ドライバー
と Uber ゲスト）間のミクロレベルだけでなく，Uber ゲストの集団間のメソ
レベル（Uber レビューシステム[5]）や個々の集団間でも発生することが示唆
されている（Breidbach and Brodie 2017）。

　概念的な基盤として，Vargo and Lusch（2016）は，価値共創のプロセス
を S-D ロジックのナラティヴとして明確に示している（第3章，図表3-1参
照）。この S-D ロジックのナラティヴ・プロセスでは，包括的なアクターた
ちが「制度（institution）」を創り出し，それらのアクターたちが生成した
「制度」や「制度配列（institutional arrangement）[6]」が入れ子状で重なり合っ
た「サービス・エコシステム」内でサービスを交換することを通じて調整さ
れる。そして，アクターが資源を統合することによって，価値共創が創発さ
れることが描かれている（Vargo and Lusch 2016; Brodie and Löbler 2018）。ア
クター・エンゲージメントの役割は，資源統合を促進することであり，アク
ターが制定した制度，または制度配列のなかでサービス交換を通じて，サー
ビス・エコシステム内において価値を共創する源泉となる。したがって，複
数の行為主体（アクター）のエンゲージメントと価値共創の関係には，「制
度」と「制度配列」，およびエンゲージされたアクター間の「資源統合」が
密接に関連することになる。

　S-D ロジックに基づくエンゲージメント研究では，複数のアクターが価値を創
発する際に，エンゲージメントがどのように貢献するのかに関心が向けられて
いる（Jaakkola and Alexander 2014; Storbacka et al. 2016; Hollebeek et al. 2019）。
本節では，現代のネットワーク化されたビジネス環境を考慮した，「アクター・
エンゲージメント（actor engagement）」の主要先行研究を取り上げて，その定

---

(5) 乗客とドライバーのマッチングが行われ，近くのドライバーが乗客の配車リクエストを見て，受け付けるかどうか決定される。乗車後，ドライバーと乗客は 1〜5 までの星の数を選択して，お互いを評価する。乗客はドライバーへの好意的なコメントも贈ることができる。チップ機能を利用できる都市では，お礼の印としてチップを追加できる（Uber「Uber アプリの使用方法」，〈https://www.uber.com/jp/ja/about/how-does-uber-work/〔閲覧日：2020年8月30日〕〉）。

(6) 「制度」とは，人間によって考案されたルール，規範，信念であり，「制度配列」とは，相互に関係のある制度の集まりのことである。制度は，関係性，組織，産業，市場，または経済の中でアクターが活動する方法を導くものである。詳しくは，Vargo and Lusch（2016）を参照のこと。

義，鍵となる主要概念，および基本命題について整理していく。

(2) エンゲージメントの特性：アクターのつながりと傾向性

Chandler and Lusch（2015）は，さまざまな時間と空間（場所）の制約を超えてアクターたちが，多数対多数（many to many）のサービス経験にどのようにエンゲージするのかを議論している。また，アクターたちが，個人レベル，グループ・レベル，組織レベル，社会レベルを含めたさまざまなレベルでのサービス経験にどのようにエンゲージするのかについても理論的に検討している。Chandler and Lusch（2015）は，サービス経験は特定の時間と場所で生じるため，アクターの心理状態や態度の形成には，経験に基づいたアクターの「つながり」が寄与すると示唆している。そして，エンゲージメントは，「アクターの外的なつながり（connections）とアクターの内的な傾向性（dispositions）[7]の双方に基づく」（p.9）と主張した。

理論的貢献として，Chandler and Lusch（2015）は，エンゲージメントの5つの特性を提案した。最初の2つの特性はアクターの外的なつながりであり，時間の経過とともに生じる「時間的つながり（temporal connections）」と社会的な役割を含むリレーショナルな空間の中で生じる「関係的つながり（relational connections）」で構成される。第一の特性である「時間的つながり」は，時間の経過とともに継続的に結びつけられたアクターのサービス経験を表している。それは，過去のサービス経験から生じたアクターの現在のつながりを反映し，将来のサービス経験へと向けられる。焦点アクターは，時間の経過とともに他のアクターに影響を及ぼし続けると同時に，他のアクターからも影響を及ぼされ続けて絶えず変化することになる（Chandler and Lusch 2015）。

---

[7] 本章では，"dispositions"の訳語として「傾向性」という用語を使用している。社会心理学や産業・組織心理学では，"disposition"には「傾性」の用語がよく使用される。傾向性（disposition）とは，個人の身体的または他の客観的に評価された特性とは対照的に，心理的なもの（パーソナリティ，欲求の状態，態度，選考，および動機）であると考えられており，所定の方法もしくは特定の状況において，その状況に対応する傾向とみなされている（House et al. 1996, p.205）。

　第二の特性である「関係的つながり」は，サービス経験を通じて，焦点アクターと他のアクターを結びつける社会的な関係性の中で，アクターたちが社会的な役割を担う時に生じる。それは，アクターたちが社会的な役割の中で，それぞれ互いに影響を及ぼし合い，アクターたちが交差していないシステムを結合させる結節点（ノード）となることを意味する。この「関係的つながり」は，あるアクターがサービス経験によってさまざまなアクターから潜在的に影響を受けるのと同様，アクターが家族，コミュニティ，組織，あるいは市場といった社会的な関係性を通じて，さまざまなアクターたちに影響を及ぼすことになる。すなわち，アクターは，サービス・システムの架け橋または仲介者であり，関係的つながりは絶えず進化することに着目する必要がある（Chandler and Lusch 2015）。

　残る3つの特性は，アクターの心理傾向や心理状態であるアクターの「傾向性」である。Chandler and Lusch（2015）は，「将来・過去・現在の傾向性」という，3つのエンゲージメントの内的な特性を提案した。アクターの「傾向性」は，アクターの関心，目標，理想，欲望，ニーズに向けて，アクターがつながりをどのように活用するのかに関する特性を意味する。エンゲージメントは，アクターが将来に向けて，資源としてのつながりを充当したり，刷新したり，あるいは革新したりする方法となる。「将来の傾向性」は，特定の将来に向けてつながりを統合（充当・刷新・革新）するためのアクターの能力を表し，「過去の傾向性」は，アクターが特定の過去の経験に基づいて，つながりを統合（充当・刷新・革新）することを表す。そして「現在の傾向性」は，その時の時間的および関係的な空間に基づいて，つながりを統合（充当・刷新・革新）することにアクターを駆り立てるエージェンシー（主体性）を表す（Chandler and Lusch 2015）。

　最終的に，Chandler and Lusch（2015）は，焦点のアクターのポジティブな行動の結果は，それらのアクターの「傾向性」と他のアクターとの「つながり」を強化すること（波及すること）を示唆している。そして，サービス・エコシステムの視点からは，「アクターはサービス・システムにエンゲージすることへの招待状としての価値提案を提示することしかできず，（企業も

含めた）アクターは自分自身でサービス経験を持続させることはできないた
め，他者をエンゲージさせる必要がある」（p.17）と主張している。

　これらのエンゲージメントの5つの特性を考慮すると，アクター・エン
ゲージメントの探究には，アクターの「つながり」と「傾向性」をどのよう
に分析し，捉えるのかが鍵となる。

（3）アクター・エンゲージメントと価値共創

　Storbacka et al.（2016）は，アクター・エンゲージメントを「アクターの
エンゲージする傾向性，およびサービス・エコシステム内における資源統合
の相互作用プロセスにエンゲージする活動の両方」（p.3008）と定義した。彼
らは，サービスシステムでの価値創造を包括的にカバーするため，アクター
には人間以外のアクター，すなわち機械または人間と機械の組み合わせを含
むべきであると主張している。そして，アクター・エンゲージメントについ
て，次のように言及している：

　　アクター・エンゲージメントなしでは，資源統合は起こらず，価値を共創さ
　せることはできない。しかしながら，価値共創は，実証的に観察するのが難し
　いのに対して，アクター・エンゲージメントと関連する資源統合は観察可能で
　あり，設計可能で管理しやすい。したがって，アクター・エンゲージメントは，
　プラクティスを伴う理論を調和させ，経験的調査を可能にするためのミクロ的
　基礎として中心的な役割を果たす（p.3009）。

　Storbacka et al.（2016）は，サービス・エコシステム内の価値創造のミク
ロ的基礎づけ[8]として，アクター・エンゲージメントを概念化するフレーム
ワークを開発している（図表9-1）。彼らは，ミクロ的基礎づけアプローチと
して，一般的にコールマンの「ボート」または「バスタブ」と呼ばれるマク

---

(8)「ミクロ的基礎づけ」とは，ミクロ経済学でモデル化された個別の経済主体の行動を基礎にして，
　マクロ経済学のモデルを構築すること。この10年間に，ミクロ的基礎づけは経営学においても
　注目され，経営戦略論と組織論の主要な研究潮流となっている（Barney and Felin 2013）。

図表9-1　アクター・エンゲージメントを通じた価値共創の説明

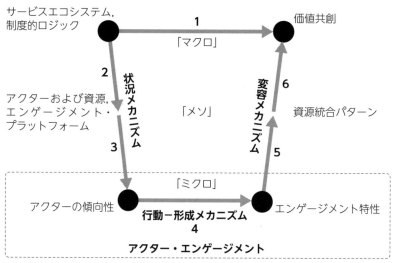

出所：Storbacka et al. (2016, p.3010) 図 1 を基に筆者作成。

ロとミクロのリンクによって描かれたマルチレベルの説明を提供している。
Coleman（1990）は，社会的事実が社会的成果に結びつくマクロ－マクロレ
ベルの説明と，行動の条件が観察可能な行動につながるミクロ－ミクロレベ
ルの説明とを区別する。「バスタブ」は，社会的事実が行動の条件を知らせ
るマクロ－ミクロの説明と観察可能な行動が社会的成果を通知するミクロ－
マクロの説明との間のリンクによって作成される。図表9-1のマクロ－マク
ロの説明（矢印1）は，S-Dロジックと共鳴し，サービス・エコシステムの制
度的ロジックによって提供される価値共創の成果を意味する（Storbacka et
al. 2016）。

　Storbacka et al.（2016）は，「バスタブ」モデルを利用して，マクロ（サー
ビス・エコシステムと制度的ロジック），メソ（アクターとその資源の集合），お
よびミクロ（アクター・エンゲージメント）を識別し，マクロ－マクロの説明
（矢印1）をミクロ的基礎づけし，複数階層レベルにわたる分析メカニズムを
提供している。それは状況メカニズム（マクロ－メソ－ミクロ），行動－形成
メカニズム（ミクロ－ミクロ），および変容メカニズム（ミクロ－メソ－マク

ロ）の3つのメカニズムで構成される。Storbacka et al.（2016）は，アクター・エンゲージメントを通じた価値共創を次のように説明している：

　　サービス・エコシステムの制度的ロジックは，アクターがエンゲージメント・プラットフォーム上の資源にエンゲージするための文脈を形成する（矢印2）。状況メカニズムは，エンゲージするアクターに影響を与える行動のためのメソレベルの条件を形作り（矢印3），アクターのエンゲージする傾向と組み合わされ，それらは観察可能なエンゲージメント特性（行動−形成メカニズム：矢印4）によって特徴づけられたエンゲージメント行動につながる。多くのアクターがエンゲージするにつれて，さまざまな資源統合パターン（矢印5）がメソレベルで現れ，アクターの既存の資源構成を変容し，価値の共創につながる（矢印6）（p.3010）。

　資源統合するアクターの概念では，アクターは「生き残るために，他者の資源に効果的に依存する」オープンシステムとみなされ（Vargo et al. 2008），すべてのアクターは，基本的に資源統合プロセスにおいて同様の方法でエンゲージすると言及される。Storbacka et al. (2016) のマルチレベルの研究アプローチは，S-Dロジックのマクロ構成概念によって枠組みされたトップダウンの理論化とアクター・エンゲージメントのミクロ的基礎づけに基づくボトムアップの理論化を組み合わせたものと位置づけられる。それは，サービス・エコシステムにおける制度的ロジックがアクターの「エンゲージメント」を促進あるいは制約する影響があることを示し，さまざまな「資源統合」を創発し，「価値共創」につながるプロセスを描写している。そして，Vargo and Lusch（2017）のS-Dロジックのナラティヴが示す価値共創プロセスと共鳴するものである。

　さらに，Storbacka（2019）は，「エンゲージメントは，交換ベースと非交換ベースの両方の資源の貢献を意味し，それは，傾向性（態度）によって促進され，一部はアクター固有の特性によって，一部は資源の貢献が発生するコンテクストにおいて，制度配列および組織的配列によって形成される」

（p.4）と定義している。アクター・エンゲージメントの中核は，資源の貢献であり，「アクター・エンゲージメントが資源密度[9]を改善し，それにより市場での価値創造を改善する資源の連携の創発と制度化を導く」（p.4）ことが強調される。最終的に，価値創造の推進力として，アクター・エンゲージメントが市場イノベーションを目的とする市場形成戦略の中心となることが主張される。

　要約すると，アクター・エンゲージメントとそれに関連する資源統合は，観察することが可能である。それには，エンゲージメント・プラットフォームを介した状況メカニズム（マクロ－メソ－ミクロ），行動－形成メカニズム（ミクロ－ミクロ：すなわちアクター・エンゲージメント），および変容メカニズム（ミクロ－メソ－マクロ）の3つのメカニズムを解明する必要がある。そして，特定のサービス・エコシステム内の制度（配列）の影響の下で，焦点対象にエンゲージするアクターが他のアクター（サプライヤー，パートナー，および顧客のコミュニティなど）との資源統合のプロセスにおいて，どのように資源密度を改善し，どのような資源統合パターンを示して，価値を共創するのかを探究する必要がある。

（4）ネットワークにおけるアクター・エンゲージメントの基本命題

　Brodie, Fehrer, Jaakkola and Conduit（2019a）は，アクター・エンゲージメントを「サービスシステム内の他の接続されたアクターとの相互作用に資源を投資するアクターの傾向性を反映する，ダイナミックで反復的なプロセス」（p.174）と定義した。そして，Brodie et al.（2019a）は，より広範なネットワークにおける多種多様なアクターとそれらの間の複数のダイナミクスに焦点を当てたアクター・エンゲージメント（AE）の5つの基本命題を提示している（図表9-2）。

　基本命題1（FP1）では，アクターは，自分自身や他のアクター，あるいはそ

---

[9] 資源密度は，「資源が特定のアクター，時間，状況，および空間の組み合わせにアクセスできる程度」（Storbacka 2019, p.8）を表す。資源密度が高いほど価値が高いと主張されている（Normann 2001）。

図表9-2　アクター・エンゲージメント（AE）の基本命題

	基本命題
FP1	AE の傾向性は，取引交換の基本を超えて，資源の貢献を導く他のアクターとのつながりを通して生じる。
FP2	AE は，動的かつ反復的なプロセスを経て創発し，その先行要因と結果要因はアクターの傾向性とネットワークのつながりに影響を与える。
FP3	AE は，多次元の概念であり，傾向性および／あるいは行動の相互作用，およびアクター間の接続性の程度に依存する。
FP4	AE は，経時的に異なる AE 強度と誘発性を生成しながら，特定の一連の制度的文脈内で生じる。
FP5	AE は，エンゲージメント・プラットフォーム内で生じる共有されたプラクティスを通して調整される。

出所：Brodie et al.（2019a, pp.180-183）の基本命題部分を基に筆者作成。

　の両方に利益をもたらす方法で資源を投資し，相互の幸福（well-being）を向上させるように主体性（agency）を行使することが言及される。アクターのエンゲージメントの傾向は，エンゲージメント行動に表出し，エンゲージメント行動を通して，他のアクターとのつながりに影響を与える。

　基本命題2（FP2）では，アクター・エンゲージメントの先行要因と結果要因は，サービス・エコシステム内の他のアクターの資源，傾向性，および行動に影響を及ぼすことが示される。アクター・エンゲージメントの結果がネットワーク内の他のアクターの傾向性と外的なつながりの両方に影響するため，エンゲージメント行動の結果要因と先行要因は循環的であることが示唆される。

　基本命題3（FP3）では，AE 概念は，多次元構造であり，ネットワーク内でのアクター・エンゲージメントの中心となる3つの特性の相互作用が強調される：(a) エンゲージメント傾向（エンゲージする感情的および認知的レディネス[10]），(b) エンゲージメント行動（観察可能なエンゲージしている活動），

---

(10) レディネス（readiness）は，準備性を意味する心理学用語の1つである。学習や習得を行う場合に，学習者側に，学ぶために必要な条件や環境が整っている状態のこと。心身の成熟，適切な予備訓練，興味あるいは動機づけなどに依存する（ブリタニカ国際大百科事典）。

および（c）エンゲージメント接続性（ネットワークのリレーションシップが
ネットワーク内のアクターに影響を与える程度）である。

　基本命題4（FP4）では，アクターは通常，複数のエンゲージメントのコン
テクスト内に位置し，それぞれが同時に起こり，重複，または対立さえする
可能性がある「制度配列」に関連づけられる。それらの「制度配列」は，所
与ではなく，エンゲージしているアクターによって形成される。アクターの
制度的文脈は，エンゲージメントの強度と誘発性（ポジティブまたはネガティ
ブ）を生成することが示される。

　基本命題5（FP5）では，エンゲージメント・プラットフォームが，さまざ
まな目的を持つアクターをつなぐために不可欠であることが主張される。エ
ンゲージメント・プラットフォームとは，「資源の交換と統合のための構造
的支援を提供するために設計された，物理的または仮想的なタッチポイン
ト」（Breidbach et al. 2014, p.596）である。アクターがエンゲージメント・プ
ラットフォームにおいて，他のアクターとエンゲージする結果として生じる
新しいプラクティスは，相互依存的な制度の新たな集合，つまり制度配列を
もたらす可能性がある（Vargo and Lusch 2016）。

　結果として，アクター・エンゲージメントは，エンゲージメント・プラッ
トフォーム内で生じる共有されたプラクティスを通して調整され，資源効率
の強化，ネットワーク効果の向上，そしてサービス・エコシステムの成長に
つながると示唆される（Brodie et al. 2019a）。このアクター・エンゲージメン
トの5つの基本命題（図表9-2）は，アクター・エンゲージメントの基本的
な性質について，先行研究を包括的に統合して整理したものとして位置づけ
られる。

　また，Brodie et al.（2019a）は，カスタマー・エンゲージメントや従業員
エンゲージメントは，個人内レベルおよび対人間レベル（ミクロレベル）で
行われる一方，アクター・エンゲージメントは，さまざまなレベルの集合
（ミクロ，メソ，およびマクロ）間の相互作用を反映することを階層化相互関
連ネットワーク（例示的ネットワーク）で描写している（図表9-3参照）。これ
らのネットワーク構造は，固定されているのではなく，相対的なものであ

図表9-3 階層化相互関連ネットワーク (例示的ネットワーク)

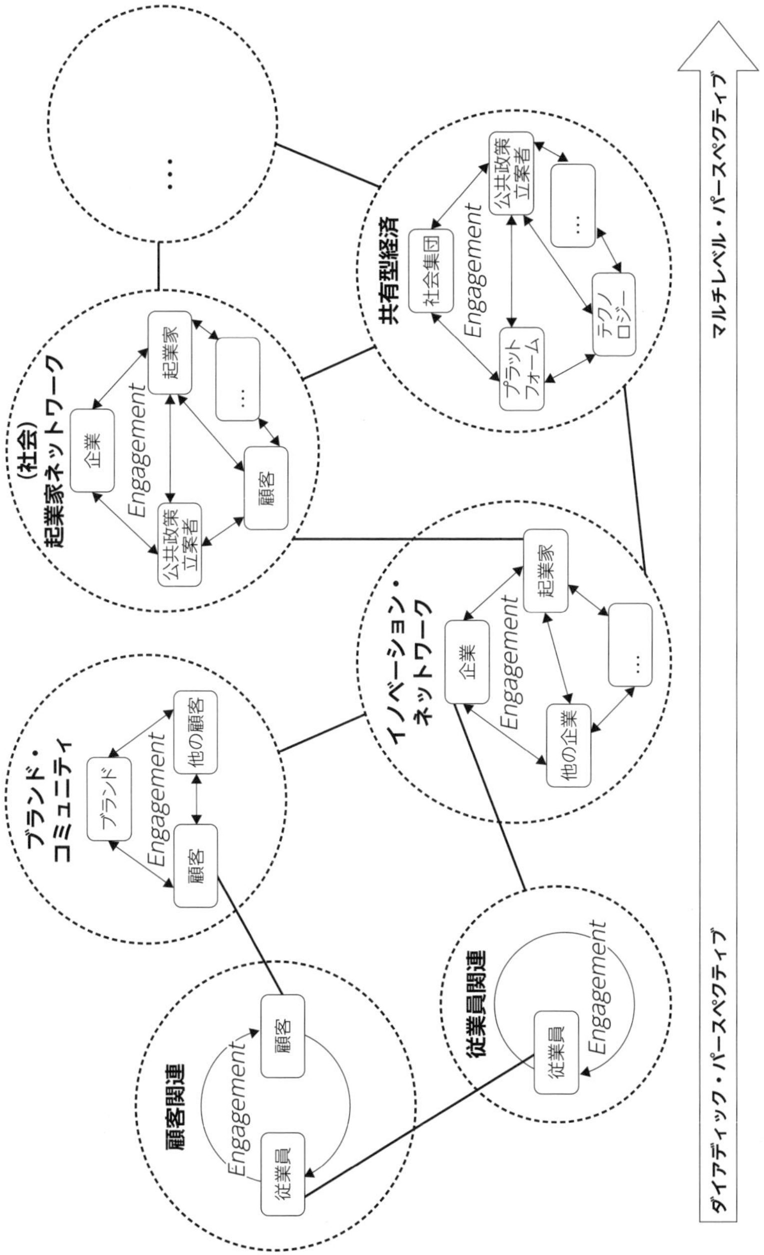

出所：Brodie et al. (2019a p.178) 図1を基に筆者作成。

る。マクロレベル（例えば，社会集団，プラットフォーム，および公共政策立案者間）とミクロレベル（例えば，従業員と顧客間）の焦点を往還することで，個人のエンゲージメント行動が，社会集団のエンゲージメント・プラクティスと結び付いていることを認識することができる。したがって，この階層化相互関連ネットワーク構造をそれぞれの研究文脈に応じて適用した場合，どのように集合レベルごとの分析を階層的に結び付けてマルチレベルの分析を行うのかが課題となる。

　最終的に，Brodie et al.（2019a）は，カスタマー・エンゲージメント（CE）とアクター・エンゲージメント（AE）研究パースペクティブの比較を示し（図表9-4），今後のAE研究の4つの重点を示している：(a) 幅広いアクターに焦点を当てること，(b) 相互に関連するネットワーク構造を横断してエンゲージメントがどのように創発するかの探究，(c) エンゲージメント特性をさらに調査するためのさまざまな理論的パースペクティブの使用，(d) エンゲージメントの特性をさらに調査するためのさまざまな研究手法の使用の4つである。アクター・エンゲージメントの研究には，複数の理論的基盤と研究手法を使用して，マルチレベルかつ階層的で相互に関連する全体的なネットワーク構造を分析し，その相互作用のプロセスを探究することが必要である。そして，アクターのエンゲージする傾向・行動・接続性の理解が求められる。そのための理論的基盤として，アクター・ネットワーク理論（Latour 2005），構造化理論（Giddens 1984），プラクティス理論（Schatzki 1996），制度論（Scott 2008; North 1990）の理論的パースペクティブの使用が有益とみられる[11]。その研究方法には，定性調査（エスノグラフィ，ネトノグラフィ，ケーススタディなど）と定量調査を組み合わせて，質的アプローチのデータと量的アプローチのデータを収集・分析・統合する混合研究法（Creswell and Plano Clark 2007; 2011; Teddlie and Tashakkori 2009）の適用が適切だろう。さ

---

[11] Vargo and Lusch（2017, p.55）は，「アクター・ネットワーク理論（Latour 2005）は，すべてのプラクティスが絡み合っていることを理由に集合度のレベルを具体化させることの潜在的な落とし穴について警告を発し，「フラットな世界」という理解を提案している」と指摘している。また，構造化理論（Giddens 1984）を通じて，さまざまなレベルの集合（ミクロ，メソ，およびマクロ）間を繋ぎ合せる際にも，注意が必要であると警告している。

図表9-4　研究パースペクティブの比較

	CE 研究パースペクティブ	AE 研究パースペクティブ
焦点アクター	顧客，顧客－従業員間，顧客－ブランド間，顧客－顧客間	サプライヤー，パートナー，企業，政府，市民，非人間を含むあらゆるアクター
コンテクスト	顧客－企業間リレーションシップ	ネットワーク・リレーションシップ
集合レベル	ミクロレベル	ミクロレベル，メソレベル，マクロレベルの関連ネットワーク構造
分析レベル	個人内，対人間，ダイアディック（2者相互関係）レベル	複数のシステムレベルでの階層化および相互に関連するネットワーク・リレーションシップ
理論的基盤	リレーションシップ・マーケティング，経営学，S-D ロジック	S-D ロジック，アクター・ネットワーク理論，構造化理論，プラクティス理論，制度論
研究方法論	CE の促進要因，成果（アウトカム），ダイナミクスの探究と測定	AE の全体的なネットワーク構造とプロセスの探究と測定

注：CE ＝カスタマーエンゲージメント；AE ＝アクターエンゲージメント
出所：Brodie et al.（2019a, p.185）を基に筆者作成。

まざまなレベルの集合（ミクロ，メソ，およびマクロ）にわたるエンゲージメントの性質の解明が要請される。

第3節　エンゲージメント研究の潮流と方向性

　図表9-5はエンゲージメント研究の潮流とその方向性を示したものである。
　マーケティング領域において，エンゲージメント研究の1つの研究潮流は，リレーションシップ・マーケティングの進歩したものであり，経営管理上の含意に焦点を当てた顧客管理としてのカスタマー・エンゲージメント（CE）の研究である（Kumar et al. 2010; Van Doorn et al. 2010）。顧客－企業（ブランド）間のダイアド関係を焦点とするこの研究潮流では，エンゲージメント概念の性質と範囲が探究され，測定可能な概念として操作化と尺度開発が行われ（Vivek et al. 2012; 2014; So et al. 2014; 2016），CE は企業のマーケティング機能に対して直接的かつ間接的に貢献する顧客のエンゲージメント

行動を引き起こすものとして認識された（Kumar and Pansari 2016; Pansari and Kumar 2017; Harmeling et al. 2017）。そして，企業業績に対する顧客のエンゲージメント行動の影響や企業が CE に影響を及ぼしたり管理したりできる可能性に研究の焦点があてられた（Jaakkola, Conduit and Fehrer 2018）。

　エンゲージメント研究の2つめの研究潮流は，S-D ロジックを概念的基礎においたもの（SDL アプローチ）であり，Brodie et al.（2011a）の CE の概念化（基本命題）に基づいている。この研究潮流では，資源統合や価値共創プロセスとしての CE の概念化や操作化がなされ，経験的研究が試みられた（Brodie et al. 2013; Hollebeek et al. 2014; 2019; Jaakkola and Alexander 2014; 神田 2020a; 2020c）。たとえば，Jaakkola and Alexander（2014）は，S-D ロジックを基礎として，顧客による焦点企業や他の利害関係者たちへの多様な資源貢献としてカスタマー・エンゲージメント行動を概念化し，カスタマー・エンゲージメント行動がサービス・エコシステム内での価値共創プロセスにどのように影響を及ぼすのかについて探究した。続いて，前節で取り上げたように，S-D ロジックに基づくエンゲージメント研究は，より広範囲なサービス・エコシステム内でのエンゲージメントの役割を議論するために，ダイアド関係を超えてその範囲を拡張させた。そして，エンゲージメントの特性を反映するために，傾向性，つながり，プラクティスとしてのエンゲージメントの概念化や基本命題が検討された（Chandler and Lusch 2015; Brodie et al. 2019a）。

　より高い集合度レベルのシステム視点に対応するエンゲージメントの研究潮流は，アクター・エンゲージメント研究であり，現時点では2つの研究潮流が存在する。1つは，Brodie et al.（2019a）のアクター・エンゲージメントの5つの基本命題（図表9-4）を反映した「サービス・エコシステム内の制度（配列）に枠組みされたプラクティスとしてのアクター・エンゲージメント」の研究である。もう1つは，S-D ロジックを基盤として，アクター・ネットワーク理論やミクロ的基礎づけアプローチを採用する Storbacka et al.（2016）が主導する「（人間と非人間を含む）サービス・エコシステム内における資源統合プロセスとしてのアクター・エンゲージメント」の研究であ

図表9-5　エンゲージメント研究の潮流と方向性

研究の焦点

アクター
（システム視点）

カスタマー
（ダイアディック関係）

研究領域

理論的／概念的　　　　　　　　　　　　　　エビデンスベース／経験的

サービス・エコシステム内の資源統合プロセスとしてのAEの含意 Storbacka et al. (2016) Storbacka (2019)	サービス・エコシステム内の資源統合プロセスとしてのAEの概念化・基本命題の開発	（人間と非人間を含む）サービス・エコシステム内の資源統合プロセスとしてのAEの経験的研究
	Chandler and Lusch (2015) Brodie et al. (2019a)	サービス・エコシステム内の制度（配列）に枠組みされたブラクティスとしてのAEの経験的研究
SDLを概念的基礎においたCEの概念化・基本命題の開発 Brodie et al. (2011a)	SDLアプローチのAEの概念化・基本命題の開発	SDLアプローチのCEの経験的研究
	Brodie et al. (2013) Hollebeek et al. (2014; 2019)	Jaakkola and Alexander (2014) 神田 (2020a; 2020c)
企業における顧客管理としてのCEの含意 Kumar et al. (2010) Van Doorn et al. (2010)	SDLアプローチのCEの操作化・尺度開発	顧客管理アプローチのCEの経験的研究
	CEの概念化・操作化および尺度開発 Vivek et al. (2012; 2014) Pansari and Kumar (2017)	Kumar and Pansari (2016) Harmeling et al. (2017)

注：AE＝アクター・エンゲージメント，CE＝カスタマー・エンゲージメント，SDL＝サービス・ドミナント・ロジック
出所：Jaakkola et al. (2018, p.593) 図33.2 を基に筆者加筆作成。

139

る。これらの将来の研究は，さらなる概念化や基本命題の開発を経て，アクター・エンゲージメントの経験的研究へと拡がると見込まれる。そして，将来の研究では，アクター・エンゲージメントが，どのように創発し，伝播し，進化するかについての深い探究が求められるだろう。

おわりに

「アクター・エンゲージメントなしでは，資源統合は発生せず，価値を創造することはできない」（Storbacka 2019, p.7）。アクター・エンゲージメントを促進することは，アクター間の資源統合を維持・強化し，価値を創造する結果，企業や社会の持続的な成長に貢献する可能性がある。アクター・エンゲージメントは，焦点アクターと他のアクターの資源を組み合わせて，組織としての資源の貢献に複数のアクターを動員するため，資源密度を高めて，集合的な価値創造（イノベーション）を生み出す源泉となるかもしれない。

リアルとデジタル環境の融合がますます進み，より複雑な現代社会において，アクター・エンゲージメントの将来の研究が，エンゲージメント概念のマーケティング実務への効果的な適用に価値をもたらすことが期待される。そして，この研究領域が，社会の幸福に寄与するマーケティングの研究と実践の両方の発展につながることを期待する。

第10章

営業と販売における
S-Dロジックの適応

はじめに

2004年に登場した「サービス・ドミナント・ロジック（Service Dominant Logic)」（以下，S-Dロジック）は，今日まで大きな進歩を見せながら発展を遂げており，数多くの研究者の関心を呼び起こしてきた。特にS-Dロジックは，その中核的特徴を成す「サービス（service)」，「価値共創」，「文脈価値」といった概念や考え方に注目が集まることにより議論が進展していく中で，今日では「サービス・エコシステム」としての捉え方へと進展していくこととなり，またさらなる注目が集まっている状況にある。そのようなサービス・エコシステムとしての捉え方を手中に収めることで，当初は8つの基本的前提に立つものとして出発したS-Dロジック（Vargo and Lusch 2004a)は，Vargo and Lusch（2006)から Vargo and Lusch（2008a)へとつないでいく中で Vargo and Lusch（2016)では11の基本的前提となり，さらにそれらを体系化させることで5つの公理へと収斂（パーシモニー，parsimony）させていくことになった（井上 2016; 庄司 2018b)。

S-Dロジックは，演繹的なアプローチの下でマーケティングの諸概念を発展させようとしている特徴があることから，概念的論文が多いという特徴を有している（庄司 2018b, p.51)。しかし，S-Dロジック自体，それらマーケティングの諸理論を統合し，マーケティング理論の限界を克服するための枠組みを提供することを意義に据えていることから，研究対象としての中軸がいくつか設定されていることも確かである。もちろんこの中軸は，5つの公理に即すものである。この点に関して庄司（2018b)は，図表 10-1 のように整理をしている。

図表10-1　S-Dロジック研究の類型化

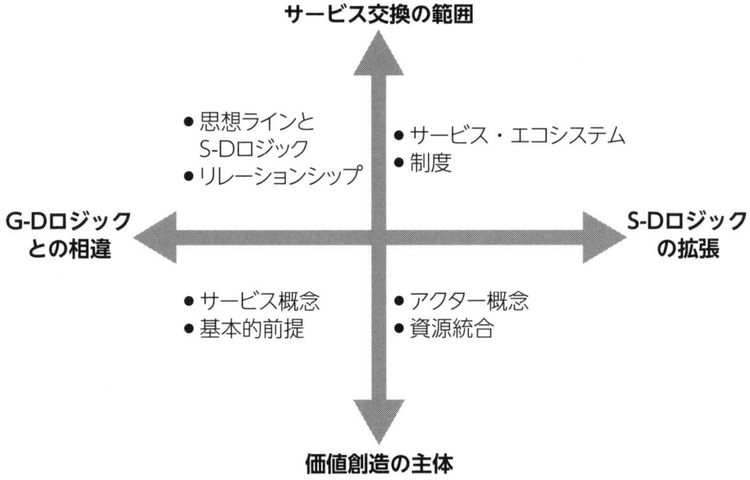

出所：庄司（2018b, p.59）。

　庄司（2018b, p.59）によれば，S-Dロジックはサービス概念の規定からはじまり，G-Dロジックとの対比に関する議論を経て，価値共創についてアクターによる価値創造を議論する段階へと発展していったという。そして，今日のS-Dロジックの中心的な議論の軸は，図表10-1の右半分の領域に代表させることができる。すなわち，「サービス・エコシステム」・「制度」・「アクター概念」・「資源統合」というテーマである。

　上述したように，S-Dロジックの研究の進展が演繹的なアプローチを採用していることから，それらのテーマの下で，マーケティングにおける諸理論や諸概念を検討することが促進されている。そして，S-Dロジックは，マーケティング理論の限界を克服するための枠組みの提供を目指しながら，企業と顧客との関係を検討するというマーケティングの本質を追求するところに，学究的価値としての存在が認められることになる（庄司2018b, p.51）。本章の目的も，まさに「営業」や「営業活動」，あるいは「販売」や「取引」に焦点を当てながら，特に「サービス・エコシステム」・「制度」・「アクター概念」という3つのテーマの適応可能性について，演繹的に検討していくこと

にある。以下では，S-Dロジックの観点から販売について考察した Hartmann et al.（2018）を中心的に取り扱いながら，各テーマについて言及していくことにする。

第1節／**営業および販売における S-Dロジックのインターフェイス**

（1）ズーミングアウトとA to Aへの注目

S-Dロジックにおいて特徴的な捉え方がなされる「サービス（service）」概念は，交換を捉える視野を拡張することで，より一層その特徴が明確化するようになった。確認すると，S-Dロジックでいう「サービス」とは，「他者あるいは自身のベネフィットのためにコンピタンス（ナレッジとスキル）を適用すること」（Lusch and Vargo 2014, p.12）である。

この交換を捉える視野の拡張とは，S-Dロジックでは「ズーミングアウト」と表現されるものであり，それは2つの観点から行われたと考えられる。1つめの観点は，G-Dロジックに由来する「生産者」と「消費者」という区別を撤廃し，またそれらを超越した見方として，「アクター」という概念を提示したことである。Lusch and Vargo（2014）は，そもそも「すべての経済的アクターは"生産と消費"の両方を行うのであり，他方で，せいぜいそのような特徴付けというのは，われわれに対して，アクターであるということ以上に有益なことなど何も形成しない」（p.10）と明確に述べている。さらには，「生産者」と「消費者」とを区別することは，「下手をすると，経済的に従事しようとするという誤った情報を与えることで，経済的交換における彼らの役割について誤解を与えてしまう」（p.10）とまで述べるのである。このような叙述の背景にあるのは，「本質的に，すべてのアクター（例えば，ビジネス企業，非営利組織と政府組織，個人，家庭）は共通の目的を有している。それは，資源統合およびサービスとサービスの交換を通じた価値共創である」（p.10）という共通項を見出していたからに他ならない。したがっ

て，いずれの文脈においてであれ，登場人物として当事者は，基本的に以下の3つの行為を遂行するものと捉えることで，すべてを「アクター」という概念で一括して表現することに成功したのである。すなわち，(1) さまざまな源泉による資源統合，(2) サービスとサービスの交換，(3) 価値の共創，である (Lusch and Vargo 2014, p.9)。したがって，すべてを「アクター・トゥ・アクター（Actor-to-Actor)」(A2A) の関係として捉えることで，いかなる経済的・社会的交換であれ，アクターが他のアクターとインタラクションするというパースペクティブに依拠して，そこで展開される価値共創プロセスに焦点を当てて見ることが可能となったのである。

交換を捉える視野の拡張の2つめの観点が，アクターの背景に存在する"さらなるサービスの交換"を視野に入れたということである。このことは，上述した内容を掲げる，「すべての経済的・社会的アクターは，資源統合者である」とする第3公理と，「価値は，常に受益者を含む多様なアクターによって共創される」とする第2公理によって，象徴的に表現されることになる (Vargo and Lusch 2016, p.18)。したがって，S-D ロジックでは，Business-to-Business (B2B) の姿をかなり意識して A2A の姿を捉えているといえる。その理由は，B2B には生産者や消費者の区別が厳密には存在しておらず，すべてのアクターは事業体 (enterprises) の姿として捉えられるからである (Vargo and Lusch 2016, p.7)。事業体というのは個人から大企業までさまざまな規模のものが見られるが，いずれも，直接的もしくは間接的に何らかのアウトプットの提供，すなわち他者に対するベネフィットの提供を通じて自らのベネフィットを得るという，サービスとサービスの交換プロセスに従事しているといえる。したがって，「いかなる個別の交換も人間の行動も，時間と共に展開していく他のプロセスとアクターとに結び付けられる継続的なプロセスの一部分となる」のであり，「人的アクターは，決してエンド・ユーザーではない」ということになる (Lusch and Vargo 2014, p.7)。それゆえに，経済的・社会的アクターとしての姿は，"消費者"というよりも"ビジネス"として捉えられる姿に，かなり接近していくことになるのである (Vargo and Lusch 2011, p.181)。

（2）リレーションシップへの再注目と販売における価値共創の姿

　Hartmann et al.（2018）は，販売（sales）に関する文献を調査する中で，1970 年代以降に注目されたリレーションシップの構築による販売を重要視するに至っている。その中で，Jolson（1997, p.76）の説明を引用しながら，販売を，「販売担当者が，ありとあらゆる規模や種類の潜在顧客や既存顧客との間で絶え間なく続く状況から勝たなければならないという，一連の奮闘として見る」（Hartmann et al. 2018, p.3）のに対し，「リレーションシップによる販売やパートナー化は，買手に対して期待された・長期的な・付加価値のあるベネフィットの伝達を伴う，買手—売手という 2 者間関係内での相互の信用を構築することを重視する」（Hartmann et al. 2018, p.3）と述べ，その特徴に触れている。

　一方で Hartmann et al.（2018）は，Rackham and DeVincentis（1998）の研究に注目をすることで，また別の視座からもリレーションシップの重要性について説明している。すなわち，彼らは Rackham and DeVincentis（1998）が提示する consultative selling と enterprise selling について取り上げ，そのような近年の販売志向が，リレーションシップによる販売の特徴（例えば，ベネフィットに関して信用や長期性に重点を置く）を強調するとともに，また，買手—売手という 2 者間関係として限定的に見ることにますます疑問を呈し，販売と価値の創造が，時間とともに多くのアクターが関与する複雑なシステムにおいて展開するようになっている，と指摘するのである（Hartmann et al. 2018, p.3）。

　Rackham and DeVincentis（1998）による consultative selling と enterprise selling は，それぞれ次のように紹介されている（Hartmann et al. 2018, pp.3-4）。consultative selling とは，より一層複雑な買手と購買プロセスに特徴があるとするものであり，それは，買手に情報を提供し，買手がニーズを探索して理解することを助け，十分かつ時にはカスタマイズされたソリューションを提供し，販売とは直接関係ないタスク（例えば，プランニング，分析，プロポーザルの準備）に取り組み，販売努力において追加的な人員を関わらせ

る，といった販売担当者の重要性を強調するものである。他方の enterprise selling は，consultative selling の原理を採用して拡張したものであり，それは，買手が，販売組織全体が所有するナレッジとスキルからベネフィットを得ようと意図することを強調するものである。それゆえに，enterprise selling では，多くのさまざまなアクターによるナレッジ・セットとスキルを強化するための緊密な買手―売手の接点を開発することと，価値を創造するための販売組織・買手組織の機能を強調するのである。

　いずれにしても両者の販売スタイル（販売志向）では，関与する人々の人数の点において，買手―売手という 2 者間関係では決して捉えることのできない規模とその状況を呈することになる。consultative selling においては，例えば販売組織と買手組織双方の競争業者や協力者，機能内や機能間に存在するアクターのような，価値創造における一連の広範なアクターに対する認識と参加を必要とすることになる。他方の enterprise selling においては，consultative selling よりも，結果として買手組織と販売組織との統合がさらに広範で深いものとなり，価値創造に関与する非常に多くのアクターに対する認識と参加をもたらすことになる。したがって，機能横断的・組織横断的に存在する非常に多くのアクターを考慮に入れるとすれば，関与するアクター自身は，アクターの集合から成るネットワークの中に埋め込まれることになるのである。

(3) システムと制度の必要性

　Hartmann et al.（2018）は，多くの研究者による論文や研究成果および実務家によるレポートを丹念に調べていく中で，販売プロセスが，買手と販売担当者の緊密性に焦点を当てる可能性がある線形的で他段階のプロセスではなく，非線形的で多くのアクターが関与するプロセスに変化してきていること，さらには，販売機能がますます広範囲になることで，他の機能との境界が不鮮明となり，他企業の機能領域へ互恵的な影響を与えるようになっていることを見出している（Hartmann et al. 2018, p.4）。そのような経緯から，販売と価値創造に関して全体的なアプローチが必要であることを述べ，システ

ム的なパースペクティブの採用を主張するのである。そして，このシステム
的なパースペクティブには，制度配列（institutional arrangement）の役割を
認識する理論的基盤を要求するとしているのである（Hartmann et al. 2018, p.4）。

　このシステム的かつ制度的なパースペクティブは，初期のマーケティング
研究において強調されていた[1]ものの，マーケティングや販売に関する研究
では，目立った注目を浴びることはなかったという（Hartmann et al. 2018,
pp.4-5）。しかし彼らは，「近年のマーケティング研究においては，システム
的で制度的な思想が，マーケティングにとっても，恐らく販売にとっても基
盤になるという認識を蘇らせている」（Hartmann et al. 2018, p.5）ことを見出
している。そこで，Scott（2013）の研究を引用しながら，制度とは，活動に
おける禁止や制限のみならず，活動に対する刺激，ガイドライン，リソース
を提供するとともに，その制度は，規制的要素，規範的要素，文化認知的要
素から成立する，という特徴があることを紹介するのである[2]（Hartmann et
al. 2018, p.5）。

　Scott（2013）によると，規制的要素とは，ルールを確立し，それに対する
他者の適合を検査する能力と，必要に応じてさらなる行動に影響を与えよう
とするアメとムチといった制裁を操作する能力のことだという。もちろんこ
れらの能力は，公式的なものと非公式的なものが存在する。次に規範的要素
とは，社会的生活における規範的，評価的，義務的な次元を記述するもので
あり，価値と規範，そしてそれらの価値と規範がどのようにアクターの役割
を形成するのか，ということを強調するものだという。したがって，規範的
要素とは，望んでいる結果（例えば，目標や目的）だけでなく，アクターがど
のようにそれらを追求するのかについても問われることになる。そして文化
認知的要素とは，社会的実在性という性質を構成し，意味が形成されるフ
レームを創造する共有された概念から成るという。別の言い方をすれば，何

がアクターの習慣的な活動の基礎となっているのか，ということである。い
ずれにしても，これらの3つの支柱は連帯的なものとして，意識的なものか
ら無意識的なものにまで及び，また法的に実施可能な要素から常識的な要素
にまで及ぶことになるとされている（Hartmann et al. 2018, p.5）。

（4）サービス・エコシステムの特徴と制度配列の内容調整

　S-Dロジックは，価値共創行為がシステムにおいて行われることを前提と
している。それは，サービス交換において利用されるリソースが，私的・公
的・市場取引的なさまざまな源泉に由来するものとし，他のさまざまなアク
ターからもたらされるものだと考えているためである（Vargo and Lusch
2011）。したがって，S-Dロジックでは，アクターの資源統合と価値共創行
為とは，制度配列の状況によって可能にもなれば制限されることにもなるこ
とを主張するのである。

　サービス・エコシステムという側面から価値共創行為を取り上げると，そ
こに参加することになるアクターの存在と，前項で述べてきた制度配列と
が，より一層の重要性を帯びてくる。サービス・エコシステムにおいては，
買手―売手という2者間関係からズーミングアウトし，価値共創行為に参加
するすべてのアクターを幅広い視野から捉えることで，システムの中に位置
づけられる登場人物として各アクターを据えることになる。

　ところが，ここで注意を要するのは，買手―売手という2者間関係から
ズーミングアウトをするということは，2者間関係を捨象するわけではな
い，ということである。Hartmann et al.（2018）はChandler and Vargo
（2011）を紹介しながら，次のように述べている。「この幅広いパースペク
ティブというのは，買手―売手という2者間関係への理解の重要性を減少さ
せるのではなく，むしろ，価値共創行為を完全に理解するために，様々な
レベルの集合から，関与する制度的要素を見ることを要求することになる。そ
の理由は，2者間関係は常により広範な社会的システムに埋め込まれるから
である」（p.8）。

　サービス・エコシステムというパースペクティブからすると，リソースの

図表10-2　販売におけるサービス・エコシステムのパースペクティブ

販売に関する伝統的なパースペクティブ

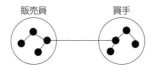

販売員　　　　　　買手

- 販売員は，価値ある製品やサービスを受け入れるように他者を説得し，影響を与える
- 販売員は，ナレッジとアドバイスを提供する
- 買手は，ニーズとウォンツを伝達し，アドバイスを探す
- 両者は公式的で関係的な契約を確立する：販売員は，それらの努力を駆動する存在としてみなされる
- コミュニケーションは，販売サイドと購買サイド（例えば，販売センターと購買センター）に追加的なアクターを関与させる

販売に関するサービス・エコシステムのパースペクティブ

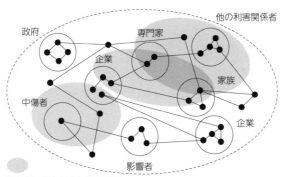

入れ子で重なり合う制度配列

- アクターを形成する多くの集団間と集団内（例えば，組織，企業，家庭）で制度的不一致が見られるだけでなく，制度配列は入れ子状に重なり合う
- 販売は，制度的活動に従事する一連の広範なアクターによって行われ，そして，様々なツールを使いながら様々な方法（例えば，個人的，非人格的）でコミュニケーションする
- 販売は，アクターの制度配列における調整を引き起こし，それゆえに，一連のダイナミックなアクター間の交換と価値共創を促進する
- 購買する側のアクターの考え方と行動を変化させる販売する側のアクターの能力は，制限される
- すべてのアクターは，ナレッジを受け取り適用することによって，そして相互にベネフィットのあるリレーションシップを形成することによって，交換に参加する

出所：Hartmann et al.（2018, p.12）.

意味とそれらの統合行為を導くサービス交換のための調整された制度配列として，共通の基盤を持つデザイン・ルールが概念化されることになる（Hartmann et al. 2018, p.7）。そして，これら調整済みの制度配列がサービスの交換を促進し，交換に対してアクターのコストを削減させることになるという。したがって，サービスの交換は，多くのアクター間のサービスへの期待に関する複雑な描写，情報交換，交渉，信用，無意識的で文化認知的な調整を要求することになるのである（Hartmann et al. 2018, p.7）。恐らく，サービスとサービスの交換は，法律と規制，書面契約や口約束，関係的な規範，ソリューションの見通し，そして受容されるビジネス行為に関して共有された概念，といったような制度的要素を結合して描写することによってのみ理解されることになる（Hartmann et al. 2018, p.7）。それゆえ，販売と制度配列は，どこか共通性のないサブカテゴリーにおける制度を取り扱うのではなく，全体的なものとして見る必要が出てくるのである。

　しかし，この制度配列というのは，完全なものではないことに注意を要するという。すなわち，常に不完全で一時的なものにすぎないのである（Hartmann et al. 2018, p.9）。それは，規制的・規範的・文化認知的要素に及ぶ制度配列の内外で，摩擦を起こすことにもなるからである。したがって，もしもこのような不一致や不和の状態に陥った場合には，制度配列の内容に対して変更や調整を行うことになる。Hartmann et al.（2018）はLawrence et al.（2009b, p.1）を引用しながら，「これらの調整プロセスは，複雑な制度的不一致の解決（例えば，斬新な価値提案）から，ほとんど可視化できないものやありふれた平凡なもの，例えば，慣習化されている販売プロセスに関する場当たり的な調整や適応，折衷などの範囲にまで及ぶ」（p.9）と述べて，制度配列の内容に対する変更や調整について説明している。

　このように，サービス・エコシステムとしてのパースペクティブである，さまざまなアクターによるリレーションシップはもちろんのこと，制度配列が不完全な状態の下で，アクター間が相互作用しながらサービスの交換や価値共創行為が展開されるという性質から，Hartmann et al.（2018）が次のように「販売（selling）」を再定義しているのは注目に値する。すなわち，「販

売とは，制度配列に関する目下進行中の調整とリレーションシップの最適化を通じた接点（thin crossing points）——すなわち，サービスとサービスが効率的に交換される場所——を創造したり維持したりすることに狙いを定めた，アクター間の相互作用である」**(3)**(p.9)。この定義を見ると，販売に関係する制度配列の調整とは，目下進行中の交渉，有効性への実験，学習を通じて，制度配列をどのように特徴付けていくべきかという"最適解を模索するプロセス"を強調している，と認識することができる（Zietsma and McKnight 2009, p.145）。

(5) メカニズムとしてのナラティヴ

S-D ロジックではここ数年，価値共創の「ナラティヴ（narrative）」が，価値共創行為を行うアクターの資源統合の 1 つとして進化してきており，そして互恵的にサービスを提供するアクターは，サービス・エコシステムにおいて，全体的な観点から意味が付与される経験を通じて価値共創をしている，ということが明らかになっている（Vargo and Lusch 2016, p.7）。S-D ロジックにおいて登場するナラティヴは，このように全体が有する意味の観点からダイナミックなものとして捉えられるために，資源統合（FP9）およびサービスとサービスの交換（FP1）を通じた，価値共創（FP6）と価値の決定（FP10）に関係するものとして，したがって，エコシステム全体に関わるものとして特徴づけられることになる。それゆえに，ナラティヴは，エコシステムにおける協調と調整に関係するものであるとともに，エコシステム間で発生するコンフリクトの調和に関係するものとして，その役割が認識されることとなる（Vargo and Lusch 2016, p.17）。

販売におけるナラティヴを捉えていくに当たり，Hartmann et al.（2018, p.10）では，いくつかの研究を取り上げている。Phillips et al.（2004）によると，多くのアクターがナラティヴを生成しているとともに，それらのナラ

---

(3) したがって，この定義においては，アドバイスのような一方向のコミュニケーションについては，相互作用的な構成要素が欠如しているという理由から考慮に入れないこととなり，また，既存の制度だけを当てにするような相互作用や，結果としてアクター間でのいかなる調整，適用，折衷も発生しないような相互作用というのも，定義から外れることになるとされている（Hartmann et al. 2018, p.10）。

ティヴはさまざまな形を有しているという。また Czarniawska（2004）は，ナラティヴを，個々の事象や活動（または一連の事象や活動）に対する解釈や説明，あるいは意味を提供するような記述的・会話的・記号的な有用性（accounts）のあるものとして捉えている。サービスとサービスの交換に従事するアクター達は，それらのリソースを他のアクター達が有するリソースと結び付け，このプロセスにおいて価値提案を行うことになる。そのような価値提案の提供は，記述的（例えば，Eメール，パンフレット），会話的（例えば，セールス・プレゼンテーション），あるいは記号的（例えば，図，モデル，絵）手段を通じてナラティヴの生成を導くことになり，またそれらが伝達され解釈される時に，制度配列の形成プロセスに対して影響を与えることになるとしている（Taylor and Van Every 1999）。

　制度配列と価値共創行為に対する可能と制限を形成するナラティヴにおいて，ナラティヴ自体は，意味の生成を達成するためのより広範な対話（discourses）の中に埋め込まれていくことになるという（Hartmann et al. 2018, p.10）。すなわち，個々のナラティヴは相互作用しながら「ナラティヴの基盤（narrative infrastructure）」を形成していくことになり，それは，ミクロ的・マクロ的なナラティヴの断片がお互いレイヤー化するプロセスから生成される共創されたナラティヴ（cocreated narratives）として説明されるのである（Seidi and Whittington 2014, p.1411）。よって，ナラティヴの断片が結合した「ナラティヴの基盤」こそが，制度配列の形成を導くことになる，と考えられているのである（Hartmann et al. 2018, p.10）。

第2節　営業および販売に対するS-Dロジックの貢献と評価

　前節においては，S-Dロジックの中核的概念である「サービス・エコシステム」・「制度」・「アクター概念」という3つのテーマに対して，Hartmann et al.（2018）を中心的に取り上げながら，営業と販売における適応可能性について考察を行ってきた。本節ではそれらを踏まえ，営業や販売に対するS-Dロジックの貢献について，別の角度から考察を試みることにしたい。なお，営

業や販売については，消費者が購買する専門品を中心とした「消費者営業」も見られるが（河内 2020a），本節では，営業や販売としての特徴がより一層顕著に見られる組織間取引を念頭に置いて，考察を行っていくことにしたい。

（1）A2Aの観点から見る「販売センター」の明確化

A2A を基にしたサービス・エコシステムという考え方は，登場人物としてのアクターの拡がりという観点から，一連の取引に関与する関係者の広さを再認識させるものとして見ることができる。特に組織間取引においては，取引に関与する関係者の多さは，従来より受益者側のアクターが注目されることが多く，それは「購買センター」[4]という買手側の組織購買者集団を分析するのが一般的であった[5]。この購買センター自体は，購買部門のような組織図に描かれる公式的な制度組織ではなく，取引案件ごとに集結するような関係者集団にすぎない（河内 2005）。そのような意味からすると，受益者側のアクターを捉える見方として，サービスの交換に従事する A2A のつながりの観点から取引関係者を捉えることは，決して制度組織では捉えることのできない関係者の存在を浮上させるものとして役立つことになる。さらには，サービスの交換自体をズーミングアウトして見直すことは，組織間取引や産業財取引に特有の取引連鎖構造の姿（河内 2020b）を捉えるものとして，受益者側のアクターのその背後に位置する "川下側のアクター" の存在を認識する際にも有益となるに違いない。

他方，A2A を基にしたサービス・エコシステムは，サービス提供者側のアクターの拡がりに注目する契機を生み出したことも確かである。もちろん，組織間取引において，提供者側のアクターの存在が従来まったく注目されてこなかったわけではなく，それは「販売センター」として認識されてきた。この「販売センター」は，多くの場合 "営業チーム" として認識されること

---

(4) この「購買センター」に集結する関係者は，一般的には，使用者（users），購買者（buyers），影響者（influencers），決定者（deciders），ゲートキーパー（gatekeepers）が知られている（Webster and Wind 1972）。

(5) 改めていうまでもなく，「購買センター」の存在は，消費財の購買に対しても認識されている。

となり，それは構造的に組織化されるような正式なチームになるとされている（Hutt and Speh 2004）。

　日本において「販売センター」の存在があまり注目されてこなかった理由は，主に売手側組織の内部的な問題として認識されるに留まっていたからかもしれない。製品開発担当者，物流担当者，サービス担当者といったスタッフレベルでの連携をはじめ，資材調達部門，生産部門，技術開発部門，物流配送部門などといった部門間連携は，売手側組織においては"対社内"への内部協力獲得のための社内折衝の問題として認識されてきた（河内 2020a）。

　ところが，サービス・エコシステム内に存在する A2A という観点から，サービス提供者側を含む広範なアクターの存在を浮き彫りにさせることは，次の2つの観点において重要な示唆を提供することになったといえる。1つは，サービス提供者側の川上に位置するアクター（産業財企業・原材料メーカーなど）や，何らかの機能を委託するアウトソーシング先としてのアクター（受託企業・提携企業）の存在にも目を向けることになった，ということである。そしていま1つは，受益者側のアクターが交換されることになるサービスの状況が，提供者側の「販売センター」や関係者集団の状況に依存することになる点を，改めて認識させることになった，ということである。特に後者は，受益者が暗黙のうちに認識していたであろう点を明示化させる役目を果たしたといえ，加えて，これから交換されることになる相手側のサービス状況について，事前に分析・判断する機会が持てる可能性を示唆することになったともいえよう。

　また，Hartmann et al.（2018）では，この「販売センター」におけるアクターとして，業界関係者や専門家，ジャーナリスト，顧客ユーザーによる推奨やロビー活動に目を向けていることは注目に値する。もちろん，このようなアクターの存在自体が従来まったく認識されてこなかったわけではなく，原則的には，アクターの意思に委ねられる"自発的な推奨行為"の問題として取り扱われていたといえる。従来，販売（活動）に含まれるものとして認識されていたものは，売手企業内に存在するアクターの努力行為が及ぶ範囲内，あるいは売手企業のコントロール下で情報や行動が制御できる活動枠組

み内（広告代理店等を含む）に留めるのが一般的であったと考えられる。したがって，「販売センター」を構成する関係者として，業界関係者や専門家，ジャーナリスト，顧客ユーザー等々をアクターに含めることは，画期的な認識として見做すことができよう。制度的・公式的な存在ではないにせよ，本来的には自らの組織集団の外部に存在しているアクターを，あたかも組織内部のアクターとして取り込むことは，たとえ組織間取引であっても，それらアクターが発信するナラティヴの影響力を考慮することの必要性について，新たな認識をもたらすことになったといえる[6]。

(2) 取引における制度配列の志向性とその自己調整機能

A2Aという関係を基にするサービス・エコシステムは，前項で見てきたように，1つの取引案件を中心としたアクターの拡がりを浮上させるとともに，他方では，"システム"として描写されることから，エコシステム自体は，制度配列による安定化を目指すことを内包していると考えられる。各々のナラティヴによって形成される「ナラティヴの基盤」は，取引内容の合意という姿を示すものと考えられ，またその合意形成過程で起こり得るコンフリクトの発生は，エコシステム内外のさまざまなアクター間の接点で発生するナラティヴにより調整・解消されることで，エコシステム自体の全体調和を目指す方向へ帰着すると考えられる。したがって，このように，ナラティヴの生成による制度配列の自己調整機能を有することは，取引が安定的・安心安全的に行われることに対して，重要な役目を果たすことになると考えられるのである。

上述したようなエコシステムの安定的な姿は，Win-Winの関係を目指すリレーションシップの理想型を彷彿させることになる。ところが，実際の取引を考慮してみると，必ずしもそのようなリレーションシップの姿を志向す

---

[6] もちろん，消費財販売においては，SNSを中心としたクチコミやバズ・マーケティングの重要性が認識されていることは間違いない。そのようなクチコミの重要性については，古典的な「オピニオン・リーダー」や「コミュニケーションの2段階の流れ」といった研究をはじめ，過去から今日まで多くの研究蓄積が存在している（井上2018）。

るばかりではないことも確かである。それは，アクターとしての立場の違い
に由来する，取引に対する思惑や志向性の違いが存在しているためである。

　一般的に，受益者側となる買手側のアクターは，できるだけエコシステム
の安定化を目指すことになる。その理由は，システムの不安定性に由来する
リスク発生を極力避けたいために他ならない。すなわち，取引においては通
常，特に問題が発生しない限り，すでに取引実績のある業者との取引継続を
選好する傾向が見られ，もしも取引内容の刷新を検討しなければならない事
態が発生した場合には，慎重な意思決定を踏むのが一般的となる（河内
2020a; 2020b）。このような状況は，「新規購買」や「修正再購買」を想起する
と理解しやすいであろう（Robinson et al. 1967）。

　他方，提供者側となる売手側のアクターは，むしろエコシステムの安定化
を好まない傾向に向かう。それは，ライバルとなる多数のアクターが存在す
ることを前提に，いかに新規取引を獲得できるのか，あるいはより利益の創
出が可能な取引へと内容変更に持ち込めるのかという観点において，各営業
チームに所属するアクターが行動するからである。注意をしなければならな
いのは，直接再購買が常態化している場合であっても，むしろ売手側のアク
ターは，その状況を刷新しようとする思惑を持つという点である（河内
2020b）。河内（2020b）では，直接再購買の常態化は，売手においては安穏と
している場合ではなく，むしろ，いずれ起こるであろう買手の行動を見据え
た戦略的対応を採るべきことを述べている。したがって，売手側のアクター
とは常に，制度配列や価値共創内容の変更に向けた思惑の基で行動するもの
と考えられることから，常に新たなナラティヴの生成を目指すことを基本に
据えているといえるのである。

　以上のように考察をすると，取引行為という観点からサービス・エコシス
テムを捉えたとき，そのエコシステムにおいては，相反する力学をシステム
に内在させていることになる。すなわち，受益者側のアクターでは制度配列
の安定化を志向する一方で，提供者側のそれではむしろその制度配列安定化
に対する破壊への志向を有しているのである。営業や販売という観点から
S-D ロジックを捉えるとすれば，このようなダイナミックな存在であるアク

ターの実態をより強調しながら，そのサービス・エコシステムの姿を描くことが必要となるであろう。

おわりに

　本章では，「営業」や「営業活動」，あるいは「販売」や「取引」に焦点を当てながら，S-D ロジックにおける「サービス・エコシステム」・「制度」・「アクター概念」という 3 つのテーマを中心に，それらの適応可能性について考察に取り組んできた。とりわけ第 2 節においては，特徴をより明らかにしたいという意図の下，組織間取引を念頭に置いた考察を展開してきたが，S-D ロジック自体がすでに認識しているように，ズーミングアウトの結果としてアクターや A2A の存在を強調していることから，第 2 節で述べて来たことは，消費財営業や消費財取引においても，ある程度同様のこととして敷衍させることができるのかもしれない。いずれにしても，「サービス・エコシステム」・「制度」・「アクター概念」といったパースペクティブからは，組織間取引において覆い隠されつつあった側面に改めて焦点を当てることとなり，S-D ロジックならではの一定の貢献を認めることができるであろう。

　しかし，営業や販売活動という側面を，特に組織間取引を中心に見据えて評価をするのであれば，現在の S-D ロジックには“時間軸としてのプロセス”が欠如していることも確かである。その“時間軸としてのプロセス”とは，競争業者の存在を前提とする顧客探索からはじまり，取引交渉や商談，取引の締結といったビジネス・プロセスそのもののことを指している。そしてそれらは，S-D ロジックの脈絡では，相手として組むべきアクターの認知と形成，ナラティヴの生成や調整といった，エコシステム自体の生成と存続に関わる部分として置き換えることが可能である。現在の S-D ロジックは，結果論的な構造分析が中心的課題となっているきらいがあり，エコシステムや制度配列の“生成”に関わることに踏み込まないとすれば，ビジネス実務への応用という道も閉ざされることになりかねないであろう。折しも Vargo and Lusch（2017）では，これらに関連するリサーチ・クエスチョンが設定されている。今後の研究動向について，さらに注目していくことにしたい。

第 **IV** 部

S-Dロジックをめぐる
理論的トピックス

第11章

S-Dロジック思考のWell-Being

はじめに

　経済が成熟するにつれ，人々は生活様式の改善に関心を向けるようになった。米国や欧州の研究機関が中核を担うサービスマーケティング分野においても，2010年以降から経済指標や満足度指標を超えて，サービスの成果として人の Well-Being 向上に焦点が当てられるようになった。このような Well-Being を対象とするサービス研究は Transformative Service Research (TSR) と総称され，主要な学術誌において多くの特集が組まれるようになっている。しかし，TSR の歴史は浅く，どのようにしてサービスを通じて Well-Being を追求できるのかに関して十分な研究の蓄積はまだない。

　2004年に発表されてから，サービス・ドミナント・ロジック（S-Dロジック）はマーケティング研究者をはじめとするさまざまな人のマインドを提供者志向から消費者志向へと変革することに注力してきた。さらにいえば，S-D ロジックは社会の営みを提供者と消費者という従来の経済的関係に限定して認識することを拒み，一人一人の存在を（ジェネリックな）アクターとして捉え直すことで対等なネットワーク構造の視点から社会の在り方を見通すことを推奨する（Vargo and Lusch 2016）。このことから，S-D ロジックは消費者志向というよりも，むしろ，生活者志向といえる。S-D ロジックというレンズはあらゆる人々の基盤を成す生活者の側面に光を当て，社会を構成する交換という行為を包括的に論じるための道具をわれわれに与えてくれる。ゆえに，このレンズは Well-Being を捉えるうえで有用な視点を提供し得る。

　本章では，S-D ロジックのレンズを用いて Well-Being 概念を浮かび上がらせることで1つのフレームワークを提案する。本フレームワークは S-D ロ

ジックを通じてWell-Beingへの理解を深めるとともに，Well-Beingを通じてS-Dロジックの理解をも深めるものである。次節では，生活者志向としてのS-Dロジックの根底にある思想について解説する。続いて，これまでのWell-Being研究を整理したうえで，S-DロジックのレンズからWell-Beingを理解するためのフレームワークを導出する。最後に，提案するフレームワークがわれわれ生活者にどのような示唆を与えてくれるのかを考察することで本章のまとめとする。

第1節 / 生活者志向としてのS-Dロジック思考

（1）生の目的としてのWell-Being

S-Dロジックの概要については，本書第Ⅰ部においてすでに解説されている。そこで，本章ではWell-Beingについて考察するうえで有用なS-Dロジックの根幹を成す思想に焦点を絞り解説する。

S-Dロジックは発表当初から，人が目指すべきものとしてWell-Beingを据えていた。人は生存およびWell-Beingに向けて最適化された能力を持って生まれて来るとは限らない。ゆえに，古から専門化された能力をそれぞれに身に付け，集団生活を営むことで効率的に社会を発展させてきた（Vargo and Lusch 2004a）。われわれは，生活者として集団生活の中で善き生（Well-Being）を目指して他者と交わり合いながら生きている。これがS-Dロジックの前提となっている価値観である。この価値観に立脚しているからこそ，S-Dロジックは従来の経済的関係に見る提供者と消費者という二者関係の視点を脱却し，人は社会・自然生態系の中で周囲の（自分と対等な）アクターと結び付き合いながらWell-Beingのための価値を共創していると捉える。

S-Dロジックの公理4「価値は常に受益者によって独自にかつ現象学的に判断される」（Lusch and Vargo 2014, p.15）は言明の曖昧さゆえに批判に晒されてきた。しかしながら，上記の価値観に立てば，価値に関するこのような説明の意図が理解できる。つまり，価値というものはすべてWell-Beingに

つながっており、それゆえ各人に固有の文脈によって独自に決定される。価値に対する捉え方が個人によって異なるから、モノ・サービスの価値は金銭で客観的に表現できるような画一的なものではない。しかし、それでは（経済的）交換が回らず集団生活が止まってしまうので、需要と供給の関係などの市場メカニズムによって便宜的に値札という社会的現実（フィクション）が構成される。生活者としてわれわれはこのことを常に念頭に置かなければならない、というのが公理4の意図するところである。

(2) 2つの資源

　S-Dロジックにおいて、価値は一個人が何もないところから生み出すのではなく、集団生活における交換を通じて資源を統合することによって共創される。従来、資源とは活動の原材料となる有形で静的なものを指して使われる言葉である。しかし、S-Dロジックは価値が受益者によって決定されるという立場から、より柔軟な資源の定義を用いる。なお、本章では価値が創造されるプロセスを「価値の共創」、価値に対する判断を「価値の決定」と使い分ける。

　価値を共創する資源統合という行為の原材料となる資源はオペランド（operand）資源と呼ばれる。一方、原材料に働きかけて価値を引き出すアクター固有の能力も資源と捉えられ、オペラント（operant）資源と呼ばれる。オペラント資源の代表的なものは知識とスキルである。人はオペラント資源を使ってオペランド資源に作用することによって価値を共創する。このプロセスを資源統合と呼ぶ。例えば、読者が読んでいる本書はオペランド資源であり、本のどの部分に注目してどのような知見を引き出すかは読者の知識であるオペラント資源次第である。このように、オペラント資源という属人的な要素を中核に据えているからこそ、S-Dロジックのレンズにおいて価値は各人が独自に決定するものと見なされる。

　マーケティング研究では、オペラント資源は知識とスキルに限定されてきた。また、オペラント資源は無形のものでオペランド資源が有形なものを指す、と教科書には書かれている（Lusch and Vargo 2014）。だが、Well-Being

について考える時はより柔軟な資源の定義が必要である。つまり，許容される中で最も広い定義として，オペランド資源がオペラント資源に使役されることによって価値が共創される，という原理的な説明のみを採用することである。前段落で本そのものをオペランド資源と見なしたが，厳密にいえば，本に書かれた知識こそがオペランド資源である。したがって，知識とスキルがオペラント資源であるという説明は正確ではない。この例では読者が自身の知識（オペラント資源）を使って書籍に書かれた知識（オペランド資源）から新たな知識（価値）を引き出している。

　この定義について，ドラマツルギー（Goffman 1959）の視点から考えてみるとわかりやすい。ドラマツルギーとは，俳優が役柄を演じるようにわれわれ生活者も日常の各場面に応じて自分の役割を演じながら生活していると見なす視点である。われわれはアクターとして，人生という演目でより善い演技を目指している。そのためには，舞台装置，大道具，小道具，他の演者，観客などのあらゆるものを活用する必要がある。これらの資源に対して，観客の反応を感じ取る能力，脚本に込められたメッセージを表現する能力，他の演者と呼吸を合わせる能力，スポットライトが向けられることで自分をさらに輝かせる能力，これらすべての能力を発揮することによって善い演技ができる。この視点から，オペラント資源とは（オペランド資源から価値を引き出すために）アクターが発揮する能力のことであり，オペランド資源とはアクターの能力に使役されるあらゆるものと理解できる。S-D ロジックは「資源はあるのではなく，資源になる」（Lusch and Vargo 2014, p.121）ということを強調する。能力は，発揮されてはじめてオペラント資源となり，オペランド資源もオペラント資源に使役されることではじめて資源となる。だが，それらは資源になる前（資源統合の前）からすでにそこに存在している。スポットライトそのものはただの黒い塊でしかないが，アクターを照らすことでそこから善い演技が引き出される時に資源となる。

（3）社会を構成するサービス交換

　S-D ロジックの公理 1「サービスが交換の基本的基盤である」（Lusch and

図表11-1　農家と漁師のサービス交換

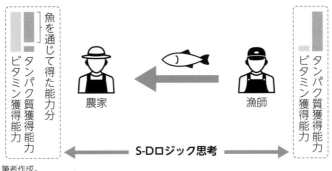

出所：筆者作成。

Vargo 2014, p.15）はサービスに着目して交換を捉える重要性を指摘する。こ
こでのサービスとは「便益のために能力を適用すること」（Lusch and Vargo
2014, p.12）と定義される。すなわち，価値を引き出すために能力を発揮する
ことをサービスと名付けており，従来のサービス概念とは異なる。

　われわれは生活者としてサービスを交換しながら暮らしている。この説明
は一見シンプルだが，それを理解するのは容易ではない。そこで，従来の説
明に補助線を加えながら，教科書にもある農家と漁師の例を取り上げる。農
家が漁師から魚を交換してもらう場面を想定してみよう（現代社会では多く
の場合が貨幣であるが，ここでは農家が漁師に渡すものが何かは問わない）。従来
の経済学の説明からすれば，農家は魚を得て満足する（効用を得る）と捉え
られる。一方，図表11-1に補助線として付記したように，S-D ロジックに
おいて農家は魚というモノを媒介として漁師からタンパク質獲得能力を得た
と捉える。

　これは Well-Being のためには多くの専門化された能力が必要であるとい
う前提に立つ。農家は育てた作物を通じて普段からビタミン獲得能力を備え
ているが，この例では交換を通じてタンパク質獲得能力も得ることで Well-
Being を高めている。すなわち，農家はタンパク質獲得能力の発揮という
サービスを漁師から得たのである。なお，この例で示すように S-D ロジック
においてモノは能力発揮の媒介物であるために間接的サービスと捉えられ，

同じモノ（オペランド資源）を得たとしても異なる農家間では調理能力（オペラント資源）の差異によってタンパク質摂取量（価値）は異なる。また，S-Dロジックにおいて貨幣は将来的にサービスを受ける権利（間接的サービス）と理解される。つまり，マッサージ屋に支払われる日本銀行券も孫が祖母に渡す肩叩き券も同じ性質を持つ。農家が漁師に貨幣を渡して魚を得たのであれば，間接的サービス（タンパク質獲得能力が埋め込まれた魚）と間接的サービス（将来的にサービスを受ける権利である貨幣）を交換したことになる。これがサービスに着目して交換を捉えることの意味であり，サービス交換と資源統合の視点から分析することで，S-Dロジックは Well-Being に焦点を当てて社会の関わり合いを理解することを可能にする。この視点に立つからこそ価値は共創されるものと捉える。

　複雑な社会は三者以上が交換に参加することでサービス交換が複雑に入り組んでいるだけであり，1つひとつを紐解けばこの説明に立ち返る。社会はアクター同士が能力を発揮し合う（サービスを交換し合う）ことによって構成される。これが，集団生活に対する S-D ロジック思考である。

第2節／Well-Being研究に通底する2つの思想

（1）プロセスとしてのWell-Being

　このような S-D ロジック思考の観点から，本章はこれまでの Well-Being 研究をプロセスに着目するものと結果（アウトカム）に着目するものとに大別する。前者はサービス交換および資源統合のプロセスそのものに Well-Being が在るという考えである。一方で，後者はサービス交換を通じて得られる結果に Well-Being が在ると考える。なお，本章における Well-Being とは「善き生」を意味し，善や幸福，快楽などを含む包括的概念と捉える。

　プロセス志向の Well-Being における代表的な論者は Aristotle である。彼は人間のあらゆる活動は善を目的とし，最高善は自己充足的な幸福（エウダイモニア）としての魂の活動であると述べる（アリストテレス 2015）。ギリ

シャ語のエウダイモニアは英語のハピネスとは異なって行為・活動を土台としており，Well-Beingは状態ではなく行為の中にあると捉える。すなわち，その人自身に備わる固有の能力を発揮することを目的に活動し，その能力を十全に発揮できている時がWell-Beingであると見なす。例えば，本書を読むという行為自体を目的とし，本書を読み解くために読者に固有の能力が発揮されていればWell-Beingである。

　Aristippusを祖とする主観的な快楽を追求したキュレネ派もこの思想に含まれる。Aristippusは未来や過去に惑わされることなく刹那的な経験における快楽に最高善があると説いた（Watson 1895）。キュレネ派は，個人の主観的な感知に基づく肉体的快楽に重きを置き，その感覚を引き起こす対象の本質について知ることは不可能である，と物質・事象に対する科学的な分析を退ける。例えば，本書が読者にとって主観的に大変心地よい紙質を使っており，あまりの気持ちよさに本に触れ続けていればWell-Beingである。

　Aristotleによる活動説とキュレネ派の経験感覚に東洋の哲学と宗教の精粋を加えた西田は人格的善を説いた。彼は，自己の可能性を開花させて他者には模倣できない人格を実現させる行為が善であると論じる（西田 1950）。人格的善を達成するには，自己が自己を意識しなくなる程に全力を尽くす必要がある。西田は画家を例に，画家が花を描こうと意識的に企画している段階ではその人格は現れず，一心不乱に絵と向き合ううちに自然と手が動く，いわば画家が花を描くとともに花が画家に描かせる境地に至ることが人格善であるとした。この考えは彼の純粋経験の概念と深く結び付く。純粋経験とは，主観と客観が分かれる前の事実をありのままに知覚している経験を指す。この時，世界（客観）を解釈する自分の認識（主観）を介さずに事実が経験されるため，自己と世界は統一される。神経科学の知見から，人は特定の事実に触れた時にそれまでの経験で構成してきた概念から次に起こることを予測し，予測に合わせて事実を社会的現実として認識することが指摘されている（Barrett 2017）。だが，純粋経験はそうした認識が介在する前の純粋な経験を指し，純粋経験を通じて人格を実現する行為が善である。例えば，本書を徹底的に読み込むことで文章を読んでいることすら忘れてしまうくら

いに自分が本と一体となり，内容の理解に加えて読者ならではの解釈が現れることが Well-Being である。

　心理学者である Csikszentmihalyi が提唱するフロー概念もプロセス志向である。集中力の統制が幸福な生活につながると考える彼が最適経験と呼ぶフローは，1 つの活動に深く没入し時間も忘れる程に集中している楽しい経験を指す（Csikszentmihalyi 1990）。Csikszentmihalyi は，Aristotle の幸福に関する議論を土台に経験の中に人の幸福があると捉えた。フロー経験において，人は自意識を失うように周囲環境と溶け合い，目の前の行為に没頭して時間感覚も歪むことから，西田の純粋経験とも類似性が見られる。フロー時はその経験に夢中になり，他の事柄が気にならなくなる。例えば，読者が寝食を忘れて何時間も楽しく本書を読むことに没頭していれば Well-Being である。

（2）アウトカムとしてのWell-Being

　アウトカム志向の Well-Being については，Bentham が体系化した功利主義が典型である。功利主義は社会の中で可能な限り多くの幸福（快楽）を生み出すことを目指す。行為の望ましさは，そこから生じる幸福によって決まるため，結果に Well-Being が在ると捉える。死体は何も経験しないにもかかわらず，医学の進歩に貢献できて人類の幸福度を上げられるので死体を解剖すべきである，と Bentham は考えていた。幸福について量的な差しか考慮しなかったことで批判された彼の後に功利主義を発展させた Mill は，質的な違いを重視することで個人の自由を尊重したが，結局は行為そのものではなく帰結される結果を問題としていた（ミル 2010）。このように，行為は単なる手段であり結果としてもたらされるものを目的とする立場を帰結主義という。例えば，本書を読むことで人類が幸福になるのであればこの読書行為は Well-Being をもたらす。

　Epicurus も帰結主義の立場から快楽としての幸福を追求した（エピクロス 1959）。快楽を追求することからエピクロス派はキュレネ派と類似性が見られるが，帰結主義に立つ Epicurus は瞬間的な快楽を選ぶことがより大きな

不快をもたらすのであればその行為は選ぶべきでないと主張した。彼は際限のない富や名声などによる快楽よりも，衣食住などの生存に必要な欲求のみを追求して，精神の安定を目指した。例えば，富や名声のために苦しみながら残業を続けるのであれば，それは Well-Being ではない。それよりも，平静な心を手に入れるために都市の喧騒から離れてのんびりと読書に勤しむ方が善い。

Bentham のように社会の厚生について議論した Sen のケイパビリティアプローチもアウトカム志向である。彼は，財から効用を引き出す能力であるケイパビリティに幸福の源泉があると主張し，財の平等を訴える平等主義や効用のみに注目する功利主義には否定的であった。Sen は beings（例：健康的である）と doings（例：栄養ある食事を摂る）を合わせて機能（functionings）と呼び，個人が活用できる価値ある機能の束をケイパビリティとした（Sen 1985）。個人の自由を重視した彼は，機能が増加してケイパビリティが高まることで自由に選択できる範囲が拡大することが幸福につながると考えた。例えば，本書が読者の選択肢を広げるのであればこの読書行為は Well-Being をもたらす。

ポジティブ心理学もその多くの研究成果がアウトカム志向である。この分野では日常を充実させるために人の肯定的な側面を伸ばすことを目指す。つまり，行為のプロセスそのものに Well-Being があるのではなく，その行為を善いものとするために心理状態や認知能力を高めることが Well-Being をもたらすと考える。この見方に従えば，徳を高めることが結果として幸福をもたらすとしたストア派もこの思想に含まれる。同様に，Calvo and Peters (2014) が医学的アプローチと呼ぶ古典心理学のアプローチも，病気などの否定的な側面に対処するという違いはあるものの，根本的には能力向上を目指しており同じ思想の流れを汲む。これまでに蓄積されてきた TSR の知見も基本的にはサービス交換の成果としてのアクターの状況や状態の改善を目的としており（白肌・ホー 2018），アウトカム志向の思想に沿っている。

図表11−2　目的-資源モデル

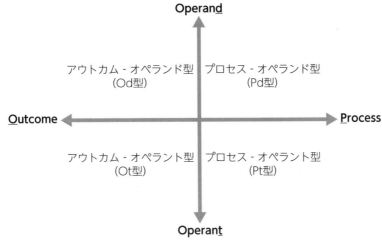

出所：筆者作成。

第3節／S-Dロジック思考に基づくWell-Beingの理解

（1）目的-資源モデル

　ここまでの議論を土台に，S-D ロジック思考に基づいて Well-Being を理解するためのフレームワークとして目的 - 資源モデルを提案する（図表11-2）。これは，サービス交換の目的（プロセス志向／アウトカム志向）と Well-Being の源泉（オペランド資源／オペラント資源）という 2 つの軸から構成される。

①　プロセス-オペランド (Pd) 型

　Pd 型 Well-Being はサービス交換という行為の中にあり，オペランド資源が源泉となる。サービス交換において自身の能力と関係なく自動的に快楽が喚起される場合が典型である。キュレネ派など快楽主義が Well-Being のこの側面を強調しているように思えるが，彼らが目指す快楽は主観的なもので

あり，快楽を感じるのに相応の見識を必要とする。むしろ，介護ロボットのように誰でも同等の価値を得られるテクノロジーの発展やユニバーサルなデザインを目指すことが Pd 型 Well-Being の追求を意味する。ただし，Pd 型 Well-Being を提供しようとするサービス交換では，相手の主体感や自律性を維持しながら彼らの欲求を満たすことが求められる。さもなければ，他者から与えられることを待つだけの生活者ばかりが増えてしまう。

　これは技術開発に限ったことではなく，社会制度や文化によって全体主義的に行動が制限される場合にも当てはまる。例えば，デジタルネイティブ世代は SNS の成熟によって自分の生活を公開することが自然な環境下で育ち，それを加速させるデジタルサービス（リアルタイムで寝起きのタイミングや居場所を共有する携帯アプリなど）が市場に溢れることで自分だけが同様のサービスを利用しないことが難しくなる。目的 - 資源モデルに基づけば，自身に固有の能力を発揮することが楽しくて動画を配信することは後述する Pt 型 Well-Being を追求しているが，配信や編集行為そのものよりも配信中に得られる他者からの承認が目的の場合は Pd 型 Well-Being を追求している。ハイテクノロジーに支えられた監視社会も Pd 型 Well-Being に基づいた幸福観に拠っている。安全システム（オペランド資源）が行為の Well-Being を高めるからである。

②　アウトカム-オペランド (Od) 型

　Od 型 Well-Being はサービス交換した結果にあり，オペランド資源が源泉となる。サービス交換によって物質的な豊かさが増すような場合が典型である。エピクロス派が忌避するような富や名声によってもたらされる快楽は，Well-Being のこの側面を強調している。経済成長の著しい新興国が巨大ビルの開発を推し進めるのは Od 型 Well-Being を信仰しているからである。この背景には，GDP という経済指標が国や人の豊かさを十分に表せると考えられてきた歴史がある。だが，目的 - 資源モデルが示すようにこれは Well-Being の一側面にすぎない。属人的でないオペランド資源は相対的に模倣しやすく，過当競争を招く。国家間の競争激化は，皆が目の前の Od 型 Well-

Being を追求するためである。GDP に基づけば，経済成長をすることで貧困が減る。しかし，貧しさとは金銭がないことに限定されない（Sen 1999）。

　加えて，オペランド資源は地球環境資源を素とする場合が多く，たとえ人の欲望に際限がなかったとしても供給できる量には限りがある。この点において，Od 型 Well-Being は Pd 型 Well-Being と同様に他者・環境依存であり，Well-Being を生み出すオペランド資源の量的増大を目指すより，同量からより善い Well-Being を引き出せるように質的に追求する方が協調的かつ持続的である。すなわち，オペランド資源が Well-Being の源泉となる場合にこそ，オペランド資源そのものではなくそれがもたらす結果を意識して，そこから Well-Being を引き出すためのオペラント資源に注力することが重要となる。

③　アウトカム-オペラント (Ot) 型

　Ot 型 Well-Being はサービス交換した結果にあり，オペラント資源が源泉となる。サービス交換によって自身の能力が高められるような場合が典型である。多くの能力（オペラント資源）を備えることが Well-Being をもたらすという前提に立つ S-D ロジックは Well-Being のこの側面を強調している。この観点からすればケイパビリティアプローチも類似しているが，オペラント資源とオペランド資源を区別しない点が異なる。教育の機会均等を目指すのは，Ot 型 Well-Being の効果を信じているからである。教育を通じて学習者のオペラント資源を強化することで，長期的には彼らが Well-Being を得られるようにしている。だが，教育は短期的には必ずしも本人に Well-Being をもたらさない。難解な古典がすぐには理解できなくとも，日常の中に少しずつ定着することで，簡単に理解できる入門書を 100 冊読むよりも多くの知恵が得られることも多い。

　短期的な効果の知覚が難しいという Ot 型 Well-Being の難点に対し，目的 - 資源モデルは二方向の解決アプローチを示唆する。ゲーミフィケーション（Lee and Hammer 2011）やナッジ（Thaler and Sunstein 2008）のような人の無意識に作用する設計を取ることは，オペランド資源を改変してアクターが

自然と自身に備わるオペラント資源を活用するように仕向けるものである。一方，困難な物事を最後までやり抜く力であるグリット（Duckworth 2016）を伸ばすことは，本人に備わるオペラント資源を強化するアプローチである。

④ プロセス-オペラント (Pt) 型

Pt 型 Well-Being はサービス交換という行為の中にあり，オペラント資源が源泉となる。サービス交換において自身の能力を発揮することで肉体的・精神的快楽を得る場合が典型である。程よい難易度の課題に取り組む時に人は能力を発揮することに没頭しフロー体験をすることから，フローは Well-Being のこの側面を強調している。Aristotle が主張するエウダイモニアも同様である。すぐに消失する快楽的幸福であるヘドニアと対比してエウダイモニアを持続的幸福と訳す場合もあるが，Well-Being がプロセスの中に在ることが重要であり，持続的かどうかは本質的な問題ではない。生活に必須でないと見なされる芸術文化は，Pt 型 Well-Being をもたらす。創作者が作品に取り組む時に，彼らは固有の能力を発揮する。作品の芸術的な意義は経済指標が決めるのではなく，制作プロセスに在る Pt 型 Well-Being によるのである。鑑賞側にとっても，Pt 型 Well-Being は作品を鑑賞して心が動くプロセスの中にあり，ただ作品を保有するだけでは得られない。

(2) 集団生活におけるWell-Beingの向上

本章が提案した目的 - 資源モデルは，必ずしもこれまでの Well-Being の分類と一致しない。西田は，Aristippus と Epicurus，Bentham を同じ快楽主義者とまとめた（西田 1950）。テクノロジーと Well-Being の関係性を論じた Calvo and Peters（2014）は，Well-Being に関する心理学研究を医学的アプローチ，快楽アプローチ，エウダイモニア（持続的幸福）アプローチに分類した。ポジティブ心理学を創設した Seligman の PERMA モデルは，アウトカム志向に軸足を置きながらもプロセス志向の要素を含む（Seligman 2011）。例外として，主観的幸福感（Subjective Well-Being）について研究した

Kahneman は，経験された効用と記憶された効用の差異について論じており
（Kahneman and Tversky 2000），これは目的 - 資源モデルの横軸と類似する。

　目的 - 資源モデルがこのような軸を採用するのは，これまでの Well-Being
研究が「Well-Being とは何か？」を追究してきたのに対し，本章は「どうす
れば社会・経済活動を通じて生活者の Well-Being を高められるか？」を追究
しているからである。つまり，Well-Being は集団生活における相互作用の中
に在るという認識に基づいて，S-D ロジックの視点から Well-Being を整理し
た。古くは哲学や心理学の立場から法制度の整備や個人の特性・行動の改善
について議論され，近年では情報学や工学の立場から Well-Being を毀損し
ない情報技術との付き合い方が論じられるようになった（Calvo and Peters
2014）。だが，情報技術以上にわれわれの生活に深く根付いているのは，交
換の場となる市場である。マーケティングの観点から市場を通じた生活者の
Well-Being の向上を目指すことで，未来社会をより善い方向へと先導でき
る。

　Well-Being は偏った一側面のみではなく，目的 - 資源モデルで整理した四
つの側面を適切なバランスで追求することが望ましい。人生を登山に例える
ことがあるが，登山は山に登るという行為のみで完結するわけではない。よ
り高い山に登るには事前準備とトレーニングが不可欠である。天気が悪い時
には，山の麓でテントを張り，その中で日がな一日読書して過ごすこともあ
る。頂上に到達した後の復路でも，用心しないと大怪我をしてしまう危険性
がある。人生においてもあらゆる場面で，その時の自分に適した Well-Being
を追求することが大切である。

　どのようなバランスが適切であるかは，各人の文脈に依存する。また，必
ずしも 1 つのサービス交換に 1 つの Well-Being があるとは限らない。2 つ以
上の側面に跨って Well-Being が得られる場合もある。例えば，本書を読む
行為自体が読者に Pt 型 Well-Being をもたらすと同時に，本書で得られる知
識が Ot 型 Well-Being を高めることもあるだろう。加えて，同じサービス交
換であってもアクターが異なることで，あるいはアクターの目的が異なるこ
とで得られる Well-Being が変わる。価値は現象学的に決定されるのである。

おわりに

　本章は生活者志向としてのS-Dロジックに焦点を当てたが，マーケティングにとってもこの視点は有用である。求められるのは，眼前の市場を生活者志向の水準にまで抽象化し，各アクターがWell-Beingのために何を得るべきなのかを考えることである。S-Dロジックは，経済活動（商品を売ること）だけを分析するという呪縛からマーケティングを解放する。

　経済活動は，われわれ生活者の一側面にすぎない。市場を形成する仕事（職業）というものは，Well-Beingに必要だから創られるわけではない（Graeber 2018）。歴史的に，人類は必要十分な労働だけをして生きてきた期間の方が長かった。経済の成熟が新たな社会問題を生産し続ける現代では，S-Dロジックを土台にマーケティングの観点から集団生活の本質を浮き彫りにして，未来社会を共創するための視点を提供することが求められる。例えば，筆者はサービス交換が表層的な効用をもたらすだけでなく人の自己概念を拡張するプロセスを解明することの重要性を指摘し，この研究の方向性をサービス力学と呼んでいる（Ho and Shirahada 2021）。マーケティングは単なる市場の理解だけを目指すのではなく，社会をより善い方向へと導く責任を持っている。本章では，この責任を果たすための1つの道具を示した。だが，真に重要なのは道具そのものよりもどのように社会を変革できるかということである。そして，それはわれわれの生活の中で実践されるものであろう。

第 12 章

新しいマーケティングの「論理」
――S-DロジックおよびSロジックの視点から

はじめに

　S-D ロジックおよび S ロジックが提示されて以降，多くのマーケティング研究者が新しいマーケティングをどのように示すかについて試みてきた。しかしながら，すでに 10 数年が経過しているにもかかわらず，その成果は必ずしも十分ではない。そこで本章では，S-D ロジックおよび S ロジックが意図したサービス概念を基に新しいマーケティングの「論理」を明らかにする。

　さて，両ロジックにあっては，その思考においていくつか共通する点があるものの，少なくともそれらが提示されることになった経緯，背景は異なっており，そこから互いに違う考え方に至っていると考えられる。そこで，次のような手順で本章を進めていく。つまり，S-D ロジックと S ロジックを対比させる中で，論点を浮き彫りにし，明らかとなった論点に新しいマーケティングの提示という視点から考察を加えるものとする。

　ところで，ここでいう新しいマーケティングとは，いうまでもなくミクロ・レベルのマーケティングのことを意味している。また，こうした新たなマーケティングを考える際の姿勢として，これまで一貫して心掛けてきたのは，提示されるべき新しいマーケティングの固有性・独自性は何かということである。したがって，本章においても同様の立場から，たとえば，これまでのマーケティングにおいても賄うことのできるような問題は扱わないものとする。

　そして，最後に，議論から明らかになった論理に基づく新たなマーケティングとそれがもたらす新しい社会について示し，そのことに対する今後の研究課題とその方向性について述べ，本章を終えるものとする。

第1節／S-DロジックおよびSロジックの「論理」

さて，Vargo and Lusch（2004a）による S-D ロジックの意図が，プロセスとしてのサービス概念によるマーケティングの捉え直しにあったとするなら，それは北欧学派の考え方に基づくものであったということになる。したがって，同学派の重鎮である Grönroos が S-D ロジックが提唱された直後の2006年に S ロジックなるものを提示したのは，ある意味で当然のことといえるが[1]，冒頭で述べたように，両ロジックにあっては，考え方が似ていると思われる点もあれば，明らかにそうではない点もある。そうした中，Grönroos and Gummerus（2014）は，S ロジックに主軸を置きながらも，Sロジックと S-D ロジックを対比させることを通じて，何が同じで違うかを明らかにしており，そこには，新たなマーケティングを考えるうえで重要と思われる論点がいくつか示されている。

そこで本節では，彼らの主張を基に両ロジックの基本的な考え方を明らかにするとともに，いくつかの検討すべき論点を示し，その後の議論につなげていく。

（1）類似する「論理」

まずは，両ロジックにおける共通点を示すことからはじめよう。Grönroos and Gummerus（2014）によれば，サービスの重要性，そして，サービス提供者・顧客間のインターフェースを認識するという点で両ロジックの目的は同じであるという（p.210）。そして，彼らは，Grönroos（1978）を引き合いに出し，サービス研究者は，長い間，マーケティングにおける相互作用の重要性，また，単なる機能としてではなく，戦略的にマーケティングの役割を理解することの必要性を論じてきたと主張する。ところで，そこに

---

(1) Grönroos がサービス研究をはじめた経緯，また，そのことへの強い思い，そして，特に Kotler との関係については，村松（2021a）を参照のこと。

おけるサービス研究者がいわゆる北欧学派を中心とする研究者を指しているのはいうまでもない。つまり，近年におけるサービス概念の捉え直しは，すでに北欧学派が先行していたということである。何れにせよ，こうした包括的な視点から両ロジックの類似性を述べたあと，Grönroos and Gummerus の指摘はさらに続く。

　すなわち，彼らは，Vargo and Lusch（2004a）と Vargo and Morgan（2005）を基に，S-D ロジックにおける基本的な命題や前提の体系化は，1970 年代以降のサービス研究を取りまとめたものと 19 世紀のフランスの経済学者 Bastiat が示した市場におけるサービスの相互性（reciprocity）に関する考え方を組み合わせた所産であるとした。

　事実，Vargo and Lusch（2004a）における基本的前提 1（専門化されたスキルとナレッジの適用が交換の基本的な単位である）の説明では，まず，経済学の祖 Smith にとっては，国富をもたらすものだけが「生産的」な活動であり，それは，有形財の創造，つまり，交換価値を持つアウトプットの創造に他ならないという指摘を確認し（p.6），そのうえで，Vargo and Lusch は，Bastiat がいう「サービス（services）はサービス（services）と交換される」（1964, p.161）を引用したのである（p.7）。なお，こうしたサービスの相互性は，S-D ロジックにおけるサービスの定義である「他者或いは自身の便益に対する行為，プロセス，パフォーマンスを通じた専門能力（ナレッジ・スキル）の適用」（Vargo and Lusch 2004a, p.2）においても自身および他者へのサービスという点において反映されていると考えられる。さらに，Vargo and Lusch（2008a）では「S-D ロジックの適用可能性を自身の存在状態を改善するために交換するすべての実体（個人，家族，企業，社会，国家等）に拡張している」（p.5）としているが，それは，S-D ロジックの適用が他の主体とともに自身の状態を改善するという意味であり，そこにおいても，S-D ロジックにおけるサービス交換を相互的なものとして理解しようとしていることがわかる。また，こうした相互的なサービスの捉え方は，S ロジックにおいても同様である。それは，たとえば，サービスにおける価値創造の相互性からすれば，顧客価値を生み出す相互作用プロセスは，同じく共創ベースの

企業価値を生み出す可能性がある（Grönroos 2012, p.1531）との指摘からも明らかである。

　そして，S-D ロジックおよび S ロジックのさらなる共通点として指摘できるのは，何れも，企業と顧客の相互作用をアクター間の相互作用として理解している点である（Grönroos and Gummerus 2014, p.211）。しかし，そのように捉えることは，後述するように，新しいマーケティングを考えるうえで極めて大きな問題を生むことになる。

　以上が，Grönroos and Gummerus が指摘する S-D ロジックと S ロジックの類似点であるが，本章としては，新しいマーケティングを考えるための論点として，いまひとつの共通点を指摘したい。

　それは，S-D ロジックが，基本的前提 7 で「企業は価値提案しかできない」（Vargo and Lusch 2004a; Lusch and Vargo 2006），「企業は価値を提供することはできず，価値提案しかできない」（Vargo and Lusch 2008a）としている点に関わっている。なお，Vargo and Lusch（2016）では「アクターは価値を伝達することはできず，価値提案の創造と提供に参加することしかできない。」とし，価値提案のみならず，価値提案の創造に参加できると修正している。そのことは兎も角として，少なくとも，S-D ロジックにおいては，これまで企業は価値提案しかできないと明確に述べてきたのであり，そのことに対して S ロジックは批判的であった。なぜなら，Grönroos and Gummerus がいうように，S ロジックによって示されたサービス視点は，企業は顧客と価値共創する機会を持っており，その結果，企業は価値提案に留まらず，顧客の価値実現に直接的，積極的に影響を与えることができることから，マーケティングにとって大きな意味があると彼らは考えているためである（p.206）。

　とはいえ，S-D ロジックおよび S ロジックは何れも企業は価値提案できるとする点では共通しており，本章では，むしろ，その点に注目したい。具体的に，S ロジックにおける価値提案については，たとえば，Grönroos and Gummerus が示したマーケティングに対する 10 の経営原理において明示的である。つまり，その 9 番目において，サービス提供者として，企業は価値

提案を通してプロミスすると述べている（p.208）。なお，ここでプロミスとは，将来において，価値創造プロセスで実現されるはずの利用価値について顧客との間で交わされる約束（p.210）のことをいう。

　そして，そのことは，価値提案を通してプロミスすることをマーケティングとして捉えることにつながり，そこにおいては，さらに，企業は価値提案を通してプロミスを超え，また，顧客の価値創造と価値実現に積極的，直接的に影響を与えるために共創プラットフォームで直接的，相互的な行動をとることができるとしている（p.214）。これは，Sロジックでは，提案した価値の実現に企業は関与できると考えているということであり，実は，そこに新たなマーケティングを見出しているのである。何れにせよ，このようにSロジックにおいても価値提案は重要な意味を持っており，それは，前述したことからもわかるように，プロミス概念と強く，そして，深く関連している。

(2) 相違する「論理」

　それでは次に，S-DロジックおよびSロジックにおいて相異なる点について明らかにする。Grönroos and Gummerus は，経営的という限定的な視点から，以下のように2つの相違点をあげている（pp.210-212）。ここでなぜ，彼らが経営的という点で限定的であるとしたかについては，そこに明確な思いがあるからである。というのも，Sロジックは，経営的であることが強調されており，サービスの視点を経営者にとってより有益なものとしようとしているのに対して，S-Dロジックは，サービス視点を集約的，社会的な志向レベルで述べる傾向があるとしており（p.207），それゆえに，あえて，経営的な視点からS-Dロジックを捉えることに少なからず無理があることを彼らは承知しているからである。

　さて，まず，第一に指摘されているのは，S-Dロジックは，サービスにビジネスの基盤を置いているのに対して，Sロジックでは価値創造にビジネスの基盤が置かれているという点である。これを言い換えるなら，S-Dロジックでは，Bastiat のいうサービスの相互的な考え方によって，サービスは

サービスと交換されるが，ビジネスの焦点はそのサービスおよびそれらの交換そのものにあるということになる。他方，Sロジックでは，周知のように，顧客は価値創造者（Grönroos 2006）として捉えられているが，Grönroos and Gummerusによれば，顧客は自身の生活目標を達成するための手段として価値創造を行うのであり（pp.211-212），その価値創造に何らかの形で関与することでビジネスが成立すると考えられている。そして，そこにおいて，サービスはファシリテーター（Grönroos and Ravald 2011）となるという。つまり，価値創造にビジネスの基盤を置くSロジックにとって，企業は価値促進者（Grönroos and Ravald 2011, p.11, pp.15-16）として位置づけられている。

　第二に，Grönroos and Gummerus によれば，S-Dロジックでは，顧客は常に価値共創者であり，顧客を企業のプロセスに参加させることで，顧客の価値創造に影響を与えることができるとしているが，Sロジックは，そのことに同意しない（p.212）。なぜなら，Sロジックは，価値創造を顧客による利用価値の創造と定義することで，顧客は常に価値創造者であると結論づけているからである（Grönroos and Voima 2013）。このようにS-DロジックとSロジックでは，顧客を価値共創者と捉えるかあるいは価値創造者とするかで大きく見解が異なっている。このことは，後述するようにサービスとは何かを明らかにする際に極めて重要となってくる。

第2節／論点と考察

　そこで，第2節で明らかにした諸点を踏まえ，本節では，新たなマーケティングを考えるうえで必要と思われる論点として以下をあげる。

　論点1：市場におけるサービスの相互性とは何か

　論点2：アクター間の相互作用とは何か

　論点3：企業は価値提案できるか

　論点4：ビジネスの基盤はどこにあるか

　論点5：顧客は価値共創者か価値創造者か

　これら5つの論点は，何れも相互に関係していることはいうまでもない

が，ここでは「サービスの本質」および「マーケティングの本質」という問題に関連づけて，議論を進めていく。

(1) サービスの本質

　さて，論点1の「市場におけるサービスの相互性とは何か」は，サービスの本質の問題と深く結び付いている。前述の如く，このサービスの相互性は，Vargo and Lusch が S-D ロジックをまとめる際に依拠した考え方であり，もとは，Bastiat (1860) によるものである。すなわち，彼によればサービスは相互的なものということになるが，重要なことはサービスおよびその交換とは何かということである。この点，Bastiat は，「人間が人間のために機能する能力」をサービスとしており (p.43)，「それは人間だけに与えられたものであり，こうした労力 (efforts) を伝え合うことこそがサービス交換である」(p.43) としている。さらに，そうした，まさに持ちつ持たれつという関係は「取るに足りない，ありふれたこと」(Bastiat 1964, p.162) なのであり，それは，Vargo and Morgan (2005) を以てして「相互的なサービス」(p.45) ということになったのである。

　ところで，S-D ロジックは自動車の場合を例にあげ，使用段階で消費者が運転技術という自身のナレッジ・スキルを企業によって自動車に埋め込まれたナレッジ・スキルと組み合わせることで価値共創に至るとしている (Vargo et al. 2008, pp.147-148)。そこから読み取れるのは，そうしたナレッジ・スキルの組み合わせを意図するものがサービス交換であり，それが，B to B および B to C の間で繰り返されているということである。それは，まさに，経済，社会の仕組みが相互的なサービス交換の連鎖からなっていることを示すものであり，そうした見立てこそが，S-D ロジックがレンズである (Vargo and Lusch 2004a) ことの由縁といえる。ただし，留意すべきことが2つある。

　第一に，先の事例で想定されているのは，あくまでも間接的なサービス提供であり，そのもとでの価値共創でしかない。この点，Grönroos の S ロジックでは，価値共創は直接的相互作用を伴う場合に限定されており，この

場合は，顧客のモノの利用による価値創造として理解される。よって，も
し，新しいサービス概念に依拠し，新しいマーケティングを考えるなら，モ
ノとの間接的相互作用を価値共創に含めるべきではない。なぜなら，そこで
マーケティングが考えるのは，モノにサービス交換しやすいナレッジ・スキ
ルを事前に埋め込むことであり，それは，伝統的マーケティングにおいても
対応可能だからである。したがって，価値共創は，あくまでも，直接的相互
作用という条件を付けるべきと考えられる。言い換えれば，価値共創の問題
から間接的相互作用を排除すべきといえる[(2)]。

　第二には，いよいよサービスの相互性そのものに関する問題である。おそ
らく S-D ロジックは，Bastiat による市場におけるサービスの相互性を市場
での交換（取引）のみならず，その後（購買後）の顧客によるモノやサービ
シィーズの使用・利用時のいわゆる消費プロセスにおいてもそのまま当ては
めようとしたと考えられる。しかし，それは適切なのだろうか。それは，モ
ノが使用される際の「消費プロセスでの企業による直接的・相互作用的な
サービス提供」と「市場における企業と顧客の相互的なサービス交換（取
引）」を同じものとして考えてよいのかということである。いうまでもなく，
前者の狙いは，S-D ロジックでいう文脈価値あるいは S ロジックでいう利用
価値の共創であり，そのために，サービスは企業によって直接的に提供さ
れ，また，顧客との相互作用によるスパイラルアップを伴う形で文脈価値／
利用価値が生まれ，それに対する判断が顧客によってなされるのである。

　言い換えれば，仮にサービスが市場で相互的に交換されるとしても，それ
は，あくまでも市場においてであり，あるいは，仮に消費プロセスにおいて
も相互的なサービス交換がなされると考えられていたとしても，それと，消
費プロセスでなされる相互作用的なサービスとは区別する必要がある。市場
での相互的なサービスという考え方を引きずるからこそ，消費プロセスでの
価値共創におけるサービス提供に何らかの等価の対価を同時に求めることに

---

(2)　この点は，すでに村松（2010; 2012）で指摘済みである。その狙いは，本章の第 1 節にもある
　　ように，伝統的マーケティングにあって対応可能な問題を避けるということである。

なる。

　そして，そのことをマーケティングの問題としていうなら，そもそも，サービスとモノの決定的な違いは，モノの場合は企業と顧客の関わりは市場での取引においての1回だけであるが，サービスについては，それに加え，消費プロセスで実際にサービスが提供される際にも企業と顧客の関わりがあるのであり，そのことこそがサービスがサービスたる由縁である[3]。ここでは，前者の1回目を企業と顧客の市場における経済的関係，後者の2回目を消費プロセスにおける社会的関係と呼ぶことにする。そして，この社会的関係に焦点を当てているのが，消費プロセスでの相互作用的なサービス提供なのであり，それによる価値共創なのである。すなわち，市場における経済的関係のもとでの相互的なサービス交換（取引）と消費プロセスにおける社会的関係のもとでの相互作用的なサービス提供とでは，まったく意味内容が異なり，それを相互的なサービスとして一括して捉えることには無理がある。言い換えれば，社会的関係のもとでの相互作用的なサービス提供にあって，経済的関係のもとでの相互的なサービス交換（取引）が同じように繰り返されるというわけではない。社会的関係のもとでの相互作用的なサービス提供は，顧客との価値共創のためであり，その狙いは，あくまでも顧客にとっての価値（文脈価値／利用価値）の共創なのである。このように考えることで，サービスの相互性という呪縛から逃れることができる。それは，Bastiat に依拠したS-D ロジックはいうに及ばず，S ロジックとて同様である。重要なことは，サービスが相互的かどうかということではなく，それを消費プロセスにまで敷衍して考えてしまうことに大きな問題があるということである。

　別の言い方をすれば，まず，市場でサービスが相互的に交換（取引）されたとする。おそらく，そこで想定されるのは，企業と顧客が互いの便益を相互的に調整したことから交換（取引）が成立したということだろう。しかし，その後の消費プロセスにおける相互作用的なサービス提供は，必ずしも

そういうわけではない。むしろ，そこにおける意図は，顧客にとっての価値をいかにして共創するかにあり，それが，そのまま企業にとっての価値を担保しているわけではない。確かに，結果として，何らかの価値が企業にもたらされると考えられるが，そのことは，価値共創が成立するための条件ではない。サービスは，そのはじまりもおわりも顧客が主導するのであり，また，相互作用的なサービス提供による価値共創から生まれる文脈価値あるいは利用価値に対する評価もすべて顧客によってなされるが（村松 2017），そこに，相互的な調整が含まれているわけではない。もし，そうした調整があるとしたなら，それは，それで別の大きな問題が潜んでいるといえる。

　そして，今日，ICT により顧客はモノの利用時にオペレーターと直接的相互作用を行うことが可能であり，そこでは，顧客に向けた直接的相互作用としてのサービス提供がなされる。したがって，こうした消費プロセスにおける社会的関係から企業と顧客を理解するなら，モノもサービィシーズも区別することなく，すべてを新しいサービス概念のもとで捉えることができる。それは，新しいマーケティングを考える際に極めて重要なことといえる。

　この論点１の問題は，論点２の「アクター間の相互作用とは何か」につながっていく。結論からいえば，アクター間の相互作用という発想は，まさに市場におけるサービスの相互性を前提にしたものであり，企業も顧客もあるいは他の主体もすべて無味無臭のアクターとしたなら，消費プロセスで企業は顧客にとっての価値を共創するという企業と顧客の極めて重要な関係の意味が捨象されてしまうことになる。この企業と顧客の関係は，以前から，生産と消費の関係という形で取り上げられてきた。たとえば，消費者主権という概念がそうである。確かに，市場においてそれは実現できなかったが，サービスおよび価値共創の考え方は，少なくとも消費プロセスにおける顧客側の主権を成立させる可能性がある[4]。

　よって，企業も顧客もアクターとして捉え，互いの立場も入れ替わると考えたなら，顧客も企業のために相互的であることを強いることになり，それ

---

(4) この点において，消費者主権の人間中心への捉え直しは村松（2021c）に詳しい。

は，この経済社会における顧客の位置とそれに対する企業の役割という点において，本末転倒なことが起こりかねない。アクター間の相互作用という考え方はそうした危険性を孕むものといえる。すでに確認したように，サービスは良くも悪くもその与え手ではなく，受け手によってはじまりもおわりも評価もすべてが主導的に決められるものなのであり，その相互作用が市場ではなく，消費プロセスで行われるのがサービスであり，これこそがサービスの本質である。

(2) マーケティングの本質

そして，論点1，2によるサービスの本質に関わる問題は，さらにマーケティングの本質をどう捉えるかの問題へとつながっていく。

まずは，論点4の「ビジネスの基盤はどこにあるか」から検討する。前述したように，S-DロジックとSロジックでは，ビジネスの基盤の置き方が異なる。前者は市場でのサービスに，また，後者は消費プロセスでの顧客の価値創造にビジネスの基盤がある。つまり，S-Dロジックでは，どのようなサービスがどのように交換されるかにビジネスの要点が置かれるが，サービスがナレッジ・スキルの適用であることを考えるなら，いかなるナレッジ・スキルを持って相互的なサービス交換（取引）に臨むかがマーケティング上の課題となる。一方，Sロジックでは，価値創造者たる顧客の価値創造にビジネスの基盤を置くことから，ビジネスの成否は共創された価値に大きく依存することになり，サービスは顧客の価値創造をファシリテートする役割を担う。また，そうしたサービスとともに，価格，長期コスト，その他の犠牲が価値創造に対する影響要因となる（Grönroos and Gummerus 2014, p.211）。

そして，この時，「企業は価値提案できるか」，これが論点3である。S-Dロジックは一貫して，企業は価値提案できるとしており，Sロジックも先に見た通り，それは可能とする。いや，むしろ，Sロジックにあっては，価値提案より，プロミス概念の方が強調されている[5]。そして，価値提案もプロミスも事前的に想定される価値を提案あるいはその達成を約束する点で同じであり，それは，両ロジックに共通するところである。しかし，そうした考

え方に問題はないだろうか。というのも，消費プロセスでの相互作用から共創される文脈価値／利用価値は，共創プロセスにおいて，市場取引時には想定されていなかった価値が偶発的に生まれる可能性があり，むしろ，そのことが価値共創においては強調されるべきである。そのように考えるなら，事前性の高い価値提案あるいはプロミスをするという考え方は，決して，適切とはいえない。それは，企業が価値を決めてきた伝統的マーケティングにつながりかねないのであり，新しいマーケティングを考える際には避けるべきといえる。

　以上のことに加え，S-Dロジックについては，企業が提案した価値を企業は顧客と共創すると考えることから，論点5の「顧客は価値共創者か価値創造者か」において，顧客は企業にとっての価値共創者として位置づけられる。このように，S-Dロジックが顧客を常に価値共創者として捉えるのは，すでに述べたように，企業が常に価値創造者であるという考え方がその背景にあると思われる[6]。そして，一方で，そのことをよしとしないSロジックによれば，顧客にとって企業こそが価値共創者となる。すなわち，Sロジックは，顧客を価値創造者として理解し，彼の価値創造を相互作用的なサービス提供による共創という形で支援するのが企業だと捉えるのである。以上のことは，S-Dロジックが企業中心の視点に立ち，Sロジックが顧客中心の視点に立っているといい表すこともできる[7]。そこで，新しいマーケティングの本質を，この顧客中心の論理のもとで，消費プロセスにおける顧客の価値創造をいかにして価値共創という形で支えるかという点に見出すものとする。

　ところで，なぜ，S-Dロジックはそうした企業中心の発想を持つかといえば，それは，S-Dロジックが，市場での相互的なサービスという考え方を消

---

(5) プロミス概念の事前性に対する批判的検討については，村松（2021b）において詳しく行っている。
(6) サービスの本質的理解という立場から，村松（2010）は企業は顧客にとっての価値共創者として捉えるべきとしている。
(7) こうした顧客中心の考え方としては，Heinonen et al.（2010）があり，村松（2010）においても，そのことが述べられている。

費プロセスでの相互作用的なサービス提供に持ち込んでいるからである。というのも，いくら相互的といえども，企業と顧客は実質的に市場で対峙しているのであり，企業中心の視点でしか，そのすべてを論じることはできないからである。これに対して，Ｓロジックでは，消費プロセスでの顧客に向けた相互作用的なサービス提供を主体的に行う存在として企業が位置づけられており，前述したように，企業は価値支援者ということになる。言い換えれば，価値共創とは，本来，顧客が価値創造者として自身にとっての価値を創造する際に，不足するナレッジ・スキルを他者，ここでは企業が相互作用的なサービスを提供することで補い，顧客と一緒になって，価値を共創することをいうのであり（村松 2010; 2017），そこでは，企業が顧客の消費プロセスにマーケティングとして入り込むことになる[(8)]。この点，企業が提案する価値の創造に顧客を参加させると考えるS-Dロジックのように，Ｓロジックは，決して，顧客を価値共創者とは呼ばないのである。

　そして，このように考えるなら，前述したように，サービスの相互性ということから，顧客価値を生み出す相互作用プロセスが企業価値を生み出す可能性があると，結果としてならいざ知らず，少なくともＳロジックにあってはあえていう必要はないのである。

第**3**節／**研究課題とその方向性**

　最後に，これまで議論してきたことを「新しいマーケティングと社会」と題して総括する。すなわち，これまでの議論から明らかにされた新しいマーケティングの何たるかを描き上げるとともに，それがもたらす新しい社会について述べる。そして，そのことを踏まえ，今後，取り組むべき研究課題を示し，その方向性に触れる。

[(8)] ここでの意味を踏まえたものとして，価値共創は「消費プロセスで企業と顧客が直接的相互作用によって文脈価値を生み出すこと」，価値共創マーケティングは「消費プロセスで直接的相互作用によるサービス提供を通じた顧客との共創によって文脈価値を高めるマーケティング」と定義されている（村松 2017）。

(1) 新しいマーケティングと社会

　まず，新しいマーケティングが対象とするのは，価値創造者としての顧客であり（論点5），企業との関係においては，顧客の方にその中心性がある（論点2）。したがって，そこでのマーケティングは，顧客の消費プロセスで文脈価値／利用価値の共創に向けた相互作用的なサービス提供を通じてなされる（論点1）。言い換えれば，新しいマーケティングは，モノとサービシィーズを区別しないプロセスとしての相互作用的なサービスのもとで成立する。そして，ビジネスの基盤はそうした顧客の価値創造をいかに価値共創として成し遂げるかに置かれる（論点4）。さらに，顧客による価値創造も企業との価値共創も事前的な価値を想定するのではなく，むしろ，企業と顧客による相互作用的なサービスが交わされる中で，偶発的に創造される価値に重きを置くのが新しいマーケティングとなる（論点3）。

　要するに，新しいマーケティングは市場ではなく，顧客の消費プロセスでなされるが，そこは，顧客にとって，日々の暮らしを営む生活世界そのものといえ，まさに価値創造の舞台である。そして，顧客は自身の人生や生活の目的あるいは目標の達成に向けた生活世界での単独による価値創造においても，また，企業との価値共創においても，それらの目的に応じて，単独もしくは企業と一緒になって市場からモノあるいはサービシィーズを手段として獲得する。さらに，この新しいマーケティングは受け手が主導するというサービス概念に基づくものであるが，今日のICTは，いつでも，どこでも，誰にでもサービスの提供を可能にしたのであり，その結果，実現したのがサービス社会である。いわば，脱工業社会としての情報社会を機能的に意味づけた社会こそが，サービス社会なのである。

　そして，以上のことから，伝統的なマーケティングと新しいマーケティングを明示的に対比できる。つまり，伝統的マーケティングでは，企業と顧客が対峙関係にある中で，相互的なサービス交換（取引）のもと，顧客の購買行動に焦点が置かれるが，新しいマーケティングにあっては，生活世界における企業と顧客の支援・非支援関係にあって，相互作用的なサービス提供の

もと，顧客の消費行動に焦点が当てられる。したがって，ビジネスの基盤が顧客とのサービス交換（取引）にあるのが伝統的マーケティングであり，顧客の価値創造にあるのが新しいマーケティングであるが，生活世界には膨大なまでのビジネスあるいはマーケティング機会が潜んでいることに留意する必要がある。そして，サービス社会のもとで，新しいマーケティングを起点としながらも，両者は代替的ではなく相互に補完的な関係のもとで連動している。

（2）研究課題とその方向性

そこで，新しいマーケティングの研究を進めていく上での，差し当たっての課題を示し，今後の研究の方向性を展望するなら，以下のようになる。

(1) 顧客は，生活世界でどのような人生あるいは生活上の目的・目標を持ち，どのように価値創造しているか。この点，Mickelsson（2014）は，こうした顧客の価値創造について Customer Activity の視点から研究しており有益な示唆が得られる。

(2) 企業は，価値創造する顧客の消費プロセスにどのように入り込み，顧客との価値共創に取り組んでいるか。企業が顧客とどのように contact を持ち，communication をとり，co-creation を行い，value-in-context を共創しているかについては，4C アプローチ（村松 2017）によって分析が可能である。

(3) 偶発的な文脈価値／利用価値は，企業と顧客の相互作用の中にこそ，その解があるが，そうした価値が共創される相互作用とは何か。文脈価値／利用価値を念頭に置いた顧客との相互作用に関する研究は，今後，心理学やコミュニケーション研究の知見を得ながら進めていく必要がある。

(4) 顧客の価値創造，企業と顧客の価値共創からなる生活世界には，どのような行動原理が見られるか。それは，市場における企業と顧客の行動原理とどのように違うか。これまで，経済学に依拠してきたマーケティングが，はじめて，生活世界を舞台とした企業と顧客を論じるのであ

り，明らかにされる行動原理から，日本のサービスやマーケティングの
理解が促進されると考えられる。

(5) 新しいマーケティングと伝統的マーケティングはどのように連動して
いるか。あるいは両マーケティングの紐帯とは何か。この解明によっ
て，プロセスとしてのサービス概念に基づいたモノやサービシィーズが
位置づけられることになる。

おわりに

以上，S-DロジックおよびSロジックの考え方を発展的に捉え，新しい
マーケティングを考えるための「論理」について検討してきた。

今日，人々はすでにモノの所有より利用による心の豊かさを求め，他方，
ICTの急速な進展は，時間や場所を問わない利用に向けたサービス提供を可
能にしている。こうした状況にあって，顧客との価値共創に主眼を置く新し
いマーケティングの理論的体系化は急務となっている。

そのためには，企業と顧客の経済的関係と社会的関係を区別するととも
に，そのことに関連して，前者の視点から後者を見通さないことである。新
しいマーケティングはプロセスとしてのサービス概念に依拠するが，そのプ
ロセスは，企業と顧客の社会的関係において成立する。そして，そうした社
会的関係のもとでの価値共創と必要に応じてつながるのが，モノとサービ
シィーズに焦点を当て，これまで多く議論されてきた企業と顧客の経済的関
係であり，その逆であってはならない。新しいマーケティングは，市場を超
えるが，その真意は生活世界から市場を捉え直すマーケティングなのであ
る。

第13章

価値共創の中範囲理論の開発に向けて

はじめに

S-Dロジックは，10年あまりの歳月を経てナラティヴにまで到達した（Vargo and Lusch 2017）。Vargo and Lusch（2017）は，この先の10年に向けてS-Dロジックが適用可能な領域として中範囲理論を提案している。今後，S-Dロジックの発想を企業のマーケティング活動の中で実践していくには，S-Dロジックとマーケティングの実践を橋渡しする中範囲理論の開発が不可欠である。そこで本章では，中範囲理論の役割とその開発例を紹介し，中範囲理論の開発に有用なセオリー・イン・ユース・アプローチの可能性を探究する。本章は，以下のように構成される。第1節では，これまでのS-Dロジックの主要な研究焦点を振り返り，その後，中範囲理論の開発が期待されていることを概説する。第2節では中範囲理論の役割について，第3節ではS-Dロジックの代表的な中範囲理論として価値提案，資源統合，カスタマー・エンゲージメントを取り上げ，各々の研究の中で導き出された命題を紹介する。第4節では，中範囲理論開発のためのセオリー・イン・ユース・アプローチ活用の可能性について考察する。

第1節 S-Dロジックのナラティヴの完成と将来期待される研究焦点

Vargo and Lusch（2004a; 2008a; 2009; 2017）は，S-Dロジックを開発した当初から，S-Dロジックは実証的理論としての市場の一般理論や規範的理論としてのマーケティングの一般理論を構築するための基盤となりえると主張し続けてきた。それは，S-Dロジックは製品対サービス，企業対顧客，B2B対

図表13-1　今日までの主要な研究焦点と今後に期待される研究焦点

レベル		マクロ・レベル (例：社会レベル, 国際レベル, 地域レベル)	メソ・レベル (例：市場, 産業, ブランド・コミュニティ)	ミクロ・レベル (例：B2C取引, B2B取引, C2C取引)
		集合度		
理論／抽象度	メタ理論的 (例：S-Dロジック)	これまでの主な焦点		
	中範囲理論的 (例：エンゲージメント, 共同生産)	注意の高まり, 期待		
	ミクロ理論的 (例：状況的行為を扱う理論)			

出所：Vargo (2018b, p.725).

　B2C という二分法ではなく，それらを包含した超越的なパースペクティブあるいはレンズを通じて価値が創造されるプロセスを説明するための理論的基盤としての可能性を有しているからだ。

　S-D ロジックは，Alderson（1957）による「必要とされているのは，マーケティングによってどんな効用が生み出されるのかを解釈することではなく，マーケティングによって効用が生み出されるプロセス全体を解釈することである」（p.69）という問題提起に対して，ダイアディックな焦点からネットワークへとズーミング・アウトし，サービス・エコシステム内でネットワーク化されたアクターによるサービス交換を通じて価値が共創されると解釈した。この価値が共創される一連のプロセスは，その後，ナラティヴとして体系づけられた（Vargo 2018b）。しかし，図表13-1で示されているように，最初の基本的前提の提案（Vargo and Lusch 2004a）からナラティヴ（Vargo and Lusch 2017）へと至る S-D ロジック研究のこれまでの主な焦点はメタ理論的な抽象度のレベル（図表13-1の濃いグレー部分）に留まっていた。

　そうした中で，近年，抽象度のより低いレベル（図表13-1の薄いグレー部

分）に注意が向けられている（例えば，Brodie et al. 2011a; 2011b）。これを受けて，Vargo（2018b）および Vargo and Lusch（2017）は，S-D ロジック研究のこの先の 10 年に向けて，より多くの中範囲理論を開発することを提案している。

第**2**節 ╱ 中範囲理論の役割

中範囲理論は Merton（1949）が社会学の分野に導入したもので，それは文字通り，一般理論よりも狭い領域を対象として，その領域内での経験的な観察事項を理解するモデルを開発するためのものである。中範囲理論は，最も抽象度の高い一般理論とある特殊な事象の記述との間の中間的な位置づけにあり，「抽象的な概念の他に，経験的検証可能な命題の中に組み入れられた観察データにかなり近いものも含まれている」（Merton 1949, p.39）。すなわち，中範囲理論とは理論的な知識領域にある一般理論（メタ理論）と経験的な知識領域にあるセオリー・イン・ユース（経験的発見）を橋渡しする経験的調査を道案内するもので，「ある特定の文脈に関連のあるテーマに焦点を当て，…経験的なリサーチ・クエスションについて調査するための基盤として用いられる」（Brodie et al. 2011b, p.80）ものである（図表 13-2）。

現在のところ，S-D ロジックは一般理論という地位には到達していないかもしれないが，市場およびマーケティングさらには価値創造に関するメタ理論的あるいはパラダイム的なパースペクティブと見なされており（Brodie and Löbler 2018; Vargo and Lusch 2017），マーケティングにおける価値創造という文脈での S-D ロジックの経験的調査を行うに当たっては中範囲理論の開発が不可欠である。

マーケティング研究，特に S-D ロジック研究において中範囲理論の開発の必要性に最初に着目したのは Brodie et al.（2011b）だろう。彼らは，S-D ロジックを新たなパラダイムと見なし，マネジャーや組織に S-D ロジック・プラクティスが存在する条件を開発する目的で文献サーベイと経験的調査から現代マーケティング・プラクティス（CMP）という中範囲理論をリファイン

図表13-2　2つの知識領域の間での中範囲理論の位置づけと役割

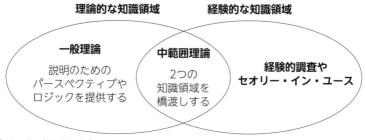

出所：Brodie（2017, p.21）.

図表13-3　科学的探究の循環

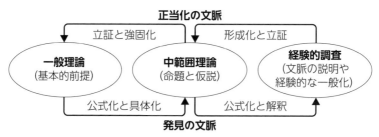

出所：Brodie et al.（2011b, p.81）を基に筆者作成。

した。彼らは，その研究の中で，一般理論とセオリー・イン・ユースとの間で中範囲理論が果たす橋渡し機能を「科学的探究の循環」として説明している（図表13-3）。この循環は，発見の文脈と正当化の文脈に分けられる。一般理論から中範囲理論さらには経験的調査へと至る発見の文脈では，一般理論（基本的前提）を用いて中範囲理論に関連する命題や仮説が立案されたり（公式化と具体化），それらの命題や仮説が経験的調査にかけられたりする（公式化と解釈）。経験的調査から中範囲理論さらには一般理論へと至る正当化の文脈では，経験的調査の結果から中範囲理論に関連する命題や仮説が修正されたり立証されたりする（形成化と立証）。そしてその立証されたり修正されたりした中範囲理論は，一般理論を立証したり，あるいはより強固なものにしたりする（立証と強固化）。

　このように，中範囲理論は，メタ理論的な一般理論とセオリー・イン・

ユースとしての経験的発見との間の橋渡し機能を有しており，S-Dロジックを立証したりより強固なものにしたりするのに不可欠な役割を果たし得るものである。このような橋渡し機能を担う中範囲理論にとって，S-Dロジックに基づいたプラクティスを特定したり体系化したりする経験的調査に有益な命題や仮説を導き出すことが極めて重要なものとなる。中範囲理論によって示された命題や仮説が経験的調査の結果によって支持された場合，その経験的発見はS-Dロジックの基本的前提に基づいたプラクティスと見なすことができるだろう。

第3節 / S-Dロジックの中範囲理論

　前節で説明したように，中範囲理論の役割は，ある特定の研究領域において一般理論に基づいて構成概念を開発したり（発見の文脈），あるいは経験的調査から命題や仮説を立証したり修正したりすること（正当化の文脈）を通じて，一般理論と経験的発見との間を橋渡しすることにある。このような科学的探究の循環の中で，ある特定の研究領域の中範囲理論に関連する命題や仮説を立案したり修正したりするために，発見の文脈からは一般理論に基づいて命題や仮説が演繹的に導き出され，正当化の文脈からは経験的調査に基づいて命題や仮説が帰納的に導き出されたり既存の命題や仮説が経験的に検証されたりする。

　本節では，S-Dロジックの中範囲理論の例として，価値提案，資源統合，カスタマー・エンゲージメントを紹介し，各々の研究で導き出された前提や命題を紹介する。企業が顧客や消費者に価値提案を提示し，サービス・エコシステム内で顧客が焦点企業やブランドさらには他の顧客にエンゲージメントし，それらアクター間での資源統合を通じて価値が共創されるというS-Dロジックの発想に従えば，S-Dロジックをマーケティングの実践に転換させるうえでこれらの概念は極めて重要である。

（1）価値提案

　S-Dロジックにとって，価値提案は中核的な概念である。その理由は，基本的前提（FP）7に規定されているように，「企業は価値を提供することはできず，価値提案を提示することしかできない」（Lusch and Vargo 2014, p.71）からだ。S-Dロジックの発想をマーケティングの実践へと転換させるには，価値提案という概念に対する理解が不可欠となる（田口 2017）。

　S-Dロジック研究の初期段階では，価値提案は顧客への約束と捉えられていた。例えば，Lusch et al.（2007）は，「価値提案とは，交換価値が使用価値につながると売り手が買い手に約束することと見なすことができる」（p.13）と述べている。その後，価値共創の双方向性を考慮して，価値提案を価値共創への招待状と見なすようになった。例えば，Lusch and Vargo（2014）は，価値提案とは「ベネフィットのために企業と関わりを持つことへの招待状として考えることができる」（p.71）と述べている。

　S-Dロジックの中範囲理論として価値提案を考察したのは，Frow et al.（2014）である。彼女たちは，Lusch and Vargo（2014）が提案したサービス・エコシステムのパースペクティブから価値提案を「サービス・エコシステム内での資源の共有方法について交渉するための動的かつ適応的な手段」（Frow et al. 2014, p.340）と定義し，2つの事例を基に将来の価値提案研究に向けて以下のような5つの前提を提示している。

　　前提1：価値提案とは，アクターが資源を提示したり引き寄せたりするための共創的かつ互恵的な手段である。
　　前提2：エコシステム内での価値提案は，アクターの資源の中に内在している価値の可能性から生み出される。
　　前提3：価値提案は，ネットワーク構成に影響を及ぼす。具体的には，アクターが誰と関わり合いをもつのかの選択を決定づけたり，市場インタラクションの性質を方向づけたりする。
　　前提4：価値提案は，時間の経過とともに変化し，サービス・エコシステ

ム内での新たな資源統合を方向づける。

前提5：価値提案は，サービス・エコシステム内での均衡／整合メカニズムとして機能する。

(2) 資源統合

Edvardsson et al.（2012）は，Giddens（1979; 1984）の構造化理論とプラクティス理論を参考に，構造（社会構造とサービス構造）とプラクティス（社会的プラクティスとサービス・プラクティス）がサービス・システム内でのアクターによる資源統合と価値共創の基盤となると主張した。彼らは，社会構造とアクターとの間の「構造の二重性」（Giddens 1984）という発想をS-Dロジックに適用し，「アクターは，一方では資源統合や価値共創のような行為の際に社会構造を活用し，他方ではサービス・システムの形成にインパクトを及ぼすように社会構造を再創造したりもする」（Edvardsson et al. 2012, p.95）と考えた。また彼らは，S-Dロジックの文脈の中でのサービス・プラクティスに構造化理論を適用し，サービス構造がサービス・システム内でのアクターのプラクティスの中での資源統合と価値共創を実現可能にしたり抑制したりすると考えた。これらの考えを基に，Edvardsson et al.（2012）は，社会的な階層とサービスの階層という2つの階層に区分される6つの構成要素（社会的な階層は，社会システム，社会構造，社会的プラクティスから構成され，サービスの階層は，サービス・システム，サービス構造，サービス・プラクティスから構成される）の相互依存関係をモデル化し，そこから3つの命題を導き出し，通信機器サービス業へのインタビューに基づいたケース・スタディによってそれらの命題を例証した。彼らが提示した命題は，以下の通りである。

命題1：意図された資源統合はサービス構造によって実現可能になったり抑制されたりし，結果として価値提案もサービス構造によって実現可能になったり抑制されたりする。

命題2：実際の資源統合は，サービス・プラクティスの中に現れる。

命題3：サービス・プラクティスとサービス構造の間の相互依存性がサー
　　　　ビス・システムと価値共創のための基本的基盤である。

(3) カスタマー・エンゲージメント

　カスタマー・エンゲージメントは，2010年頃からS-Dロジックの中範囲理
論として台頭し（Brodie et al. 2011a; MSI 2010; van Doorn et al. 2010），多数の
研究成果が公開されている（庄司 2018a; 田口 2019）。例えば，Brodie et
al.（2011a）は，科学的探究の循環の発見の文脈から，カスタマー・エンゲー
ジメントの定義と5つの基本命題を提示している。彼らは，S-Dロジックの
基本的前提（FP）の中からカスタマー・エンゲージメントと関連のある4つ
の基本的前提（FP6，FP8，FP9，FP10）を取り上げ，「それらのFPはネット
ワーク化されたサービス・リレーションシップ内での顧客と他のステークホ
ルダーとのインタラクティブで共創的な経験を反映している」（p.253）こと
に着目し，これら4つのFPをカスタマー・エンゲージメント概念を開発す
るための概念的基盤に据えた。そして，経営学，マーケティング，さらには
ビジネス実務に関する文献からのカスタマー・エンゲージメント概念の定義
に関するレビューを通じて以下のような5つのテーマにたどり着き，これら
を基本命題として提示した。

　　基本命題1：カスタマー・エンゲージメントとは，焦点エンゲージメント
　　　　　　　　対象との個人独自のインタラクティブな経験によって引き起
　　　　　　　　こされる顧客特有の心理状態を反映したものである。
　　基本命題2：カスタマー・エンゲージメント状態は，価値が共創される動
　　　　　　　　的かつ反復的なプロセスの中で生じる。
　　基本命題3：カスタマー・エンゲージメントは，サービス・リレーション
　　　　　　　　シップにおいて中心的な役割を果たし，他のリレーショナル
　　　　　　　　な概念はエンゲージメントの先行要因またはその帰結として
　　　　　　　　作用する。
　　基本命題4：カスタマー・エンゲージメントは多次元的な概念（認知的，感

情的，行動的）を有しており，認知的次元，感情的次元，行
動的次元のうちある特定の次元の表出はステークホルダー依
存的または文脈依存的なものである。

基本命題5：カスタマー・エンゲージメントは特定の文脈依存的な状況の
中で生じるので，エンゲージメントのレベルはその文脈に
よって多様なものとなる。

　他方で，科学的探究の循環の正当化の文脈からは，Jaakkola and Alexander
(2014) は，スコットランドの鉄道サービスを対象としたエンベデッド・ケー
ススタディ法を採用し，顧客を含めた複数のステークホルダーへのインタ
ビューやミーティングからカスタマー・エンゲージメント行動の駆動因子，
カスタマー・エンゲージメント行動のタイプ（増強行動，共同開発行動，影響
行動，動員行動），ステークホルダーが経験する価値成果を特定した。そして
それらの間の関係を示す9つの命題を提案している。

命題1：企業のオファリングに対する顧客の増強行動は，その焦点顧客に
とっての潜在的価値だけでなく，可能性としては他のステークホ
ルダーにとっての潜在的価値にも影響を及ぼす。

命題2：企業のオファリングに対する顧客の増強行動は，他のステークホ
ルダーがその焦点企業に資源を貢献しようとする傾向に影響を及
ぼす。

命題3：オファリング開発への顧客による資源の統合は，焦点顧客の価値
プロセスに対するオファリングの適合性を高める。

命題4：オファリング開発への顧客による資源の統合は，他のステークホ
ルダーがその焦点企業に資源を貢献しようとする傾向に影響を及
ぼす。

命題5：オファリング開発に顧客の資源を統合させようとする企業の意欲
は，その企業と顧客による共同での価値共創プロセスに影響を及
ぼす。

命題6：影響行動は，他のステークホルダーがその焦点企業に資源を貢献
　　　　しようとする傾向に影響を及ぼす。

命題7：影響行動は，企業／オファリングに対する他のステークホルダー
　　　　の期待を調節し，それによってそれらのステークホルダーによる
　　　　価値の解釈に影響を及ぼす。

命題8：動員行動は，他のステークホルダーによる企業への資源の貢献に
　　　　影響を及ぼす。

命題9：動員行動は，企業と他のステークホルダーとの間での新たな価値
　　　　共創プロセスを主導する。

　上記で紹介した3つの中範囲理論は，文脈の違いはあるが（発見の文脈か
正当化の文脈か），いずれも前提や命題を導き出し，その後の経験的調査の基
盤を提供している。発見の文脈では広範囲な領域の文献サーベイから，正当
化の文脈では経験的な観察事項から命題を導き出していた。

　変化が速く状況がより複雑なビジネス環境に対してマーケティングの学術
研究が後れを取らず追従していくには経営の現場にある知見を参考にする必
要がある（Brodie 2017）。そのような知見はセオリー・イン・ユースと呼ばれ
ており，研究者にとっては，中範囲理論を開発するうえで，実務家との協働
活動を通じて実務の中に埋もれているセオリー・イン・ユースを発見するこ
とが求められている。

第4節／セオリー・イン・ユース・アプローチの活用

　セオリー・イン・ユースとは，世の中の事を捉える際のメンタル・モデ
ル[(1)]を意味しており，それは「人によって異なる場合もあるかもしれない
が，すべての人々が保持している自分自身，他者，状況，および行動とその
結果や状況との間の繋がりについての仮定を含んでいる」（Argyris and
Schön 1974, p.7）。このメンタル・モデルは「その個人の意図的な行動を道案
内するもの」（Zeithaml et al. 2019）である。経験的調査を通じて，ビジネス

実践の現場にいる企業のマネジャーや消費者および顧客からセオリー・イン・ユースを抽出することができれば，それに基づいて中範囲理論の構成概念を開発し，それらの概念間の法則定立ネットワーク（構成概念の先行要因とその帰結との間の関係性）を構築し，関連のある命題や仮説を立案することができるだろう。その場合の経験的調査によって開発された命題の多くは If then 命題であり，当然，その後は経験的調査によってその妥当性が検証されることになる。実際，マーケティング研究では，サービス品質（Parasuraman et al. 1985），知覚価値（Zeithalm 1988），市場志向（Kohli and Jaworski 1990）の研究がセオリー・イン・ユース・アプローチを採用し，豊かな知見を導き出している（Zeithaml et al. 2019）。

　他方で，セオリー・イン・ユース・アプローチの活用は，必然的に研究者と企業のマネジャーや消費者との協働活動という形で行われることになる。これに関して，Nenonen et al. (2017) は，マネジャーとの協働活動による理論構築の方法として仮説的推論[(2)]を提案している。そして，マネジャーと協働活動する際の研究者の意思決定事項として，(1) 参加者の範囲，(2) 研究デザイン（リサーチ・クエスション，研究方法，データ収集の範囲），(3) 協働プロセス（組織の介入度合い，力関係，マネジャーの関与度合い，研究資金への協力），(4) 研究成果（知識のタイプ，学術的貢献，成果の活用法）を提案してい

---

(1) Argyris and Schön (1974) は，信奉理論（ある特定の状況下において忠誠を尽くして行動するメンタル・マップ）と実際の行動を支配しているセオリー・イン・ユースを区別している。両者は一致する場合もあれば矛盾する場合もあり，また両者の矛盾について本人が自覚している場合もあれば自覚していない場合もある。ある特定の状況下で意図した結果を得るには何をすべきか理解している場合，その人はセオリー・イン・ユースを理解していることになる。そのような場合，その人は行動によって得られるであろう結果の性質，そのような状況下で意図した結果を得るのに適切な行動，その時の行動理論に含まれている前提について理解していることになる。しかし，何をすべきか理解できていない状況下では，その人は自身のセオリー・イン・ユースを説明することができない（Argyris and Schön 1974, pp.6-7）。そのため，あなたのセオリー・イン・ユースは何ですかと企業のマネジャーや消費者に単に尋ねるだけでは，その人のセオリー・イン・ユースを理解することはできない。この場合，深層面接や行動観察が必要となる。

(2) 仮説的推論はアブダクションとも呼ばれているが，彼女たちは「経験的な世界を第一義とする創造的かつ批判的な理論化プロセス」（Nenonen et al. 2017, p.1134）として仮説的推論を定義している。そのプロセスは，概念的な領域と経験的な領域との間の相互作用を通じて，(1) 既知の現象とそれに関連した納得のいく仮説を特定したり，(2) 既知の現象に関して納得のいく理論／説明を生み出したり，またあるいは (3) 既知の現象に関して納得のいく仮説／説明を特定したりすることに責任を負っている。

る。彼女たちの提案は，セオリー・イン・ユースを探索する企業のマネ
ジャーとの協働研究プロジェクトを設計する際に有用な示唆を与えてくれ
る。しかし，彼女たちも指摘しているように，マネジャーへのインタビュー
や参与観察から得られたデータの分析は恣意的かつ主観的になりがちなた
め，データ収集とその分析方法を説得力のあるものにしなければならない。

おわりに

　本章は，メタ理論的なパースペクティブまたはレンズとしてのS-D ロジッ
クをマーケティングの実践へと橋渡しさせる中範囲理論の開発について考察
した。その中で，代表的な S-D ロジックの中範囲理論を紹介し，その開発に
活用できるセオリー・イン・ユース・アプローチの可能性について検討し
た。

　今回は，S-D ロジックの中範囲理論開発の例として価値提案，資源統合，
カスタマー・エンゲージメントを紹介したが，今後は，例えば，産業財マー
ケティング，戦略的マーケティング，マーケティング組織といった他のマー
ケティングのさまざまな研究領域の中範囲理論が開発されることが期待され
る。そしてそれらの開発されたさまざまな中範囲理論を体系化することに
よって，S-D ロジックはマーケティングの一般理論としての地位を確立し，
4Ps マーケティングに代わる新たなマーケティング理論の構築が実現される
だろう（Brodie et al. 2019b）。その地位にまで到達するには，S-D ロジックに
基づいた中範囲理論の仮説を立案し（発見の文脈），その仮説をセオリー・イ
ン・ユースによって立証（正当化の文脈）することで科学的探究を循環させ
る必要があるだろう（Vargo and Lusch 2017）。

第 14 章

S-Dロジックの貢献と将来

はじめに

　Day and Montgomery（1999）は，マーケティングの今後の進むべき方向についての議論する中で今後挑戦すべき課題の1つとして「理論の役割についての再考（rethinking for role of theory）」をあげている。そして，その問題を克服するには次の2つのパラドクスを解決する必要があるとしている。第一は，理論形成のプロセスとその理論を検証し妥当性を確認することの間にある断絶の克服である。そして第二は，理論の実務的有用性である。また，Reibstein et al.（2009）は，未だ，マーケティング研究者の研究上の優先度の高いものと実務家の求めているものの乖離が解消されていない点の克服を指摘している。

　それらの指摘はS-Dロジックにも等しく当てはまる。S-Dロジックの中核をなす主要概念である「サービス」，「価値共創」，「資源統合」，「オペラント資源」，「オペランド資源」と「価値ネットワーク」（Vargo and Lusch 2008a）といった用語・概念は，その抽象度および新規性のゆえに，十分な理解が得られているとはいえない。特に，実務的な貢献については十分な効果を上げているとはいえない。しかし，周知のように実務界からの関心と期待の高さは近年特に大きなものがある。そこで，S-Dロジックの実務の世界への適応可能性をより高め，さらには，S-Dロジックの理論的な基盤を確立するためにも実社会における検証の積み重ねが必要となる。

　本章では，S-Dロジックの理論化への道程としての公理・基本的前提の実証可能性および実務の世界への適応可能性について論じていく。

マルチレベルの分析装置

　Vargo and Lusch（2017）は，S-Dロジックの体系を精緻化するためには，マルチレベルの分析装置の構築が必要であるとしている。

　前章までで重ねて指摘してきたように，S-Dロジックは，アクターのダイアディックな関係から，トライアディックな関係さらにはマルチアクターによる複雑なネットワーク関係へと，そのサービス交換の範囲を拡張してきている。しかも，「ズーミングアウト（zooming out）」という用語で拡張プロセスを表現し，ミクロ，メソ，マクロという重層的なシステム構造として描き出されている。

　その一方で，S-Dロジックのその抽象度の高さからくる現実適応性の問題も指摘されており，その抽象的なロジックを実社会へのレンズとしてより具体的な事例に落とし込めるような概念装置の開発も試みられてきている。

　これらの重層性が，ことさらS-Dロジックを理解しようとする際の障壁になっているともいえる。しかし，今日，これらの課題をより精緻化したフレームワークで整理していく試みがVargo自身およびS-Dロジックの共同研究者の間でなされている。

　そこで，上記2つの「ズーミングアウト」に伴い整理すべき側面として以下のような分類軸を用いて整理している。

　1. 集合度（aggregation）のレベル（マクロ，メソ，ミクロ）
　2. 抽象化（abstraction）のレベル（メタ理論，中範囲理論，およびミクロ理論）

　S-Dロジックをこの2つの次元から整理すると図表14-1のように描くことができる。

図表14-1　集合度，抽象化による整理

レベル	集合度		
	マクロ・レベル（例：社会レベル，国際レベル，地域レベル）	**メソ・レベル**（例：市場，産業，ブランド・コミュニティ）	**ミクロ・レベル**（例：B2C取引，B2B取引，C2C取引）
理論／抽象度 **メタ理論的**（例：S-Dロジック）	これまでの主な焦点		
中範囲理論的（例：エンゲージメント，共同生産）	注意の高まり，期待		
ミクロ理論的（例：状況的行為を扱う理論）			

出所：Vargo（2018b, p.725）.

第2節／集合度の次元

　S-Dロジックでは，ズーミングアウトの継続的なプロセスを通じて，より正確には，集合度の異なるレベルから同じ現象を見る「多角的焦点 oscillating foci」の利用を通じて，エコシステムの構造を明らかにできるとしている（Vargo and Lusch 2017, p.48）。

　ズーミングアウトは次のようなプロセスをたどることとなる。そこでは，まず個々のアクターを抽出し，かかるアクターの所有している資源および資源統合を明らかにして，さらにはかかるアクター間におけるサービスの交換へと分析単位を拡張し，交換される資源を解明していく。そこで，アクター間のネットワーク構造が解明されることとなる。

　このようなアクター間の関係はダイアディックな相互関係からズームアウトし，さらに集合度のレベルに従ってネットワーク構造のミクロからマクロへの包括的なつながりを明らかにすることができる。

　Vargo and Luschは，社会ネットワークの考え方を導入し，(1)ミクロ・レ

205

図表14-2　3つのレベルのネットワーク構造

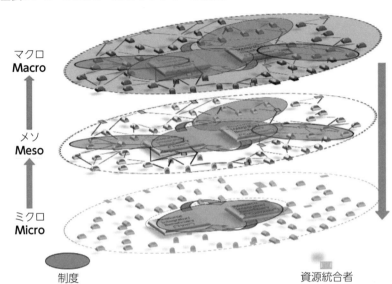

マクロ
Macro

メソ
Meso

ミクロ
Micro

制度　　　　　　　　　　　　　　　　資源統合者

出所：Vargo and Lusch（2013, 配付資料）より筆者加筆。

ベル，(2)メソ・レベル，(3)マクロ・レベルという3つのレベルに基づいた複合的な文脈概念を提案する。さらに，それら3つのレベルが時間とともに進化するという点にも注目し，(4)メタ・レベルの階層構造を提案している。このような階層構造のもとで，文脈の各レベルは，そのレベルに特有な価値共創に関する知識を与えてくれるような「サービスのためのサービス交換」の枠組みを形成することとなる。

　それぞれのレベルのネットワーク構造は，次のような内容を持つ（図表14-2参照）。

（1）ミクロ文脈

　これは，最も基本的なネットワークの基礎を構成するものであり，二者間における文脈あるいは個々のアクター間で交換が行われる時に生起するものである。このレベルでの交換における重要なプロセスは，サービスのためのサービスが直接的な交換として発生することである。つまり，各アクター

は，相手のアクターに直接的にサービスするために自分の持つ資源とコンピタンスを活用する。より重要なのは，この文脈では，アクター双方が互いにサービスすることから互恵的な関係であり，またそれは双方のアクターが交換プロセスに能動的に参加することから価値共創の重要な側面でもあるということである。しかも，S-D ロジックの想定しているネットワーク関係は，サービスのためのサービス交換という文脈であり，これはダイアド（dyad）関係からトライアド（triad）へと拡張するアクター間の関係である。これは，3社以上のつながりの分析に拡張されることを意味しており，それらのアクターのつながりを体系的に研究する必要が出てくる。そのために取り組むべき研究領域として，制度理論，システム論，複雑系理論などを指摘することができる（Siltaloppi and Vargo 2017, p.408）。

（2）メソ文脈

　ダイアド関係の連鎖の中で交換が行われる時に，メソ・レベルでの文脈において交換の枠組みが形成されていることを認識する必要がある。このレベルでの交換で重要なプロセスは，あるアクター（A）が他のアクター（C）との間にアクター（B）を介在させることでサービスのためのサービスを行うという間接的な交換である。すなわち，アクター（B）は2人のアクター（A・B）に直接サービスを提供し，アクター（A・B）はアクター（B）のサービスを通じて互いに間接的にサービスを供給することとなる。このサービスのためのサービス交換の文脈は，トライアド（triad）関係である。より具体的には，3人のアクターたち全員が直接的につながっていないという点であり，重要な点は，アクターたちにとって互いにサービスを供給したり価値を共創したりするのに直接的なつながりは必要がないという点である。

（3）マクロ文脈

　さらに，メソ文脈のトライアド関係の間で交換が行われる時に，それを取り巻くマクロ・レベルでの文脈が交換の枠組みを形作ることになる。
　このレベルでの交換のプロセスは，複雑なサービスであり，直接的なサー

ビスのためのサービス交換と間接的なサービスのためのサービス交換が複合的かつ同時発生的に行われることとなる。この複雑なネットワークが価値共創の基盤を作り出すということであり，関係するアクター，ダイアド関係，トライアド関係がどのようにつながり関係し合うことで直接的なサービス交換と間接的なサービス交換が生まれてくるのか，そしてその相互作用の中でどのようにして価値共創が達成されるのかということが重要である。

(4) メタ文脈

　このような複雑なネットワークの間で交換が行われる時に，サービスの交換は，上記のどのレベルでも生じることが可能であるし，アクターにもたらされる資源は，その資源にアクセスしているさまざまなアクター，ダイアド関係，トライアド関係，さらには複雑なネットワークによる互恵的なサービス供給によって複雑なネットワークが維持されている時に生じる。このような複雑なネットワークがうまく資源を組織化する時に，それらはサービス・エコシステムとして結び付けられる。その中で，次のような次元での価値共創が生じるのである。
　　1　サービス・オファリングの共同生産
　　2　サービス・オファリングの交換
　　3　価値共創

　サービス・エコシステムという概念が価値共創の基本的な枠組みを提供することとなる。つまり，すべてのアクターは，他のアクターたちとの間でのサービスのためのサービス交換（すなわち，企業と企業のインタラクションや企業と顧客のインタラクション）を通じて自分で資源を統合することになるので，直接的かつ間接的にアクターたちをダイアド関係，トライアド関係，複雑なネットワークとしてサービス・エコシステムに結び付け，それによって直接的な個々の交換は，「文脈」あるいはネットワークとネットワークやネットワーク内のネットワークというメタ階層の中の各レベルでかつ同時的に行われる。

別の言い方をすれば，あるアクターのサービスのための能力は，ミクロ・レベル，メソ・レベル，マクロ・レベルだけでなく，ダイナミックなメタ階層も含むその独特な文脈の関数でもある。したがって，文脈は各アクターの独自のパースペクティブとサービス・エコシステム全体に特有の全知的なパースペクティブが融合することによって，交換，サービス，資源の潜在能力を形作ることになる。その意味で，文脈は価値共創の重要な次元の1つである。「使用価値」といういくぶんG-Dロジック志向の概念をS-Dロジックにふさわしい「文脈価値」という概念へと改訂したのは，この理由からである。

第3節 / **抽象度の次元**

Vargo and Luschは，「S-Dロジックはパラダイムシフトの基盤作りの候補となりえる」と考えていた（Vargo and Lusch 2006, p.52）。Vargo and LuschはS-Dロジックを理論的側面から論じる場合の分析枠組みを，その抽象度から①メタ理論，②中範囲理論，③ミクロ理論の3つの次元に分けている。

そして，Vargo and Lusch は，2017年の論文で次のように述べている。

　過去10年の間，サービス・ドミナント（S-D）ロジックは，（1）一連の重要な理論的転回（turns）を引き起こし，（2）基本的前提を修正したり追加したりし，（3）より少ない中核的な公理へと整理した。S-Dロジックは，市場の一般理論さらにはより広範には価値共創の一般理論のさらなる開発に向けて移行することによって，これから先さらに10年の歳月をかけて前進し続けるだろう（Vargo and Lusch 2017, p.46）。

しかし，S-DロジックはVargo and Luschにより提唱されて20年弱しか経過しておらず，他方，G-Dロジックは1世紀以上にわたり強い影響力を保持してきている。そのような現状ではあるが，S-Dロジックも将来そのような地位を確立する可能性があると多くの研究者から指摘されている（Brodie

図表14-3　一般理論・中範囲理論・経験研究

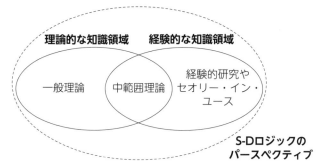

出所：Brodie（2017, p.21）.

et al. 2019b, p.7）。

　さらに Vargo and Lusch はメタ理論と経験的な研究を橋渡しする中範囲理論という課題について近年特に注目して探究している（Vargo 2018b）。

　Brodie らは，このような S-D ロジックの考え方を取り込み，同じくメタ理論（一般理論），中範囲理論，ミクロ理論（経験調査）という 3 つのレベルを設定している（Brodie et al. 2011; Brodie and Löbler 2018）。そして，その内容について以下のように解説している（Brodie and Löbler 2018, p.568）。これらの関係を図式化したのが，図表 14-3 である。

（1）一般理論

　一般理論は，最高の概念レベルで設定される理論を用いて，特定の領域を解明するパースペクティブやロジックを提供するものである。理論は，その本質として，適応される範囲の普遍性が求められるものであり，統合的で個別の文脈との直接的接点を求められるものではないため，経験的調査に直接的に導くことはない。S-D ロジックは一般理論という公式的な地位にあると主張されたものではないが，それは市場と価値共創に対する幅広い理解を提供しており，そうしたことから「市場の一般理論の開発に直接役立つナラティヴ」（Vargo and Lusch 2017, p.60）を提供するものと見なすことができる。このように，S-D ロジックは，理解や説明のための基盤を提供してい

る。

メタ理論の候補としてS-Dロジックを想定しているが，そのほか，制度理論，システム論，複雑系理論，進化論などもメタ理論の例として紹介されている（Vargo and Lusch 2017, p.55）。

このナラティヴについてはすでに第3章で詳しく取り上げている。

(2) 中範囲理論

中範囲理論（middle-range theory）という考え方は，社会学の分野でR. Merton（1949）によって導入されたものである。中範囲理論は，理論的な知識領域と経験的な知識領域を橋渡しする際に中心的な役割を果たすブリッジ・セオリー（bridge theory）であり，より文脈特定的なものである。したがって，中範囲理論は，マーケティングの実践を経験的に観察するためのモデルを開発するのに役立つ枠組みを提供する。マーケティングに関する研究で利用される理論のほとんどは，中範囲理論としての特徴を有している。

S-Dロジックの視点から中範囲理論の開発を考える場合，その中核となるのは，家庭，実務家，政策立案者などに便益を提供するため，われわれの集合的なスキル，経験，知識（オペラント資源）をどのように適応し得るかという問題である（Vargo and Lusch 2017, p.52）。

既存の中範囲理論としては，取引費用理論，リソース・ベースト・ビュー，社会交換理論，エフェクチュエーション理論があげられている。今日，S-Dロジックの中で中範囲理論として最も注目され，研究の進んでいるのが「エンゲージメント」である（Jaakkola and Fehrer 2018）。

この中範囲理論については，第13章で詳しく取り上げている。

(3) エビデンス・ベースト・リサーチおよびセオリー・イン・ユース

「セオリー・イン・ユース」とは，経験的調査や文脈に埋め込まれているメンタル・モデルのことである（第13章参照）。マーケティング・システム内の実務マネジャー，顧客，その他のアクターたちは一般に文脈特定的なしば

しば暗黙的なメンタル・モデルである諸原理を活用している（Brodie et al. 2016, pp.75-91）。理論から導き出される中範囲理論を経験的プラクティスに裏付けられたエビデンスによる検証により補強するという方向とエビデンスの蓄積から導出される中範囲理論の検証という双方向からの継続的・反復的な補強というトップダウン型とボトムアップ型の双方からの理論構築が必要とされる（Vargo and Lusch 2017, p.54）。さらにしっかりとした理論開発のためには経験的な検証と反証が不可欠である（Vargo and Lusch 2017, p.54）。

第**4**節／ S-Dロジックの将来性

　本書を閉じるに当たり，S-D ロジックが果たすべき役割について，その要点をまとめておきたい。ここに示唆される S-D ロジックの方向性が，S-D ロジックの今後の進化の基礎を提供するとともに，広くサービス研究の方向性を示唆することになると判断されるからである。

　S-D ロジックは，学者と実務家にそれらが伝統的なコンセプトを再概念化して，新しいものを開発するだけでなく，複雑性の中でパーシモニーを創造するのを助けることができるマインドセットを提供している（Koskela-Huotari and Vargo 2018）。

　Vargo et al.（2020）は，S-D ロジックの実務的および学術的貢献として，次の 3 つの特徴を指摘している（pp.17-19）。

① 超越（transcendence）
② 調整（accommodation）
③ 変換（transformation）

　以下，その意味するところを彼らの述べるところに従って明らかにしていく。

（1）超越

　S-D ロジックの最大の貢献は，既存の G-D ロジックの思考方法に内在する

問題点とパラドックスを明確に示し，その問題点を乗り越えるマインドセットを提供している点である。それを彼らは，「超越」という用語で表現している。超越は，特定の現象のより包括的で高次の抽象化を創造する。

S-D ロジックにおける超越の焦点は，G-D ロジックの中で「グッズ」と「サービシィーズ」という伝統的な二分法を包含したサービス（単数形）の概念化であった。

この優れた概念化のもう 1 つの実例は，イノベーション・コンセプトに関する S-D ロジックの適用に見ることができる。S-D ロジックの適用を通して，マルチプル・アクターによる価値共創の新しいプロセスとしてイノベーションを捉えると，概念上，従来の考え方を大きく転換することになる。この転換は，企業と顧客とのダイアドの中で生み出されるアウトプットとして，イノベーションに顕著に表れてくる（Michel et al. 2008; Lusch and Nambisan 2015）。

アクターの資源統合を促進する制度配列を変える転換プロセスとして，イノベーションに関わる概念化の新たな進展を可能にした（Vargo et al. 2015）。その際に，S-D ロジックの適用は，技術的活動だけでなく非技術的な活動を含むイノベーションに関する統一したパースペクティブを提供している（Akaka et al. 2017）。

(2) 調整

前章までの考察で明らかなように，S-D ロジックは，さまざまな研究領域から有効と思われる視点を導入し，それを統合する調整的な特徴を持つマインドセットといえる。実際，S-D ロジックは提唱された初期段階から，さまざまな研究成果を取り入れるかたちでスタートしてきている。われわれが前著（井上・村松 2010）で指摘した 7 つの研究領域，すなわち，品質管理，市場志向，リレーションシップ・マーケティング，バリューチェーン・サプライチェーン，リソース・ベースト・ビュー，ネットワーク理論，サービシィーズ・マーケティングがそれであり，それぞれは S-D ロジックが提唱される以前から多くの研究者が取り組んできた研究テーマであるが，それを

Vargo and Lusch は，S-D ロジックのフレームワークに取り込んでいったのである。

　今日，さらなる進化を遂げている S-D ロジックは，メタ理論的なフレームワークとして，そのプロセス志向，システム志向，制度志向などの視点をさらに補強していくために，以下のような研究視点を取り込んできている（Vargo and Lusch 2017）。

① 制度の理論
② プラクティス理論
③ システム理論
④ 複雑性理論
⑤ 進化理論

　S-D ロジックがさらに進展を続けている今日の動向を見ると，メタ理論的なオリエンテーションのため，そして，その恐らく包括的・説明的なナラティヴとしての S-D ロジックを理論として構築していく上でのさらなる進化を遂げつつある。たとえば，サービス・デザイン（Wetter-Edman et al. 2018），共通資源ガバナンス（Ostrom 1990），パナーキー・サイクル（Gunderson and Holling 2002）または，オートポイエシス（Maturana and Varela 1980）といった諸理論からも示唆を得てきている。

(3) 変換

　ここで彼らが指摘している「変換」は，これまでなしえなかった新しい洞察を可能にするという意味であり，その意味で，S-D ロジックは理論的および実務的に新たな進展を引き起こすことができる代替パースペクティブを提供する。

　これは，もちろん，S-D ロジックを支持する研究者・実務家への新たな視点の提供という意味もあるが，S-D ロジックに批判的な研究者への新たな挑戦を導出しているという意味でも価値あるロジックであるといえる。その一例としては，北欧学派のサービス研究者との議論は，共通する分析フレーム

ワークを用いているところからも興味ある転回を示しており，今後もさらな
る理論的進展を見せるものと判断される。

　そのほか，具体的には，Vargo 等は行政学（Osborne et al. 2013）の分野の
研究者がS-D ロジックを取り入れている点などに注目している。また，ヘル
スケアの領域へのS-D ロジックの適用への将来性を示唆している。

おわりに

　本章では大きく2つのテーマについて論じてきた。ひとつは，S-D ロジッ
クの分析枠組みとしての特徴であり，今ひとつはS-D ロジックが今後，さら
なる成長を遂げるであろうその道筋についてである。

　S-D ロジックは，その研究を進めていくに当たり，いくつかの分析装置を
用意している。第一には，これまでに取り上げたさまざまな概念装置があ
る。そこには，単数形のサービス，価値共創，文脈価値，オペラント・オペ
ランド資源，近年さらに追加された，アクターあるいはアクター・トゥ・ア
クター，サービス・エコシステム，制度といった諸概念が含まれている。

　第二に，11の基本的前提と5つの公理，第三に，S-D ロジックをより適切
に理解・解釈するために用意されたナラティヴがある。さらに，より重要な
視点として理解しておく必要のあるS-D ロジックの分析枠組みが本章で取り
上げたマルチレベルの分析枠組みである。1つは，サービス・エコシステム
の重層性であり，ミクロ・メソ・マクロという3つのシステム構造を用意し，
これをズーミングアウトという視点から，順次分析の対象を広げそれらの各
層のネットワーク構造のみでなく，それらの各層間における関連性について
も議論を広げている。

　今ひとつは，研究における重層性，すなわち抽象度のレベルを三段階に分
け，今後の研究の進展の方向性を導出している。具体的には，メタ理論，中
範囲理論，ミクロ理論である。

　これまでややもすると，S-D ロジックのわかりにくさから生まれる誤解や
的外れな批判に対して，このような精緻化されたマルチレベルからのアプ
ローチによって解消されることが期待される。さらには，このように精緻化

されたS-Dロジックの枠組みへの理解が深まることにより，今後，マーケ
ティングに限らず，さまざまな研究領域へのさらに大きな貢献が期待され
る。

参考文献一覧

【欧文献】

Akaka, M.A. and S.L. Vargo (2015), "Extending the context of service: from encounters to ecosystems," *Journal of Services Marketing*, Vol.29, No.6/7, pp.453-462.

Akaka, M.A., S.L. Vargo and R.F. Lusch (2013), "The Complexity of context: A service ecosystems approach for international marketing," *Journal of Marketing Research*, Vol.21, No.4, pp.1-20.

Akaka, M.A., S.L. Vargo and H.J. Schau (2015), "The Context of experience," *Journal of Service Management*, Vol.26, No.2, pp. 206-223.

Akaka, M.A., S.L. Vargo and H. Wieland (2017), Extending the context of innovation: the co-creation and institutionalization of technology and markets. In Russo-Spena, T., C. Mele and M. Nuutinen (Eds.), *Innovating in Practice: Perspectives and Experiences*, Springer International Publishing, pp.43-57.

Alderson, W. (1957), *Marketing Behavior and Executive Action: A Functionalist Approach to Marketing Theory*, Richard D. Irwin, Inc.（石原武政・風呂勉・光澤滋朗・田村正紀訳 (1984),『マーケティング行動と経営者行動—マーケティング理論への機能主義的接近—』千倉書房）

Anderson, H. and H. Goolishian (1992), "The client is the expert : A not-knowing approach to therapy," in McNamee, S. and K.J. Gergen (Eds.), *Therapy as Social Construction*, Sage, pp.25-39.（ S.マクナミー・K.J.ガーゲン・野口裕二・野村直樹訳 (1997),「クライエントこそ専門家である—セラピーにおける無知のアプローチ—」,『ナラティヴ・セラピー—社会構成主義の実践—』金剛出版）

Araujo, L. (2007), "Markets, market-making and marketing," *Marketing Theory*, Vol.7, No.3, pp.211-226.

Argyris, C. and D.A. Schön (1974), *Theory in Practice: Increasing Professional Effectiveness*, Jossey-Bass.

Arnould, E. and L. Price (1993), "River magic: extraordinary experience and the extended service encounter," *Journal of Consumer Research*, Vol.20, No.1, pp.24-45.

Arnould, E.J., L.L. Price and A. Malshe (2006), "Toward a cultural resource-based theory of the customer," Lusch, R.F. and S.L. Vargo (Eds.) *The Service Dominant Logic of Marketing*, M.E. Sharpe, pp.91-104.

Bakker, A.B. and M.P. Leiter (2010), *Work Engagement: A Handbook of Essential Theory and Research*, Psychology Press.（島津明人総監訳 井上彰臣・大塚泰正・島津明人・種市康太郎監訳 (2014),『ワーク・エンゲイジメント—基本理論と研究のためのハンドブック』星和書店）

Barney, J. and T. Felin (2013), "What are microfoundations?" *Academy of Management Perspectives*, Vol.27, No.2, pp.138-155.

Baron, S., T. Conway and G. Warnaby (2010), *Relationship Marketing: A Consumer Experience Approach*, Sage Publications.（井上崇通他訳 (2012),『リレーションシップ・マーケティング—消費者経験アプローチ—』同友館）

Barrett, L.F. (2017), *How Emotions Are Made: The Secret Life of The Brain*, Houghton Mifflin Harcourt.（高橋洋訳 (2019),『情動はこうしてつくられる—脳の隠れた働きと構成

主義的情動理論―』紀伊國屋書店)

Bastiat, F. (1848/1964), *Selected Essays on Political Economy*, translated from the French, by Seymour Cain, D., Van Nostrand Company, Inc.

Bastiat, F. (1860), *Harmonies of Political Economy*, translated from the French, by Patrick James Stirling, John Murray.

Becker, L. (2018), "Methodological proposals for the study of consumer experience," *Qualitative Market Research: An International Journal*, Vol.21, No.4, pp.465-490.

Becker, L. and E. Jaakkola (2020), "Customer experience: fundamental premises and implications for research," *Journal of the Academy of Marketing Science*, Vol.48, No.4, pp.630-648.

Becker, L., E. Jaakkola and A. Halinen (2020), "Toward a goal-oriented view of customer journeys," *Journal of Service Management*, Vol.31, No.4, pp.767-790.

Beckers, S.F.M., H. Risselada and P.C. Verhoef (2014), Customer engagement: A new frontier in customer value-management, Rust, R. T. and M.I. Huang (Eds.), *Handbook of Service Marketing Research*, Edward Elgar Publishing, pp.97-120.

Berry, L.L., E.A. Wall and L.P. Carbone (2006), "Service clues and customer assessment of the service experience: Lessons from marketing," *Academy of Management Perspectives*, Vol.20, No.2, pp.43-57.

Bitner, M.J. (1990), "Evaluating service encounters: the effects of physical surroundings and employee responses," *Journal of Marketing*, Vol.54, pp.69-82.

Bitner, M.J., A.L. Ostrom and F.N. Morgan (2008), "Service blueprinting: A practical technique for service innovation," *California Management Review*, Vol.50, No.3, pp. 66-94.

Breidbach, C.F. and R.J. Brodie (2017), "Engagement platforms in the sharing economy: Conceptual foundations and research directions," *Journal of Service Theory and Practice*, Vol.27, No.4, pp.761-777.

Breidbach, C., R.J. Brodie and L.D. Hollebeek (2014), "Beyond virtuality from engagement platforms to engagement ecosystems," *Managing Service Quality*, Vol.24, No.6, pp.592-611.

Brodie, R.J. (2014), Discussion, Note for agenda item: Enhancing theory development in service research, increasing contribution in service research by Bridging Theory and Practice, CTF, Service Research Center Workshop, September 24-26.

Brodie, R.J. (2017), "Enhancing theory development in the domain of relationship marketing: How to avoid the danger of getting stuck in the middle," *Journal of Services Marketing*, Vol.31, No.1, pp.20-23.

Brodie, R.J. and A. Gustafsson (2016), "Enhancing theory development in service research," *Journal of Service Management*, Vol.27, No.1, pp.2-8.

Brodie, R.J. and H. Löbler, (2018), "Advancing knowledge about service-dominant logic: The role of midrange theory," in Vargo, S.L. and R.F. Lusch (Eds.), *The SAGE Handbook of Service-Dominant Logic*, SAGE Publications, pp.564-579.

Brodie, R.J., L.D. Hollebeek, B. Juric and A. Ilic (2011a), "Customer engagement: Conceptual domain, fundamental propositions and implications for research," *Journal of Service Research*, Vol.14, No.3, pp.252-271.

Brodie, R.J., M. Saren and J. Pels (2011b), "Theorizing about the service dominant logic: The bridging role of middle range theory," *Marketing Theory*, Vol.11, No.1, pp.75-91.

Brodie, R.J., A. Ilic, B. Juric and L.D. Hollebeek (2013), "Consumer engagement in a virtual brand community: An exploratory analysis," *Journal of Business Research*, Vol.66, No.1, pp.105-114.

Brodie, R.J., J. Fehrer, E. Jaakkola, L. Hollebeek and J. Conduit (2016), "From customer to actor engagement: Exploring a broadened conceptual domain," in 45th European Marketing Academy Conference (EMAC), Oslo, Norway, 24-27 May.

Brodie, R.J., J. Fehrer, E. Jaakkola and J. Conduit (2019a), "Actor engagement in networks: Defining the conceptual domain," *Journal of Service Research* Vol.22, No.2, pp.173-188.

Brodie, R.J., H.J. Löbler and J.A. Fehrer (2019b), "Evolution of service-dominant logic: Towards a paradigm and metatheory of the market and value cocreation," *Industrial Marketing Management*, Vol.79, pp.3-12.

Brown, T. (2009), *Change by Design: How Design Thinking Transforms Organizations and Inspires Innovation*, Fletcher and Company. (千葉敏生訳 (2014),『デザイン思考が世界を変える』早川書房)

Calvo, Rafael A. and D. Peters (2014), *Positive Computing: Technology for Wellbeing and Human Potential*, MIT Press. (渡邊淳司・チェンドミニク監訳 (2017),『ウェルビーイング設計論―人がよりよく生きるための情報技術―』BNN新社)

Carù, A. and B. Cova (2003), "Revisiting consumption experience: A more humble but complete view of the concept," *Marketing Theory*, Vol.3, No.2, pp.267-286.

Chandler, J.D. and S.L. Vargo (2011), "Contextualization and value-in-context: How context frames exchange," *Marketing Theory*, Vol.11, No.1, pp.35-49.

Chandler, J.D. and R.F. Lusch (2015), "Service systems: a broadened framework and research agenda on value propositions, engagement, and service experience," *Journal of Service Research*, Vol.18, No.1, pp.6-22.

Chen, H.-M. and S. Vargo (2010), "Service-oriented challenges for design science: Charting the "E"-volution," *Pacific Asia Journal of the Association for Information Systems*, Vol.2, No.1, pp.1-15.

Chesbrough, H., W. Vanhaverbeke and J. West (2008), *Open Innovation : Researching a New Paradigm*, Oxford University Press. (長尾高弘訳 (2008),『オープンイノベーション―組織を越えたネットワークが成長を加速する―』英治出版)

Christensen, C.M. (1997), *The Innovator's Dilemma: When New Technologies Cause Great Firms to Fail*, Harvard Business School Press. (伊豆原弓訳 (2000),『イノベーションのジレンマ―技術革新が巨大企業を滅ぼすとき―』翔泳社)

Coleman, J. (1990), *Foundations of Social Theory*, Harvard University Press.

Creswell, J.W. and V.L. Plano Clark (2007), *Designing and Conducting Mixed Methods Research*, Sage Publications. (大谷順子訳 (2010),『人間科学のための混合研究法―質的・量的アプローチをつなぐ研究デザイン―』北大路書房)

Creswell, J.W. and V.L. Plano Clark (2011), *Designing and Conducting Mixed Methods Research*, Sage Publications.

Csikszentmihalyi, M. (1990), *FLOW: The Psychology of Optimal Experience, Flow and the Foundations of Positive Psychology*, Springer, Dordrecht. (今村浩明訳 (1996),『フロー体験 喜びの現象学』世界思想社)

Csikszentmihalyi, M. (1997), *Finding Flow: The Psychology of Engagement with Everyday Life*, Basic Books.

Czarniawska, B. (2004), *Narratives in Social Science Research*, Sage Publications.

Day, G. and D. Montgomery (1999), "Charting new directions for marketing," *Journal of*

Marketing, Vol.63 (Special Issue), pp.3-13.

Drucker, P.F. (1954), *The Practice of Management*, Harper. (上田惇生訳 (1996), 『現代の経営 (新訳)』ダイヤモンド社)

Drucker, P.F. (1985), *Innovation and Entrepreneurship: Practice and Principles*, Harper & Row. (佐々木実智男・上田惇生訳 (1985), 『イノベーションと企業家精神─実践と原理─』ダイヤモンド社)

Dube, A. and A. Helkkula (2015), "Service experiences beyond the direct use: Indirect customer use experiences of smartphone apps," *Journal of Service Management*, Vol.26, No.2, pp.224-248.

Duckworth, A. (2016), *Grit: The Power of Passion and Perseverance*, Scribner. (神崎朗子訳 (2016), 『やり抜く力 GRIT─人生のあらゆる成功を決める「究極の能力」を身につける─』ダイヤモンド社)

Dunne, D. (2018), *Design Thinking at Work: How Innovative Organizations are Embracing Design*, University of Toronto Press. (成田景堯・菊池一夫・町田一兵・庄司真人・大下剛・酒井理訳 (2019), 『デザイン思考の実践─イノベーションのトリガーそれを阻む3つの緊張感─』同友館)

Edvardsson, B., B. Enquist and R. Johnston (2005), "Co-creating customer value through hyperreality in the prepurchase service experience," *Journal of Service Research*, Vol.8, No.2, pp.149-161.

Edvardsson, B., B. Tronvoll and T. Gruber (2011), "Expanding understanding of service exchange and value co-creation: A social construction approach," *Journal of the Academy of Marketing Science*, Vol.39, No.2, pp.327-339.

Edvardsson, B., P. Skålén and B. Tronvoll (2012), "Service systems as a foundation for resource integration and value co-creation," Vargo, S.L. and R.F. Lusch (Eds.) *Special Issue: Toward a Better Understanding of the Role of Value in Markets and Marketing*, *Review of Marketing Research*, Vol.9, pp.79-126.

Freeman, R.E. (1984), *Strategic Management: A Stakeholder Approach*, Pitman Publishing.

Frow, P., J.R. McColl-Kennedy, T. Hilton, A. Davidson, A. Payne and D. Brozovic (2014), "Value propositions: A service ecosystems perspective," *Marketing Theory*, Vol.14, No.3, pp.327-351.

Gergen, K.J. (1999), *An Invitation to Social Construction*, Sage. (東村知子訳 (2004), 『あなたへの社会構成主義』ナカニシヤ出版)

Giddens, A. (1979), *Central Problems in Social Theory: Action, Structure and Contradiction in Social Analysis*, University of California Press. (友枝敏雄・今田高俊・森重雄訳 (1989), 『社会理論の最前線』ハーベスト社)

Giddens, A. (1984), *The Constitution of Society*, University of California Press. (門田健一訳 (2015), 『社会の構成』勁草書房)

Goffman, E. (1959), *The Presentation of Self in Everyday Life*, Doubleday & Company Inc. (石黒毅訳 (1974), 『行為と演技─日常生活における自己呈示─』誠信書房)

Graeber, D. (2018), *Bullshit Jobs: A Theory*, Simon & Schuster. (酒井隆史・芳賀達彦・森田和樹訳 (2020), 『ブルシット・ジョブ─クソどうでもいい仕事の理論─』岩波書店)

Grönroos, C. (1978), "A service-orientated approach to marketing of services," *European Journal of Marketing*, Vol.12, No.8, pp.588-601.

Grönroos, C. (2006), "Adopting a service logic for marketing," *Marketing Theory*, Vol.6, No.4, pp.317-333.

Grönroos, C. (2011), "Value co-creation in service logic: A critical analysis," *Marketing Theory*, Vol.11, No.3, pp.279-301.

Grönroos, C. (2012), "Conceptualising value co-creation: A journey to the 1970s and back to the future," *Journal of Marketing Management*, Vol.28, No.13, pp.1520-1534.

Grönroos, C. and A. Ravald (2011), "Service as business logic: Implications for value creation and marketing," *Journal of Service Management*, Vol.22, No.1, pp.5-22.

Grönroos, C. and P. Voima (2013), "Critical service logic: Making sense of value creation and co-creation," *Journal of the Academy of Marketing Science*, Vol.41, No.2, pp.133-150.

Grönroos, C. and J. Gummerus (2014), "The service revolution and its marketing implications: Service logic vs service-dominant logic," *Managing Service Quality*, Vol.24, No.3, pp.206-229.

Gunderson, L.H. and C. Holling (2002), *Panarchy: Understanding Transformations in Human and Natural Systems*, Island Press.

Hamilton, K. and B.A. Wagner (2014), "Commercialised nostalgia: Staging consumer experiences in small businesses," *European Journal of Marketing*, Vol.48, No.5/6, pp.813-832.

Hands, D. (2017), *Design Management: The Essential Handbook*, Kogan Page. (篠原稔和監修・ソシオメディア訳 (2019), 『デザインマネジメント原論—デザイン経営のための実践ハンドブック—』東京電機大学出版局)

Harmeling, C.M., J.W. Moffett, M.J. Arnold and B.D. Carlson (2017), "Toward a theory of customer engagement marketing," *Journal of the Academy of Marketing Science*, Vol.45, No.3, pp.312-335.

Hartmann, N.N., H. Wieland and S.L. Vargo (2018), "Converging on a new theoretical foundation for selling," *Journal of Marketing*, Vol.82, No.1, pp.1-18.

Hayek, F.A. (1988), *Fatal Conceit: The Errors of Socialism*, The University of Chicago Press. (西山千明監修・渡辺幹雄訳 (2008), 『致命的な思い上がり』(ハイエク全集第Ⅱ期第1巻), 春秋社)

Helkkula, A. (2011), "Characterizing the concept of service experience," *Journal of Service Management*, Vol.22, No.3, pp.367-389.

Helkkula, A., C. Kelleher and M. Pihlström (2012), "Characterizing value as an experience," *Journal of Service Research*, Vol.15, No.1, pp.59-75.

Helkkula, A., A. Dube and E. Arnould (2018), "The contextual nature of value and value cocreation," *The SAGE Handbook of Service-Dominant Logic*, SAGE, pp.118-132.

Heinonen, K., T. Strandvik, K.J. Mickelsson, B. Edvardsson, E. Sundström and P. Andersson (2010), "A customer-dominant logic of service," *Journal of Service Management*, Vol.21, No.4, pp.531-548.

Ho, B.Q. and K. Shirahada (2021), "Actor transformation in service: A process model for vulnerable consumers," *Journal of Service Theory and Practice*, Vol.31, No.4, pp.534-562

Hoffman, L (1992), "A reflexive stance for family therapy," McNamee, S. and K.J. Gergen (Eds), *Therapy as Social Construction*. (野口裕二・野村直樹訳 (1997), 「家族療法のための再帰的視点」『ナラティヴ・セラピー——社会構成主義の実践—』金剛出版)

Holbrook, M.B. and E.C. Hirschman (1982), "The experientaial aspects of consumption: consumer fantasies, feelings and fun," *Journal of Consumer Research*, Vol.9, No.1, pp.132-140.

Hollebeek, L., M. Glynn and R. Brodie (2014), "Consumer brand engagement in social media:

Conceptualization, scale development and validation," *Journal of Interactive Marketing*, Vol.28, No.2, pp.149-165.

Hollebeek, L., R. Srivastava and T. Chen (2019), "S-D logic-informed customer engagement: integrative framework, revised fundamental propositions, and application to CRM," *Journal of the Academy of Marketing Science*, Vol.47, No.1, pp. 161-185.

House, R.J., S.A. Shane and D.M. Herold (1996), "Rumors of the death of dispositional research are vastly exaggerated," *Academy of Management Review*, Vol.21, No.1, pp.203-224.

Hutt, M.D. and T.W. Speh (2004), *Business Marketing Management: A Strategic View of Industrial and Organizational Markets*, 8th ed., South-Western.（笠原英一訳（2009），『産業財マーケティング・マネジメント［理論編］—組織購買顧客から構成されるビジネス市場に関する戦略的考察—』白桃書房）

Iansiti, M. and R. Levien (2004), *The Keystone Advantage : What the New Dynamics of Business Ecosystems Mean for Strategy, Innovation, and Sustainability*, Harvard Business School Press.（杉本幸太郎訳（2007），『キーストーン戦略—イノベーションを持続させるビジネス・エコシステム—』翔泳社）

Jaakkola, E. and M. Alexander (2014), "The role of customer engagement behavior in value co-creation: a service system perspective," *Journal of Service Research*, Vol.17, No.3, pp.247-261.

Jaakkola, E., A. Helkkula and L. Aarikka-Stenroos (2015), "Service experience co-creation: conceptualization, implications, and future research directions," *Journal of Service Management*, Vol.26, No.2, pp.182-205.

Jaakkola, E., J. Conduit and J. Fehrer (2018), "Tracking the evolution of engagement research: Illustration of midrange theory in the service-dominant paradigm," in Vargo, S.L. and R.F. Lusch (Eds.), *The SAGE Handbook of Service-Dominant Logic*, SAGE Publications, pp.580-598.

Jolson, M.A. (1997), "Broadening the Scope of Relationship Selling," *Journal of Personal Selling & Sales Management*, Vol.17, No.4, pp.75-88.

Kahneman, D. and A. Tversky (2000), *Choices, Values, and Frames*, Cambridge University Press.

Kimbell, L. (2009), "Service-dominant logic and design for service," Proceedings of Service Design Network Conference, 2009. Microsoft Word - SDN_paper_kimbell.doc (lucykimbell.com).

Kimbell, L. (2011), "Rethinking design thinking: Part I," *Design and Culture*, Vol.3, Isuue3, pp.285-306.

Kjellberg, H. and C.F. Helgesson (2006), "Multiple versions of markets: Multiplicity and performativity in market practice," *Industrial Marketing Management*, Vol.35, No.7, pp.839-855.

Kjellberg, H. and C.F. Helgesson (2007), "On the nature of markets and their practices," *Marketing Theory*, Vol.7, No.2, pp.137-162.

Kjellberg, H., S. Nenonen and K.M. Thome (2018), "Analyzing service processes at the micro level: Actors and practices," in Vargo, S.L. and R.F. Lusch (Eds.), *The SAGE Handbook of Service-Dominant Logic*, SAGE Publications, pp.411-430.

Kleinaltenkamp, M., I. Karpen, C. Plewa, E. Jaakkola and J. Conduit (2019), "Collective engagement in organizational settings," *Industrial Marketing Management*, Vol.80, pp.11-

23.

Kohli, A.K. and B.J. Jaworski (1990), "Market orientation: the construct, research propositions, and managerial implications," *Journal of Marketing*, Vol.54, No.2, pp.1-18.

Korkman, O., K. Storbacka and B. Harald (2010), "Practices as markets: Value co-creation in e-invoicing," *Australasian Marketing Journal*, Vol.18, No.4, pp.236-247.

Koskela-Huotari, K. and S.L. Vargo (2018), Why service-dominant logic? In Lusch, R.F. and S.L. Vargo (Eds.), *The SAGE Handbook of Service-Dominant Logic*, SAGE Publications, pp. 40-57.

Koskela-Huotari, K., J. Vink and B. Edvardsson (2020), "The institutional turn in service research: taking stock and moving ahead," *Journal of Services Marketing*, Vol.34, No.3, pp.373-387.

Krippendorff, K. (2006), *The Semantic Turn: A New Foundation for Design* (小林昭世他訳 (2009),『意味論的転回—デザインの新しい基礎理論—』エスアイビー・アクセス・星雲社)

Kumar, V. and A. Pansari (2016), "Competitive advantage through engagement," *Journal of Marketing Research*, Vol.53, No.4, pp.497-514.

Kumar, V., L. Aksoy, B. Donkers, R. Venkatesan, T. Wiesel and S. Tillmans (2010), "Undervalued or overvalued customers: Capturing total customer engagement value," *Journal of Service Research*, Vol.13, No.3, pp.297-310.

Latour, B. (2005), *Reassembling the Social: An Introduction to Actor–Network-Theory*, Oxford University Press. (伊藤嘉高翻訳 (2019),『社会的なものを組み直す』法政大学出版局)

Lawrence, T.B. and R. Suddaby (2006), Institution and institutional work, in Clegg, S.R., G. Hardy, T. Lawrence and W.R. Nord (Eds), *The SAGE Handbook of Organization Studies*, Sage, pp.215-254.

Lawrence, T.B., R. Suddaby and B. Leca (2009a), *Institutional Work: Actors and Agency in Institutional Studies and Organizations*, Cambridge University Press.

Lawrence, T.B., R. Suddaby and B. Leca (2009b), "Introduction: Theorizing and studying institutional work," in Lawrence, T.B., R. Suddaby and B. Leca (Eds.), *Institutional Work: Actors and Agency in Institutional Studies of Organizations*, Cambridge University Press, pp.1-28.

Lee, J.J. and J. Hammer (2011), "Gamification in education: What, how, why bother?" *Academic Exchange Quarterly*, Vol.15, No.2, pp.1-5.

Lengnick-Hall, C.A. (1996), "Customer contributions to quality: A different view of the customer-oriented firm," *The Academy of Management Review*, Vol.21, No.3, pp.791-824.

Lipkin, M. (2016), "Customer experience formation in today's service landscape," *Journal of Service Management*, Vol.27, No.5, pp.678-703.

Lipkin, M. and K. Heinonen (2015), "Exploring change in customer experience: The case of sports-tracking mobile service," in Gummerus, J. and C. von Loskull, (Eds.) *The Nordic School: Service Marketing and Management for the Future*, CERS, Hanken School of Economics, pp.253-272.

Lozano, J.M. (2005), "Towards the relational corporation: from managing stakeholder relationships to building stakeholder relationships (waiting for Copernicus)," *Corporate Governance*, Vol.5, No.2, pp.60-77.

Lusch, R.F. and F.E. Webster (2011), "A stakeholder-unifying, cocreation philosophy for marketing," *Journal of Macromarketing*, Vol.31, No.2, pp.129-134.

Lusch, R.F. and S.L. Vargo (2006), "Service-dominant logic: Reactions, reflections, and refinements," *Marketing Theory*, Vol.6, No.3, pp.281-288.

Lusch, R.F. and S.L. Vargo (2012), "The forum on markets and marketing (FMM) Advancing service-dominant logic," *Marketing Theory*, Vol.12, No.2, pp.193-199.

Lusch, R.F. and S.L. Vargo (2014), *Service-Dominant Logic: Premises, Perspectives, Possibilities*, Cambridge University Press. (井上崇通監訳，庄司真人・田口尚史訳 (2016)，『サービス・ドミナント・ロジックの発想と応用』同文舘出版)

Lusch, R.F. and S.L. Vargo (2018), "An overview of service-dominant logic," *The SAGE Handbook of Service-Dominant Logic*, Sage Publications, pp.3-21.

Lusch, R.F. and S. Nambisan (2015), "Service innovation: A service-dominant logic perspective," *MIS Quarterly*, Vol.39, No.1, pp.155-175.

Lusch, R.F., S.L. Vargo and M. O'Brien (2007), "Competing through Service: Insights from Service-Dominant Logic," *Journal of Retailing*, Vol.83, No.1, pp.5-18.

Lusch, R.F., S.L. Vargo and G. Wessels (2008), "Toward a conceptual foundation for service science: Contributions from service-dominant logic," *IBM Systems Journal*, Vol.47, No.1, pp.5-14.

Lusch, R.F., S.L. Vargo and M. Tanniru (2010), "Service, value networks and learning," *Journal of the Academy of Marketing Science*, Vol.38, No.1, pp.19-31.

Lusch, R.F., S.L. Vargo, M.A. Akaka and Y. He (2010), "Service-dominant logic: A review and assessment," in Malhotra, N. K. (Ed.), *Review of Marketing Research*, pp.125-167.

Maglio, P.P. and J. Spohrer (2008), "Fundamentals of service science," *Journal of the Academy of Marketing Science*, Vol.36, No.1, pp.18-20.

Maglio, P.P., S.L. Vargo, N. Caswell and J. Spohrer (2009), "The service system is the basic abstraction of the service science," *Information Systems and E Business Management*, Vol.7, No.4, pp.395-406.

Maturana, H.R. and F.J. Varela (1980), *Autopoiesis and Cognition: the Realization of the Living*, D. Reidel Publishing Company.

Marketing Science Institute (2010), 2010-2012 Research Priorities, Cambridge, MA.

Marketing Science Institute (2012), 2012-2014 Research Priorities, Cambridge, MA.

Marketing Science Institute (2014), 2014-2016 Research Priorities, Cambridge, MA.

Marketing Science Institute (2016), 2016-2018 Research Priorities, Cambridge, MA.

Mars, M.M., J.L. Bronstein and R.F. Lusch (2012), "The value of a metaphor: Organizations and ecosystems," *Organizational Dynamics*, Vol.41, No.4, pp.271-80.

McColl-Kennedy, J.R., S.L. Vargo, T.S. Danaher and J.C. Sweeney (2012), "Health care customer value cocreation practice styles," *Journal of Service Research*, Vol.15, No.4, pp.370-389.

McColl-Kennedy, J.R., A. Gustafsson, E. Jaakkola, P. Klaus, Z.J. Radnor, H. Perks and M. Friman (2015), "Fresh perspectives on customer experience," *Journal of Services Marketing*, Vol.29, No.6/7, pp.430-435.

Ménard, C. and M.M. Shirley (Eds.) (2005), *Handbook of New Institutional Economics* (Vol. 9), Springer.

Merton, R.K. (1949), "On sociological theories of the middle range," in Merton, R.K. (Ed.), *Social Theory and Social Structure*, Free Press, pp.39-72.

Meyer, C. and A. Schwager (2007), "Understanding customer experience," *Harvard Business*

Review, Vol.85, No.2, pp.116-126.

Mickelsson, K.J. (2013), "Customer activity in service," *Journal of Service Management*, Vol.24, No.5, pp.1-20.

Mickelsson, K.J. (2014), *Customer Activity: A Perspective on Service Use*, Edita Prima Ltd.

Michel, S., S.W. Brown and A.S. Gallan (2008), "An expanded and strategic view of discontinuous innovations: deploying a service-dominant logic," *Journal of the Academy of Marketing Science*, Vol.36, No.1, pp.54-66.

Morgan, G. (1980), "Paradigms, metaphors, and puzzle solving in organizational theory," *Administrative Sciences Quarterly*, Vol.25 (December), pp.605-622.

Möller, K. and A. Halinen (2000), "Relationship marketing theory: its roots and direction," *Journal of Marketing Management*, Vol.16, No.1-3, pp.29-54.

Narver, J.C. and S.F. Slater (1990), "The effect of a market orientation on business profitability," *Journal of Marketing*, Vol.54, No.4, pp.20-35.

Narver, J.C., S.F. Slater and D.L. MacLachlan (2004), "Responsive and Proactive Market Orientation and New Product Success," *The Journal of Product Innovation Management*, Vol.21, No.5, pp.334-47.

Nenonen, S., R.J. Brodie, K. Storbacka and L.D. Peters (2017), "Theorizing with managers: how to achieve both academic rigor and practical relevance?" *European Journal of Marketing*, Vol.51, No.7/8, pp.1130-1152.

Normann, R. (2001), *Reframing Business: When the Map Changes the Landscape*, Chichester: Wiley.

North, D.C. (1990), *Institutions, Institutional Change, and Economic Performance, Cambridge*, Cambridge University Press. (竹下公視監訳 (1994),『制度・制度変化・経済成果』晃洋書房)

Osborne, S.P., Z. Radnor and G. Nasi (2013), "A new theory for public service management? Toward a (public) service-dominant approach," *The American Review of Public Administration*, Vol.43, No.2, pp.135-158.

Ostrom, E. (1990), *Governing the Commons: The Evolution of Institutions for Collective Action, Cambridge*, Cambridge University Press.

Pansari, A. and V. Kumar (2017), "Customer engagement: the construct, antecedents, and consequences," *Journal of the Academy of Marketing Science*, Vol.45, No.3, pp.294-311.

Parasuraman, A., V.A. Zeithaml and L.L. Berry (1985), "A Conceptual Model of Service Quality and Its Implications for Future Research," *Journal of Marketing*, Vol.49, No.9, pp.41-50.

Payne, A., D. Ballantyne and M. Christopher (2005), "A stakeholder approach to relationship marketing strategy: The development and use of the "six markets" model," *European Journal of Marketing*, Vol.39, No.7/8, pp.855-871.

Phillips, N., T.B. Lawrence and C. Hardy (2004), "Discourse and institutions," *Academy of Management Review*, Vol.29, No.4, pp.635-652.

Pinheiro, T. (2014), *The Service Startup*, Lighting source Inc. (武山政直監訳 (2015),『サービス・スタートアップ』早川書房)

Prahalad, C.K. and V. Ramaswamy (2004), *The Future of Competition: Co-creating Unique Value with Customers*, Harvard Business Press. (有賀裕子訳 (2004),『価値共創の未来へ―顧客と企業の co-creation―』ランダムハウス講談社)

Prahalad C.K. and M.S. Krishnan (2008), *The New Age of Innovation: Driving Cocreated*

Value Through Global Networks, McGraw-Hill Education. (有賀裕子訳 (2009), 『イノベーションの新時代』日本経済新聞出版)

Rackham, N. and J. DeVincentis (1998), *Rethinking the Sales Force: Refining Selling to Create and Capture Customer Value*, McGraw-Hill.

Read, S., N. Dew, S.D. Sarasvathy, M. Song and R. Wiltbank (2009), "Marketing under uncertainty: The logic of an effectual approach," *Journal of Marketing*, Vol.73, No.3, pp.1-18.

Reason, B., L. Løvlie and Melvin Brand Flu (2016) *A Practical Guide to Optimizing Customer Experience*, Livework Studio Ltd. (澤谷由里子監修, 高崎拓哉訳 (2016), 『ビジネスで活かすサービスデザイン』BNN新社)

Reckwitz, A. (2002), "Toward a theory of social practices: A development in culturalist theorizing," *European Journal of Social Theory*, Vol.5, No.2, pp.243-263.

Reibstein, D.J., G. Day and J. Wind (2009), "Guest editorial: Is marketing academia losing its way?" *Journal of Marketing*, Vol.73, pp.1-3.

Rittel, H. and M.M. Webber (1984), "Planning problems are wicked problems," in Cross, N. (Ed.), *Developments in Design Methodology*, Wiley, pp.135-144.

Robinson, P.J., C.W. Faris and Y. Wind (1967), *Industrial Buying and Creative Marketing*, Allyn & Bacon, Inc.

Rowley, T.J. (1997), "Moving beyond dyadic ties: A network theory of stakeholder influences," *Academy of Management Review*, Vol.22, No.4, pp.887-910.

Schatzki, T. (1996), *Social practices: A Wittgensteinian Approach to Human Activity and the Social*, Cambridge University Press.

Sarasvathy, S. (2003), "Entrepreneurship as a science of the artificial," *Journal of Economic Psychology*, Vol.24, No.2, pp.203-220.

Sarasvathy, S.D. (2008), *Effectuation: Elements of Entrepreneurial Expertise*, Cheltenham, Edward Elgar. (加護野忠男監訳, 高瀬進・吉田満梨訳 (2015), 『エフェクチュエーション』碩学舎)

Sarasvathy S.D., N. Dew, S. Read and R. Wiltbank (2008), "Designing organizations that design environments: Lessons from entrepreneurial expertise," *Organization Studies*, Vol.29, No.3, pp.331-350.

Schaufeli, W.B., M. Salanova, V. Gonzalez-Roma and A.B. Bakker (2002), "The measurement of engagement and burnout: A two sample confirmatory factor analytic approach," *Journal of Happiness Studies*, Vol.3, pp.71-92.

Schaufeli, W.B. and A.B. Bakker (2003), *UWES –Utrecht Work Engagement Scale: Test Manual, Unpublished Manuscript: Department of Psychology*, Utrecht University.

Schaufeli, W.B. and A.B. Bakker (2010), Defining and measuring work engagement: Bringing clarity to the concept, In Bakker, A.B. and M.P. Leiter (Eds.), *Work Engagement: A Handbook of Essential Theory and Research*, Psychology Press.

Schumpeter, J.A. (1912), *Theorie der Wirtschaftlichen Entwicklung*, Duncker & Humblot. (荒木詳二・八木紀一郎訳 (2020), 『シュンペーター経済発展の理論』日本経済新聞出版)

Schön, D.A. (1983), *The Reflective Practitioner: How Professionals Think in Action*, Temple Smith. (柳沢晶一・三輪健二訳 (2007), 『省察的実践とは何か──プロフェッショナルの行為と思考──』鳳書房)

Scott, W.R. (1987), "The adolescence of institutional theory," *Administrative Science Quarterly*, Vol.32, No.4, pp.493-511.

Scott, W.R. (2008), *Institutions and Organizations: Ideas and Interests*, 3rd edi., Sage Publications.

Scott, W.R. (2013), *Institutions and Organizations: Ideas, Interests, and Identities*, 4th edi., Sage Publications.

Seidi, D. and R. Whittington (2014), "Enlarging the strategy-as-practice research agenda: towards taller and flatter ontologies," *Organization Studies*, Vol.35, No.10, pp.1407-1421.

Sen, A.K. (1985), *Commodities and Capabilities*, Elsevier Science. (鈴村興太郎訳 (1988), 『福祉の経済学―財と潜在能力―』岩波書店)

Sen, A.K. (1999), *Development as Freedom*, Alfred A. Knopf. (石塚雅彦訳 (2000), 『自由と経済開発』日本経済新聞社)

Seligman, M.E.P. (2011), *Flourish: A Visionary New Understanding of Happiness and Well-being*, Free Press. (宇野カオリ訳 (2014), 『ポジティブ心理学の挑戦―"幸福"から"持続的幸福"へ―』ディスカヴァー・トゥエンティワン)

Shostack, G.L. (1982), "How to design a service," *European Journal of Marketing*, Vol.16, No.1, pp.49-63.

Shostack, G.L. (1984), "Designing service that deliver," *Harvard Business Review*, Vol.62, No.1, pp.133-139.

Siltaloppi, J. and S.L. Vargo (2017), "Triads: A review and analytical framework," *Marketing Theory*, Vol.17, No.4, pp.395-414.

Simon, H.A. (1969), *The Science of the Artificial*, MIT Press.

Simon, H.A. (1996), *The Sciences of the Artificial*, 3rd edi., MIT Press. (稲葉元吉・吉原英樹訳 (1999), 『システムの科学 (第3版)』パーソナルメディア)

So, K.K.F., C. King and B.A. Sparks, (2014), "Customer engagement with tourism brands: Scale development and validation," *Journal of Hospitality & Tourism Research*, Vol.38, No.3, pp.304-329.

So, K.K.F., C. King, B.A. Sparks and Y. Wang (2016), "The role of customer engagement in building consumer loyalty to tourism brands," *Journal of Travel Research*, Vol.55, No.1, pp.64-78.

Stickdorn, M., M.E. Hormess, A. Lawrence and J. Schneider (2018), *This is Service Desing Doing*, O'Reilly Medis, Inc. (長谷川敬士監修, 安藤貴子・白川部君江訳 (2020), 『サービスデザインの実践』BNN新社)

Storbacka, K., P. Frow, S. Nenonen and A. Payne (2012), "Designing business models for value co-creation," *Review of Marketing Research*, Vol.9, pp.51-78.

Storbacka, K. (2019), "Actor engagement, value creation and market innovation," in M.E. Hormess, A. Lawrence and J. Schneider, *Industrial Marketing Management*, Vol.80, pp.4-10.

Storbacka, K., R.J. Brodie, T. Böhmann, P.P. Maglio and S. Nenonen (2016), "Actor engagement as a microfoundation for value cocreation: Conceptual directions for further research on SDL," *Journal of Business Research*, Vol.69, No.8, pp.3008-3017.

Taylor, J.R. and E.J. Van Every (1999), *The Emergent Organization: Communication as Its Site and Surface*, Lawrence Erlbaum Associates.

Teddlie, C. and A. Tashakkori (2009), *Foundations of Mixed Methods Research: Integrating Quantitative and Qualitative Approaches in the Social and Behavioral Sciences*, Sage.

Thaler, R.H. and C.R. Sunstein (2008), *Nudge: Improving Decisions About Health, Wealth, and Happiness*, Yale University Press. (遠藤真美訳 (2009), 『実践行動経済学―健康, 富,

幸福への聡明な選択─』日経 BP)

Van Doorn, J., K.E. Lemon, V. Mittal, S. Nab, D. Pick, P. Pirner and P.C. Verhoef (2010), "Customer engagement behavior: Theoretical foundations and research directions," *Journal of Service Research*, Vol.13, No.3, pp.253-266.

Vargo, S.L. (2008), "Customer integration and value creation Paradigmatic Traps and Perspectives," *Journal of Service Research*, Vol.11, No.2, pp.211-215.

Vargo, S.L. (2009), "Toward a transcending conceptualization of relationship: a service-dominant logic perspective," *Journal of Business & Industrial Marketing*, Vol.24, No.5/6, pp.373-379.

Vargo, S.L. (2011), "Market systems, stakeholders and value propositions: toward a service-dominant logic -based theory of the market," *European Journal of Marketing*, Vol.45, No.1-2, pp.217-222.

Vargo, S.L. (2018a), "Marketing relevance through market theory," *Brazilian Journal of Marketing*, Vol.17, No.6, pp.730-746.

Vargo, S.L. (2018b), Service-dominant-logic: Backward and forward, *The SAGE Handbook of Service Dominant Logic*, pp.720-739.

Vargo, S.L. and F.W. Morgan (2005), "Services in society and academic thought: A historical analysis," *Journal of Macromarketing*, Vol.25. No.1, pp.42-53.

Vargo, S.L. and M.A. Akaka (2009), "Service-dominant logic as a foundation for service science: Clarifications," *Service Science* Vol.1, No.1, pp.32-41.

Vargo, S.L and M.A. Akaka (2012), "Value co-creation and service systems, (Re), formation: A service ecosystems view," *INFORMS Service Science*, Vol.4, No.3, pp.207-217.

Vargo, S.L. and R.F. Lusch (2004a), "Evolving to a new dominant logic for marketing," *Journal of Marketing*, Vol.68, pp.1-17.

Vargo, S.L. and R.F. Lusch (2004b), "The four service marketing myths: Remnants of a goods-based, manufacturing model," *Journal of Service Research*, Vol.6, No.4, pp.324-335.

Vargo, S.L. and R.F. Lusch (2006), "Service-dominant logic: What it is, what it is not, what it might be," in Lusch R.F. and S.L. Vargo (Eds.), *The Service-Dominant Logic of Marketing, Dialog, Debate and Discussion*, M.E. Sharpe, pp.43-56.

Vargo, S.L. and R.F. Lusch (2008a), "Service-dominant logic: Continuing the evolution," *Journal of the Academy of Marketing Science*, Vol.36, No.1, pp.1-10.

Vargo, S.L. and R.F. Lusch (2008b), "From goods to service (s) : Divergences and convergences of logics," *Industrial Marketing Management*, Vol.37, pp.254-259.

Vargo, S.L. and R.F. Lusch (2009), "A service-dominant logic for marketing," in Tadajewski, M., B. Stern, M. Saren and P. Maclaren (Eds.), *The SAGE Handbook of Marketing Theory*, SAGE Publications, pp.219-234.

Vargo, S.L. and R.F. Lusch (2010), " From repeat patronage to value co-creation in service ecosystems: A transcending conceptualization of relationship," *Journal of Business Marketing Management*, Vol.4, No.4, pp.169-179.

Vargo, S.L. and R.F. Lusch (2011), "It's all B2B...and beyond: Toward a systems perspective of the market," *Industrial Marketing Management*, Vol.40, pp.181-187.

Vargo, S.L. and R.F. Lusch, (2013), Service-dominant logic: Premises, perspectives, possibilities, naples forum, doctoral consortium, June 19, (PPT), p.9.

Vargo, S.L. and R.F. Lusch (2016), "Institutions and axioms: an extension and update of service-dominant logic," *Journal of the Academy of Marketing Science*. Vol.44, No.1, pp.5-

23.

Vargo, S.L. and R.F. Lusch (2017), "Service-dominant logic 2025," *International Journal of Research in Marketing*, Vol.34, No.1, pp.46-67.

Vargo, S.L. and R.F. Lusch (Eds.) (2018), *The SAGE Handbook of Service-Dominant Logic*, Sage Publications.

Vargo, S.L., P.P. Maglio and M.A. Akaka (2008), "On value and value co-creation: A service systems and service logic perspective," *European Management Journal*, Vol.26, pp.145-152.

Vargo, S.L., R.F. Lusch., M.A. Akaka and Y. He (2010), "Service-dominant logic: A review and assessment," in Malhotra, N.K. (Ed.) *Review of Marketing Research*, Vol.6, pp.125-167.

Vargo, S.L., H. Wieland and M.A. Akaka (2015), "Innovation through institutionalization: A service ecosystems perspective," *Industrial Marketing Management*, Vol.44, pp.63-72.

Vargo S.L., M.A. Akaka and C.M. Vaughan (2017), "Conceptualizing value: A service-ecosystem view," Journal of Creating Value, Vol.3, No.2, pp.1-8.

Vargo, S.L., K. Koskela-Huotari and J. Vink (2020a), "Service-dominant logic: Foundations and applications," in Bridges, E. and K. Fowler (Eds), *Routledge Handbook of Service Research Insights and Ideas*, Routledge, pp.3-23.

Vargo, S.L., M.A. akaka and H. Wieland (2020b), "Rethinking the process of diffusion in innovation: A service-ecosystems and institutional perspective," *Journal of Business Research*, Vol.116, pp.526-534.

Verhoef, P.C., K.N. Lemon, A. Parasuraman, A. Roggeveen, M. Tsiros and L.A. Schlesinger (2009), "Customer experience creation: Determinants, dynamics and management strategies," *Journal of Retailing*, Vol.85, No.1, pp.31-41.

Vesper, Karl H. (1990), *New Venture Strategies* (Rev. ed.), Prentice-Hall. (徳永豊他訳 (1999), 『ニューベンチャー戦略』同友館)

Vivek, S.D., S.E. Beatty and R.M. Morgan (2012), "Customer engagement: Exploring customer relationships beyond purchase," *Journal of Marketing Theory and Practice*, Vol.20, No.2, pp.127-145.

Vivek, S.D., S.E. Beatty, V. Dalela and R.M. Morgan (2014), "A generalized multidimensional scale for measuring customer engagement," *Journal of Marketing Theory and Practice*, Vol.22, No.4, pp.401-420.

Von Hippel, E. (2006), *Democratizing Innovation*, MIT Press. (サイコム・インターナショナル監訳 (2006), 『民主化するイノベーションの時代—メーカー主導からの脱皮—』ファーストプレス)

Watson, J. (1895), *Hedonistic Theories: From Aristippus to Spencer*, James Maclehose & Sons.

Webster, F.E.Jr. and W. Wind (1972), "A general model for understanding organizational buying behavior," *Journal of Marketing*, Vol.36, No.2, pp.12-19.

Wetter-Edman, K. (2010), "Comparing design thinking with service dominant logic," *Design Research Journal*, Vol.2, No.2, pp.39-45.

Wetter-Edman, K. (2014), *Design for Service: A Framework for Articulating Designers' Contribution as Interpreter of Users' Experience*, University of Gothenburg.

Wetter-Edman, K., J. Vink and J. Blomkvist (2018), "Staging aesthetic disruption through design methods for service innovation," *Design Studies*, Vol.55, pp.5-26.

Wieland, H., N.N. Hartmann and S.L. Vargo (2017), "Business models as service strategy,"

Academy of Marketing Science, Vol.45, pp.925-943.

Wilden, R., M.A. Akaka, I.O. Karpen and J. Hohberger (2017) "The evolution and prospects of service dominant logic: An investigation of past, present, and future research," *Journal of Service Research*, Vol.20, Isuue4, pp.345-361.

Williamson, O.E. (2000), "The new institutional economics: Taking stock, looking ahead," *Journal of Economic Literature*, Vol.38, No.3, pp.595-613.

Zeithaml. V.A. (1988), "Consumer perceptions of price, quality, and value: a means-end model and synthesis of evidence," *Journal of Marketing*, Vol.52, No.3, pp.2-22.

Zeithaml, V.A., B.J. Jaworski, A.K. Kohli, K.R. Tuli, W. Ulaga and G. Zaltman (2019), "A theories-in-use approach to building marketing theory," *Journal of Marketing*, Vol.84, No.1, pp.32-51.

Zietsma, C. and B. McKnight (2009), "Building the iron cage: Institutional creation work in the context of competing proto-institutions," in Lawrence, T.B., R. Suddaby and B. Leca (eds.), *Institutional Work: Actors and Agency in Institutional Studies of Organizations*, Cambridge University Press, pp.143-177.

【和文献】

アリストテレス著，渡辺邦夫・立花幸司訳 (2015),『ニコマコス倫理学（上・下）』光文社。

井上崇通 (2014),「消費者と企業の文脈価値形成における共創プロセス」『明治大学社会科学研究紀要』第 53 巻第 1 号 , pp.193-223。

井上崇通 (2016),「訳者あとがき」ロバート・F・ラッシュ，スティーブン・L・バーゴ著，井上崇通監訳，庄司真人・田口尚史訳『サービス・ドミナント・ロジックの発想と応用』同文舘出版，pp.263-273。

井上崇通 (2018),『消費者行動論（第 2 版）』同文舘出版。

井上崇通，村松潤一編著 (2010),『サービス・ドミナント・ロジック：マーケティング研究の新たな視座』同文舘出版。

上原征彦 (1985),「サービス・マーケティングの本質とその日本的展開」『マーケティングジャーナル』1985 年 4 月号，pp.11-18。

宇田川元一 (2019),『他者と働く―「わかりあえなさ」から始める組織論―』NewsPicks パブリッシング。

エピクロス著，出隆・岩崎允胤訳 (1959),『エピクロス―教説と手紙―』岩波書店。

大藪亮 (2020),「顧客経験ダイナミクスに関する質的研究―音楽教室の事例―」村松潤一・大藪亮編著『北欧学派のマーケティング研究―市場を超えたサービス関係によるアプローチ―』白桃書房，pp.245-264.

奥出直人 (2013),『デザイン思考の道具箱―イノベーションを生む会社のつくり方―』早川書房。

河内俊樹 (2005),「インダストリアル・マーケティング戦略論に関する基礎的研究―研究の変遷と戦略的特質―」『商学研究論集』(明治大学大学院商学研究科) 第 23 号，pp.449-469。

河内俊樹 (2020a),「顧客満足の創出と顧客固定化に向けた営業展開の論理」大友純・河内俊樹『ビジネスのためのマーケティング戦略論―企業の永続化を目指す実践的考え方―』同文舘出版，pp.149-169。

河内俊樹 (2020b),「組織間取引における交渉力強化に向けた営業戦略の論理」大友純・河内俊樹『ビジネスのためのマーケティング戦略論―企業の永続化を目指す実践的考え方―』同文舘出版，pp.171-194。

神田正樹（2018），「顧客エンゲージメント概念の検証―構成要素，先行要因，および結果要因の探求―」『商学研究論集』（明治大学大学院商学研究科）第 49 号，pp.125-144。

神田正樹（2019），「カスタマー・エンゲージメントの本質―サービスエンカウンターの相互作用性がエンゲージメントに与える影響―」『明大商学論叢』第 101 巻第 4 号，pp.51-67。

神田正樹（2020a），「マーケティングにおけるエンゲージメントの理論と実証」（明治大学大学院商学研究科，2019 年度博士学位請求論文），pp.1-180。

神田正樹（2020b），「菓子製造小売業のブランド・エンゲージメント―顧客エンゲージメントの混合研究法による分析―」『明大商学論叢』第 102 巻第 4 号，pp.59-73。

神田正樹（2020c），「組織エンゲージメント―菓子製造小売業の地域ブランド構築と価値共創―」『消費経済研究』第 9 号，pp.114-129。

栗木契（2018），「なぜ今エフェクチュエーションか」『マーケティングジャーナル』第 37 巻第 4 号，pp.2-4。

佐藤浩一郎（2018），「創発デザインと最適デザイン」松岡由幸監修，加藤健郎他編『デザイン科学概論―多空間デザインモデルの理論と実践―』慶応義塾大学出版会，第 3 章，pp.23-32。

庄司真人（1999），「市場志向概念およびその構成要素（1）マーケティング・コンセプトと Kohli および Jaworski の見解に関する検討を中心に」『高千穂論叢』第 34 巻第 2・3 号，pp.24-39。

庄司真人（2000），「市場志向概念およびその構成要素（2）Narver および Slater の見解に関する検討を中心に」『高千穂論叢』第 34 巻第 4 号，pp.1-20。

庄司真人（2003），「インターネット小売業の展開と方向性」『高千穂論叢』第 38 巻第 1 号，pp.21-36。

庄司真人（2017a），「マーケティング理論の基盤としての交換概念―S-D ロジックのマーケティングへの貢献―」『消費経済研究』第 6 号，pp.69-79。

庄司真人（2017b），「地域の価値共創―サービス・エコシステムの観点から―」『サービソロジー』第 4 巻第 3 号，pp.18-23。

庄司真人（2018a），「顧客エンゲージメントの理論的貢献に関する考察―価値共創の視点から―」『経営経理研究』第 112 号，pp.91-104。

庄司真人（2018b），「S-D ロジック研究の影響とその方向性―交換のズーミングアウトによるマーケティングへの新たな示唆―」『流通研究』第 21 巻第 1 号，pp.51-65。

白肌邦生・ホーバック（2018），「ウェルビーイング志向の価値共創とその分析視点」『サービソロジー論文誌』第 1 巻第 1 号，pp.1-9。

総務省（2015）『情報通信白書（平成 27 年度版）』。

武山政直（2017），『サービスデザインの教科書』NTT 出版。

田口尚史（2017），『サービス・ドミナント・ロジックの進展―価値共創プロセスと市場形成―』同文舘出版。

田口尚史（2019），「カスタマー・エンゲージメント概念の台頭と研究潮流」『政経論叢』第 87 巻第 5・6 号，pp.657-689。

立入勝義（2018），『Uber―ウーバー革命の真実―』ディスカヴァー・トゥエンティワン。

西田幾多郎（1950），『善の研究』岩波書店。

野口裕二（2001），「臨床のナラティブ」上野千鶴子編『構築主義とは何か』勁草書房。

野口裕二（2009），『ナラティブ・アプローチ』勁草書房。

原田保・三浦俊彦・古賀広志（2020），「デザイン研究と地域研究のために必要な基本認識」地域デザイン学会監修，原田保他編『地域デザインモデルの研究―理論構築のための基本と展開―』学文社，第 2 章，pp.41-62。

ミルスチュアートジョン著, 川名雄一郎・山本圭一郎訳 (2010), 『功利主義論集』京都大学学術出版会。

村松潤一 (2010), 「S-D ロジックと研究の方向性」井上崇通・村松潤一編『サービス・ドミナント・ロジック—マーケティング研究への新たな視座—』同文舘出版, pp.229-248。

村松潤一 (2012), 「第 62 回日本商業学会全国研究大会基調報告資料」。

村松潤一 (2017), 「価値共創マーケティングの対象領域と理論的基盤—サービスを基軸とした新たなマーケティング—」『マーケティングジャーナル』第 37 巻第 2 号, pp.6-24。

村松潤一 (2021a), 「マーケティング研究と北欧学派」村松潤一・大藪亮編著『北欧学派のマーケティング研究』白桃書房, pp.3-17。

村松潤一 (2021b), 「新たなマーケティング理論の構築に向けて」村松潤一・大藪亮編著『北欧学派のマーケティング研究』白桃書房, pp.265-279。

村松潤一 (2021c), 「サービス概念と消費経済学の再構築—マーケティング研究からの示唆—」『明大商学論叢』第 103 巻第 4 号, pp.1-13。

山本晶・松村真宏 (2017), 「顧客のエンゲージメント価値の測定」『マーケティングジャーナル』第 36 巻第 4 号, pp.76-93。

索　引

執筆者紹介 (執筆順)

井上　崇通 (いのうえ・たかみち)〔第 1 章，第 2 章，第 14 章〕
編著者紹介参照

前田　進 (まえだ・すすむ)〔第 3 章〕
千葉商科大学大学院商学研究科客員教授，博士 (商学)
明治大学大学院商学研究科博士後期課程修了
主要著として，「経営診断学の進展－サービス主導型経営診断の枠組みの開発に向けて－」『明大商学論叢』103 (4)，pp.77-93 (2021 年)，『小売・サービスの経営学－アトモスフィア理論へのアプローチ－』(同友館，2016 年) など

金澤　敦史 (かなざわ・あつし)〔第 4 章〕
愛知学院大学経営学部准教授，博士 (商学)
明治大学大学院商学研究科博士後期課程修了
主要著として，『ベーシック流通論』(共著，同文舘出版，2015 年)，『サービス・マーケティングの理論と実践』(共著，五絃舎，2014 年) など

齋藤　典晃 (さいとう・のりあき)〔第 5 章〕
高千穂大学商学部准教授
明治大学大学院商学研究科博士後期課程退学
主要著として，「資源統合における「資源性」と制度に関する一考察」『明大商學論叢』，103 (4) pp.95-103 (2021 年)，『最新マーケティング』(共著，五絃舎，2015 年) など

庄司　真人 (しょうじ・まさと)〔第 6 章〕
高千穂大学商学部教授
明治大学大学院商学研究科博士後期課程退学
主要著として，『マーケティング論 (改訂版)』(共編著，白桃書房，2017 年)，『世界遺産の地域価値創造戦略－地域デザインのコンテクスト転換－』(共編著，芙蓉書房出版，2014 年) など

菊池　一夫 (きくち・かずお)〔第 7 章〕
明治大学商学部教授，博士 (商学)
明治大学大学院商学研究科博士後期課程修了
主要著として，「ポップアップ・ストア研究の現状と課題」『三田商学研究』(慶応義塾大学商学会) 63 (4)，pp.217-234 (2020 年)，"Elucidating the determinants of purchase intention toward social shopping sites: A comparative study of Taiwan and Japan," *Telematics and Informatics*, 34 (4)，pp.326-338 (共著，2017 年) など

大藪　亮（おおやぶ・あきら）〔第 8 章〕

岡山理科大学経営学部教授，博士（マネジメント）

広島大学大学院社会科学研究科博士課程後期修了

主要著として，『北欧学派のマーケティング研究－市場を超えたサービス関係によるアプローチ－』（共編著，白桃書房，2021 年），『価値共創とマーケティング論』（共著，同文舘出版，2015 年）など

神田　正樹（かんだ・まさき）〔第 9 章〕

京都先端科学大学経済経営学部講師，博士（商学）

明治大学大学院商学研究科博士後期課程修了

主要著として，「組織エンゲージメント－菓子製造小売業の地域ブランド構築と価値共創－」『消費経済研究』(9)，pp.114-129（2020 年），「カスタマー・エンゲージメントの本質－サービス・エンカウンターの相互作用性がエンゲージメントに与える影響－」『明治商学論叢』101 (4)，pp.51-67（2019 年）など

河内　俊樹（かわうち・としき）〔第 10 章〕

松山大学経営学部准教授

明治大学大学院商学研究科博士後期課程退学

主要著として，『ビジネスのためのマーケティング戦略論－企業の永続化を目指す実践的考え方－』（共著，同文舘出版，2020 年）「インターネット広告を巡る実態把握に向けた探索的考察－ソーシャル・メディア広告の今日的状況を含めて－」『松山大学論集』33 (3)，pp.129-165（2021 年）など

ホー クァン バック（Quang Bach HO）〔第 11 章〕

東京工業大学工学院経営工学系助教，博士（知識科学）

北陸先端科学技術大学院大学博士後期課程修了

主要著として，"Actor Transformation in Service: A Process Model for Vulnerable Consumers," *Journal of Service Theory and Practice*, 31 (4)，pp.534-562（共著，2021 年），"Effects of Learning Process and Self-Efficacy in Real-World Education for Sustainable Development," *Sustainability*, 13 (1)，p.403（2021 年）など

村松　潤一（むらまつ・じゅんいち）〔第 12 章〕

岡山理科大学経営学部教授，博士（経営学）

東北大学大学院経済学研究科博士課程後期修了

主要著として，『北欧学派のマーケティング研究－市場を超えたサービス関係によるアプローチ－』（共編著，白桃書房，2021 年），『価値共創とマーケティング論』（編著，同文舘出版，2015 年）など

田口　尚史（たぐち・たかし）〔第 13 章〕

茨城キリスト教大学経営学部教授，博士（商学）

明治大学大学院商学研究科博士後期課程修了

主要著として，『サービス・ドミナント・ロジックの進展－価値共創プロセスと市場形成－』（同文舘出版，2017 年），『サービス・ドミナント・ロジック－マーケティング研究への新たな視座－』（共著，同文舘出版，2010 年）など

編著者紹介

井上　崇通（いのうえ・たかみち）

明治大学名誉教授

明治大学サービスマーケティング研究所所長，日本経営診断学会会長，日本消費
経済学会会長，サービス学会理事，独立行政法人日本学術振興会科学研究費助成
事業・科研費審査委員，財団法人大学基準協会大学評価委員会委員，特別民間法人
中央職業能率協会ビジネス・キャリア検定試験・出題・編集委員・委員長等を歴任。

〈主な著書〉

『ビジネス・キャリア検定試験標準テキスト　マーケティング 3 級（第 2 版）』
　（監修）中央職業能力開発協会，2018 年
『消費者行動論（第 2 版）』同文舘出版，2018 年
『サービス・ドミナント・ロジックの発想と応用』（監訳）同文舘出版，2016 年
『ベーシック流通論』（共編著）同文舘出版，2015 年
『リレーションシップ・マーケティング−消費者経験アプローチ−』（共訳）
　同友館，2012 年
『流通論』（共編著）同文舘出版，2010 年
『サービス・ドミナント・ロジック−マーケティング研究への新たな視座−』
　（共編著）同文舘出版，2010 年
『戦略としてのマーケティング』（共訳）同友館，2008 年
ほか多数

2021 年 11 月 10 日　　初版発行　　　　　　　略称：SDL の核心

サービス・ドミナント・ロジックの核心

編著者　ⓒ 井　上　崇　通

発行者　　　中　島　治　久

発行所　**同 文 舘 出 版 株 式 会 社**
東京都千代田区神田神保町 1-41　　〒 101-0051
営業 （03）3294-1801　　　編集 （03）3294-1803
振替 00100-8-42935　http://www.dobunkan.co.jp

Printed in Japan 2021　　　　　　DTP：マーリンクレイン
印刷・製本：萩原印刷
装丁：オセロ

ISBN978-4-495-65011-7

JCOPY 〈出版者著作権管理機構 委託出版物〉
本書の無断複製は著作権法上での例外を除き禁じられています。複製され
る場合は，そのつど事前に，出版者著作権管理機構（電話 03-5244-5088,
FAX 03-5244-5089, e-mail: info@jcopy.or.jp）の許諾を得てください。

本書とともに〈好評発売中〉

サービス・ドミナント・ロジック
―マーケティング研究への新たな視座―

井上崇通・村松潤一［編著］

A5 判・280 頁
税込 3,850 円（本体 3,500 円）

サービス・ドミナント・ロジックの発想と応用

ロバート ·F· ラッシュ、
スティーブン ·L· バーゴ［著］
井上崇通［監訳］／
庄司真人・田口尚史［訳］

A5 判・308 頁
税込 4,180 円（本体 3,800 円）